TODAS AS CORES DO CÉU

Amita Trasi

TODAS AS CORES DO CÉU

Tradução
CAROLINE CHANG

Rio de Janeiro, 2023

Título original: *The Color of Our Sky*
Copyright © 2017 by Amita Trasi. All rights reserved.
Copyright da tradução © Casa dos Livros, 2018

Direitos de edição da obra em língua portuguesa no Brasil adquiridos pela Casa dos Livros Editora LTDA. Todos os direitos reservados. Nenhuma parte desta obra pode ser apropriada e estocada em sistema de banco de dados ou processo similar, em qualquer forma ou meio, seja eletrônico, de fotocópia, gravação etc., sem a permissão do detentor do copyright.

Contatos:
Rua da Quitanda, 86, sala 218 — Centro — 20091-005
Rio de Janeiro — RJ
Tel.: (21) 3175-1030

DIRETORA EDITORIAL
Raquel Cozer

GERENTE EDITORIAL
Alice Mello

EDITOR
Ulisses Teixeira

COPIDESQUE
Juliana Araújo
Lucas Bandeira

REVISÃO
Thaís Lima
Anna Beatriz Seilhe
Marina Góes

DIAGRAMAÇÃO
Abreu's System

DESIGN DE CAPA
Túlio Cerquize

CIP-Brasil. Catalogação na Publicação
Sindicato Nacional dos Editores de Livros, RJ

T697t

Trasi, Amita
    Todas as cores do céu / Amita Trasi ; tradução Caroline Chang. - 1. ed. - Rio de Janeiro : Harper Collins, 2019.
    384 p. ; 23 cm.

Tradução de: The color of our sky
ISBN 9788595084070

1. Romance indiano. I. Chang, Caroline. II. Título.

19-55261   CDD: 828.99353
                            CDU: 82-31(540)

Vanessa Mafra Xavier Salgado - Bibliotecária - CRB-7/6644

Em memória do meu falecido pai;
para Sameer, meu extraordinário marido;
e, por último, mas não menos importante,
para meninas como Mukta — que vocês
encontrem sempre uma amiga para ajudá-las a
atravessar a escuridão.

Capítulo 1

Tara
Mumbai, Índia — junho de 2004

A LEMBRANÇA DAQUELE MOMENTO ME ATINGIU COMO UMA ONDA surgindo no oceano, me afogando: o cheiro acre da escuridão, os soluços entrando em erupção como o eco de um poço sem fundo. Eu tentara me desvencilhar delas por tanto tempo que tinha esquecido que lugares também podem ter lembranças. Fiquei em pé no corredor parcamente iluminado do lado de fora do lar da minha infância e tentei destrancar a porta. As chaves tremeram na minha mão e caíram. Aquilo estava sendo mais difícil do que eu imaginara. *Respire fundo e encontrará a coragem*, Papa costumava dizer quando eu era criança. Agora, com 20 e tantos, lá estava eu, em pé de frente àquela porta trancada, me sentindo uma criança novamente.

Apanhei as chaves e tentei de novo. As portas guincharam quando enfim consegui abri-las. O apartamento estava escuro. Do lado de fora, o céu trovejava, e a chuva escorria pelos telhados. Um raio perdido de sol caiu sobre a mobília que havia juntado pó ao longo dos anos, e fiquei ali, naquele cômodo com pouca luz, olhando para as velhas teias de aranha que preenchiam os cantos do que um dia fora o meu lar. Acionei os interruptores e tirei o pó da escrivaninha com um gesto suave. É só um apartamento, falei a mim mesma. Porém, havia tantas coisas da minha infância ali — minha escrivaninha, junto à qual Papa se sentava ao meu lado, me ensinando a escrever, e o sofá onde assistíamos à televisão juntos, em família.

No meu quarto, a cama estava cuidadosamente feita, do jeito que eu a havia deixado. Conseguia ouvir o som da nossa risada, sentir o cheiro da minha infância — a comida que Aai costumava preparar e com a qual amorosamente me alimentava —, aquele perfume flutuante do açafrão do *pulao*, de *dal* aromatizado com cúrcuma, as doces *rasgullas*. Não havia nenhum desses cheiros, claro, não mais. Só o que restava era um odor bolorento de portas fechadas, de segredos enterrados.

Uma nuvem de poeira se levantou quando abri as cortinas. Lá fora, a chuva caía docemente, com folhas colhendo gotas de água. A cena ainda era a mesma de quando Papa e eu nos mudamos para Los Angeles onze anos antes: o zunido do tráfego crescendo e sumindo, as buzinas dos riquixás e dos carros, o latido distante de cachorros de rua, as favelas estendendo-se ao longe. Ali em pé, com minhas solitárias malas na entrada, entendi por que Papa nunca tentara vender ou alugar aquele apartamento. Depois de construir um lar nos Estados Unidos por onze anos, ele esperava um dia voltar para procurar Mukta. Afinal de contas, foi ali que a sequestraram.

Dizem que o tempo cura tudo. Não acho que seja verdade. À medida que os anos passaram, comecei a achar estranho como coisas simples ainda podem nos fazer lembrar de tempos terríveis ou como o momento que nos esforçamos tanto para esquecer se torna nossa lembrança mais nítida.

SAÍ DO APARTAMENTO NAQUELE DIA DETERMINADA A ENCONTRAR respostas. Os motoristas de táxi estavam em fila, esperando, desejando, implorando que alguém fizesse uma corrida. Havia algo naquela cidade de que eu nunca me esqueceria. Podia vê-lo em toda parte, cheirá-lo, ouvi-lo — os sonhos que persistiam no rosto das pessoas, o cheiro doce e o da fuligem, o som do caos distante no ar. Fora ali que tudo acontecera — paredes foram derrubadas, veículos explodiram, pequenos cacos de vidro estilhaçaram vidas e nossos entes queridos se tornaram passado. Ali em pé, uma imagem de Aai flutuou diante dos meus olhos, esperando por mim em algum lugar, seus olhos delineados de *kajal* marejando enquanto ela me abraçava. Era diferente antes das explosões a levarem embora.

— Madame, levo você para onde quiser — falou um motorista de táxi.

— Não, aqui, aqui... — disse outro, acenando.

Fiz sinal para um deles, que correu para trás da direção. Quando entrei, começava a chuviscar. A chuva caiu macia em torno de nós.

— Me leve até a delegacia em Dadar — pedi a ele.

— A madame vem do exterior, não? Eu entendo pelo jeito que você falar. Eu levar você no melhor hotel de Mumbai. Você...

— Me leve até a delegacia — repeti, seca.

O motorista permaneceu quieto no restante do caminho, cantarolando baixinho a melodia de uma música de Bollywood que jorrava dos alto-falantes do carro. Lá fora, passavam por nós moradores dos barracos e crianças de rua catando lixo. O calor pairava sobre a cidade apesar da chuva, e o vento cheirava a fumaça, curry e esgoto. As pessoas ainda caminhavam perigosamente próximas do tráfego veloz, riquixás agitavam-se nas laterais e mendigos batiam na janela do táxi pedindo dinheiro. As calçadas abrigavam muitos dos pobres que moravam em barracos frágeis, mulheres pechinchavam com vendedores ambulantes nos bazares, e homens vadiavam pelos cantos, lançando olhares vazios. Nas paredes atrás deles, pôsteres anunciavam os últimos lançamentos de Bollywood.

Quando eu era criança, Papa havia me levado para uma caminhada naquelas mesmas ruas. Certa vez, acompanhei Aai aos bazares e pechinchei ao lado dela com comerciantes. E houve um tempo em que eu me sentava no banco de trás de um táxi com Mukta ao meu lado, enquanto Papa nos levava para a Biblioteca Asiática. Eu ficara tão feliz ao lhe mostrar o mar, o jardim, e apresentar a ela o meu mundo. Quantas vezes ela fora comigo até minha escola, carregando minha mochila, ou ficara sentada no banco do parque tomando *golas* gelados? Agora, no banco traseiro daquele táxi, meu estômago revirou. Aqueles momentos pareciam me paralisar; não conseguia respirar, como se o crime por mim cometido estivesse me estrangulando aos poucos. Coloquei o rosto ainda mais para fora da janela aberta e me obriguei a inspirar.

— Pronto, madame, a delegacia — anunciou o motorista enquanto parava o carro.

Chovia muito quando o táxi parou, os limpadores oscilando selvagens pelo para-brisa. Ao desembarcar, pisei numa poça que ia até o tornozelo, as gotas batendo contra o meu guarda-chuva. Paguei o motorista. Ao longe, perto das latas de lixo, crianças em capas de chuva espirravam água umas nas outras, as risadas chegando em ondas.

NA DELEGACIA, ENCONTREI UM LUGAR NO BANCO DO CANTO E DEIXEI minha bolsa cair sobre o colo. Onze anos antes, Papa e eu havíamos sentado em um daqueles bancos naquela mesma delegacia e esperado durante horas, a fim de entender o que acontecera conosco, tentando dar algum sentido àquilo tudo. Agora, sentada ereta, prensada entre estranhos que esperavam por sua vez, desejei que Papa estivesse ao meu lado. De certa forma, ainda o levava comigo — seus restos —, as cinzas fechadas com cuidado em um frasco na minha bolsa. Eu as havia levado para lá a fim de espalhá-las no rio Ganges, algo que precisava fazer, algo que estava de acordo com os últimos desejos dele.

Um oficial estava sentado a uma mesa próxima, a cabeça por trás de uma montanha de arquivos; outro estava atrás dele, ouvindo reclamações e anotando-as num papel, enquanto um terceiro estava sentado em uma cadeira não muito longe, a cabeça enterrada num jornal. Um *chaiwalla* passou por nós com *masala chai*, colocando copos do líquido marrom em todas as mesas. Lá fora, sirenes de polícia perfuraram o ar, e policiais arrastaram para dentro dois homens algemados.

A mulher diante de mim soluçou e implorou que o oficial encontrasse seu filho desaparecido. Ele bocejou, rabiscou algo no papel e então, com um gesto, mandou-a embora. Quando foi minha vez, sentei-me diante dele. O homem esfregou os olhos.

— E você, qual é sua queixa? — perguntou, parecendo entediado.

— Quero falar com o inspetor-chefe.

Ele levantou o olhar do papel e estreitou os olhos.

— Sobre o quê, madame?

O mural de madeira às suas costas tinha um gráfico com o número de assassinatos e sequestros do ano e os casos que eles tinham solucionado.

— É sobre um sequestro que aconteceu há onze anos. Uma garota foi raptada. Meu pai deu queixa na época.

— Onze anos? — O oficial ergueu as sobrancelhas. — E você quer procurá-la *agora*?

Fiz que sim.

Ele me olhou de um jeito curioso e suspirou.

— Ok, espere aqui — disse, e caminhou até uma porta fechada e bateu. Um inspetor abriu a porta; o oficial apontou para mim e sussurrou algo. O inspetor me lançou um olhar e, então, veio na minha direção.

— Inspetor Pravin Godbole — falou, apertando minha mão e apresentando-se como o inspetor-chefe da delegacia.

— Eu tenho... estou... procurando uma menina que foi sequestrada. Por favor, o senhor *precisa* me ajudar. Eu... acabei de chegar depois de um longo voo dos Estados Unidos.

— Me dê alguns minutos, sim? Estou com uma pessoa no escritório. Podemos rever o seu caso depois disso.

DEMOROU ALGUMAS HORAS PARA O OFICIAL ME LEVAR AO ESCRITÓRIO. Enquanto isso, comi um sanduíche que havia enfiado às pressas na bolsa e observei o policial anotar mais algumas queixas. Pessoas entravam, esperavam ao meu lado e iam embora depois de o homem registrar a reclamação. O *chaiwalla* me ofereceu um copo de *chai*, que beberiquei, grata. Não me importava de esperar. Estava aliviada, ainda que só um pouco, por poder finalmente falar com alguém — alguém importante naquela delegacia de polícia e que poderia me ajudar.

O inspetor Godbole tinha olhos afiados e inteligentes, que, eu esperava, seriam capazes de ver o que outros não tinham conseguido enxergar. Pediu que eu me sentasse. Seu chapéu com o emblema *Satyamev Jayate* — só a verdade triunfa — repousava sobre a escrivaninha.

— Como posso ajudá-la?

Eu me apresentei e me sentei, abri minha carteira e mostrei a fotografia. Como parecíamos, Mukta e eu, jovens naquela época, em pé do lado de fora da Biblioteca Asiática. Ele a pegou da minha mão e observou.

— Estou procurando por ela — expliquei ao inspetor.

— Qual? — perguntou ele, estreitando os olhos para enxergar melhor.

— A da direita sou eu. A outra. Ela foi sequestrada há onze anos.

Suas sobrancelhas se arquearam.

— Onze anos?

— Hã... sim. Foi sequestrada da nossa casa logo depois dos ataques de 1993. Eu estava no cômodo com ela quando aconteceu.

— Então, você viu o sequestrador?

Fiz uma pausa.

— Não... na verdade, não — menti.

O inspetor concordou com um aceno de cabeça.

— O nome dela era… é Mukta. Ela era uma menina… uma órfã que meus pais acolheram. — Depois, expliquei: — Meu pai era um homem bom. Trabalhava com várias ONGS e orfanatos no tempo livre para encontrar um lar para crianças abandonadas. Às vezes, ele as levava ao nosso apartamento. Resgatava crianças de rua ou crianças pobres de aldeias do interior, uma ou duas de cada vez, e as deixava ficar na nossa casa. Elas dormiam na cozinha, comiam a comida que Aai fazia, e então, em poucos dias, meu pai encontrava um lugar para elas em algum orfanato. Papa fazia o bem sempre que tinha a chance. Com Mukta… ele insistiu muito. Alguma coisa acontecera com ela lá na aldeia de onde vinha. Por um bom tempo, ela simplesmente não falou. Ela…

— Entendo, entendo — interrompeu ele. — Vamos tentar encontrá-la.

Eu queria dizer a ele que, diferente de outras crianças que haviam morado conosco por uma semana ou duas, Mukta ficou na nossa casa durante cinco anos. E que era uma boa amiga. Queria contar que ela gostava de ler poemas e que tinha medo de chuva… e que nós duas desejávamos crescer juntas.

— Sra. Tara?

— Meu… meu pai preencheu um formulário de informações preliminares na época… sobre… sobre o sequestro.

O inspetor respirou fundo, coçou os tocos de barba no queixo e aproximou a fotografia do rosto, estudando-a. A foto estava gasta e amassada como uma lembrança preciosa congelada no tempo, nós duas sorrindo para a câmera.

— Sra. Tara, isso foi há muito tempo. Ela vai estar… mais velha agora. E não temos uma fotografia recente. Vai ser bem difícil procurar alguém sem esse auxílio. Mas me deixe dar uma olhada na ficha dela. Vou precisar contatar o escritório de pessoas desaparecidas. Por que procurar por uma criança de um vilarejo pobre, depois de tantos anos? Ela roubou alguma coisa valiosa da sua casa? Uma relíquia de família ou algo assim?

— Não. Não... é só... meu pai se esforçou muito para dar um lar às outras crianças. Acho que considerava Mukta a única que lhe escorreu pelos dedos... Alguém que ele não conseguiu proteger. E nunca se perdoou por isso. Na época, a polícia nos disse que tinha procurado por ela. Meu pai me contou que Mukta tinha morrido. Talvez um inspetor de polícia tenha dito isso para ele. Não sei. Meu pai me levou para os Estados Unidos logo depois. Eu... eu não sabia que ela estava viva. Depois da morte do meu pai, encontrei alguns documentos na gaveta dele. Ele procurou por ela durante um bom tempo. E, durante todo esse tempo, eu achava que ela estava morta. Ele iria querer que eu a procurasse.

— Ninguém procura essas crianças desaparecidas, madame. Veja só todas as crianças que vivem em barracos: não há ninguém para cuidar delas direito, muito menos para se preocupar sobre como estejam caso desapareçam.

Olhei para ele sem dizer nada. Não houve um só momento nos últimos onze anos em que eu não tenha desejado voltar para aquela noite de verão, àquele meio segundo em que poderia ter feito algo. Eu sabia quem era o sequestrador. Sempre soube. Eu havia planejado tudo, afinal. Mas não falei isso ao inspetor, não consegui. Teria que revelar muitas outras coisas além daquilo. Fosse como fosse, eu não queria me concentrar no que havia feito ou em quem era o sequestrador; agora, queria apenas procurar Mukta.

O inspetor deu um peteleco na fotografia e suspirou alto.

— Me dê alguns dias. Vou procurar nos arquivos. Estamos sobrecarregados agora. Você pode passar ao oficial todos os detalhes. — Ele fez sinal ao oficial e pediu que me acompanhasse até o lado de fora.

— Muito obrigada — agradeci, colocando-me de pé.

Na porta, me virei para ele de novo:

— Seria ótimo se o senhor pudesse me ajudar a encontrá-la.

Ele levantou o olhar por um segundo e fez um curto aceno de cabeça antes de voltar ao trabalho. O oficial levou alguns minutos para anotar os detalhes.

Deixei a delegacia e fiquei ali na soleira observando os jipes da polícia estacionados, oficiais carregando arquivos e pessoas impacientes esperando e, de repente, me pareceu uma besteira ter ido até aquele lugar, ter pedido ajuda a eles. Nem sequer fizeram as perguntas certas: eu me lembrava do dia em que tudo acontecera? Que sons ouvira antes de entender o que estava acontecendo? A hora exata no relógio do quarto? Por que o sequestrador não me sequestrou? Por que não gritei? Por que não acordei Papa, que estava dormindo no quarto ao lado? Se tivessem feito essas perguntas, acho que a verdade teria jorrado para fora do meu corpo.

ACENDI UM CIGARRO, DEI ALGUMAS TRAGADAS E DEIXEI A FUMAÇA sair pelas narinas. As duas oficiais em pé na soleira me lançaram um olhar enviesado. Sorri para mim mesma. Não havia muitas mulheres fumantes ali. Meu primeiro cigarro tinha sido nos Estados Unidos, com Brian, quando eu tinha 18 anos. Brian, meu noivo, fora o amor da minha vida, e eu o havia convenientemente deixado para trás em Los Angeles. Se as coisas não tivessem mudado, Brian e eu estaríamos espreguiçados em uma praia naquele momento, observando o movimento das ondas. Mas agora tudo estava acabado entre nós. Suspirei ao perceber a ausência de um anel no dedo, joguei a guimba no chão e a esmaguei com o pé.

Uma brisa fria e úmida me atingiu enquanto caminhava para a rua barulhenta. Uma garota de seis anos, usando roupas esfarrapadas, veio correndo na minha direção, aparentemente sem se dar conta de seus pés sujos e ensanguentados, abriu a mão, exibindo a palma, e me olhou com olhar suplicante. Por um segundo, fitei aqueles olhos esperançosos. Ela sustentou meu olhar. Um grupo de crianças pedintes me observava a certa distância, com curiosidade. Vasculhei minha bolsa até encontrar algumas rúpias e as entreguei a ela. Em questão de segundos, todas as crianças me cercaram, pedindo dinheiro. Distribuí algumas notas entre elas. As crianças comemoravam e gritavam de alegria enquanto iam embora correndo.

— Tem algum restaurante aqui perto? — perguntei a um dos meninos pedintes.

Ele sorriu; seus dentes perolados brilhavam contra a pele escura.

— Ali, madame, o melhor *masala chai*... muito bom, muito *zhakas* — disse, e se despediu com um aceno.

O RESTAURANTE NÃO ESTAVA MUITO CHEIO ÀQUELA HORA DO DIA. Larguei a bolsa sobre uma cadeira e pedi um sanduíche e chá. Meninos de 10 a 12 anos limpavam as mesas. Moscas voejavam sobre as superfícies úmidas. Um garçom me trouxe um copo de *chai*. Lá fora, o céu começava a clarear, as nuvens abrindo espaço para o azul límpido. Assim que Mukta chegara na nossa casa, eu com frequência a encontrava sentada na nossa despensa escura e suja, olhando pela janela, observando as estrelas no céu como se procurasse algo. Lembro-me de uma noite em que meus pais estavam dormindo e fui na ponta dos pés até o quarto dela e a encontrei olhando para o céu. Ela se voltou para mim, surpresa por eu ter surgido na escuridão.

— O que está procurando no céu? — perguntei.

— Olhe — disse ela, apontando para o alto. — Veja você mesma.

Entrei no cômodo, sentei ao lado dela e procurei estrelas brilhando como diamantes no céu noturno.

— Amma costumava dizer que, quando morremos, nos tornamos estrelas. Ela disse ao morrer que se tornaria uma estrela para cuidar de mim. Mas, sabe, tem tantas estrelas. Não sei qual delas é Amma. Provavelmente, se eu procurar bastante, vou conseguir ver. Talvez ela mande um sinal para mim. Não acha?

Dei de ombros.

— Não sei. Se você acredita, pode ser que seja verdade.

— É verdade — sussurrou ela. — Você só precisa procurar bastante.

Ficamos ali por algum tempo, observando as estrelas no céu noturno sem nuvens.

Fiquei sentada com ela naquela noite e por muitas noites depois. Por diversas madrugadas ao longo dos anos, nós nos sentamos juntas sob a luz da lua naquele cômodo escuro e sujo, falando sobre nossas vidas. Aquela se tornou a nossa maneira de fugir do mundo. Foi Mukta quem me ensinou que o céu era como um palco onde as nuvens formavam personagens, metamorfoseando-se em diferentes formas que vagavam em direção umas das outras. O céu nos contava mais histórias do que jamais poderíamos ler, mais do que nossas imaginações poderiam dar conta.

Capítulo 2

Mukta
Aldeia de Ganipur, Índia — 1986

SOMOS COMO AS FLORES DA *DATURA* QUE SE ABREM DURANTE A NOITE — inebriantes, florescendo no escuro, murchando ao alvorecer. É algo que minha avó, Sakubai, me dizia quando eu era criança. Parecia tão poético naquela época. Eu gostava de ouvir aquilo, até ria, mesmo sem entender o que significava. É a primeira coisa que vem à mente quando as pessoas perguntam sobre a minha vida.

Por muito tempo, eu não soube que era filha de uma prostituta do templo, que havia nascido no seio de um culto que seguia a tradição sagrada de dedicar as filhas à deusa Yellamma. Sakubai me dizia que, quando os britânicos governavam nosso país, os reis e zamindares agiam como nossos patronos e nos sustentavam financeiramente. As pessoas nos reverenciavam como se fôssemos sacerdotisas. Dançávamos em templos, cantávamos músicas de adoração, e os aldeões buscavam nossas bênçãos em ocasiões importantes. A tradição não é diferente hoje. Porém, na época, tínhamos patronos que nos ajudavam, e agora não há mais reis e poucos homens de castas superiores se dispõem a nos dar dinheiro. Meninas de castas inferiores de até oito anos são casadas com a deusa em uma cerimônia de consagração. Nesta minúscula aldeia do sul da Índia, também somos chamadas de *devadasis* — servas de Deus.

Vinda de uma longa linhagem de devadasis, eu estava destinada a, em algum momento, me tornar uma. Mas, quando criança, não sabia disso. Não sabia que meu corpo não me pertencia. Às vezes, esqueço que já fui criança, que tudo era leve e ingênuo aos meus olhos. Parece um sonho — aquelas manhãs serenas, acordando no campo quando tudo que podíamos ver era o céu claro, a luz do sol transbordando, seus raios oblíquos tão intensos que nos convenciam de que a vida não tinha mais nada a oferecer. Nossa aldeia contava com muitas fazendas repletas de arroz, milho e painço. A vegetação balançava em todos os cantos do vilarejo. A cada brisa gentil que acariciava minhas bochechas, Amma dizia que as mãos de Deus estavam pintando meu rosto. Ela me dizia que Deus vigiava todo e qualquer movimento meu. Eu acreditava e temia que Deus me punisse cada vez que eu arrancava mangas de árvores que não eram nossas. Era uma vida tão diferente quando criança, quando ainda não sabia o que estava reservado para mim.

Minha Amma era uma mulher linda. Uma vez eu lhe disse que sua pele clara, cor de mel, era como ouro reluzente, e que os brancos dos seus olhos brilhavam como diamantes encrustados nesse ouro, e ela riu. Eu não me parecia nem um pouco com ela. Sakubai costumava dizer que eu era bonita demais para uma casta inferior, e estava claro que havia herdado as feições e os olhos verdes do meu pai, que era um brâmane de casta superior.

QUANDO PENSO NAQUELA ÉPOCA, LEMBRO-ME DOS SUAVES OLHOS castanhos da minha Amma e de como ela me contava histórias e cantava para mim. Como seus olhos ilustravam todas as emoções da história, como se moviam com a música da voz dela. Ela cantava para mim com a voz suave e melodiosa. Às vezes, ainda posso ouvi-la.

O vento corre pelas árvores,
Sobre as montanhas e sobre o mar,
Ouço-o agora, ouço-o bem,
Pois só o que faz é ao meu ouvido sussurrar,
Sobre reinos gigantes, sobre reis galantes,
Sobre princesas bonitas e seus belos noivos,
Ah! O vento fala comigo.

Quando eu a ouvia, meus pensamentos corriam com o vento, atravessando nossa aldeia, soprando por entre montanhas, entre pedras e seixos, roçando as folhas das árvores, voando com os pássaros e alcançando a cidade onde meu pai morava. E eu me perguntava o que meu pai estaria fazendo naquele exato minuto. Será que estava olhando por uma janela, procurando meu rosto, atravessando a rua, pensando em mim, ou será que estava a caminho para me encontrar?

Não conheci meu pai. O pouco que eu sabia aprendi com Sakubai. Amma nunca falou muito sobre ele. Sempre que falava, havia um olhar distante e sonhador no seu rosto — o brilho do amor. Às vezes, quando Amma me levava à aldeia, eu observava famílias fazendo compras no bazar e sabia que faltava algo na nossa. Havia garotas exatamente como eu, segurando as mãos dos pais ou sentadas nos ombros deles. Pareciam felizes e seguras. Amma me disse que os pais fazem qualquer coisa para proteger as filhas. Era algo que, ela me disse, eu não tinha; algo que ela sabia que um dia me encontraria. Só o que precisávamos fazer era esperar! Nunca perguntei a Amma onde meu pai estava ou quem ele era, embora ansiasse pelas respostas. Tinha medo de dizer algo que a fizesse se lembrar dele, e, às vezes, quando eu de fato perguntava, seus olhos se derretiam naquele olhar solitário e inconsolável. Então, deixava que ela continuasse suas histórias, sem jamais interrompê-la para perguntar se meu pai queria me conhecer. Eu esperaria, disse a mim mesma.

* * *

EU MORAVA COM AMMA E SAKUBAI EM UMA CASA NA PERIFERIA DA nossa pequena aldeia, Ganipur, nos pés das montanhas Sahyadri, próximo à fronteira de Maharashtra e Karnataka. Era uma casa muito velha, construída vários anos atrás para Sakubai pelo zamindar que era o dono da terra e seu patrono na época. Não era uma casa grande; tinha apenas dois cômodos. Um dos quartos pertencia a Sakubai, e o outro era onde Amma e eu dormíamos. No canto do nosso quarto ficava uma pequena cozinha, um espaço cercado por paredes enegrecidas onde alimentávamos o fogareiro. A casa era cercada, mas a cerca de madeira no pátio havia apodrecido e caído bem antes de eu nascer. Agora o pátio era só um lugar vazio, aberto.

Certa vez, Sakubai abriu um velho baú e tirou de lá uma fotografia surrada, em preto e branco, de uma casa que parecia diferente, nada a ver com aquela em que vivíamos. Quando me mostrou a imagem, fiquei boquiaberta e me recusei a acreditar que a casa da fotografia fosse a mesma.

— Essa não é a nossa casa — falei, com teimosia.

— É, sim — insistiu Sakubai. Ela olhou para fora da janela como se visse um mundo diferente, e segui aquele olhar. — Ali — disse ela —, era ali que o jardim ficava. Está vendo as rosas junto ao portão e aqueles canteiros de flores brancas ao lado da cerca?

Olhei, mas não vi. Nada era remotamente tão bonito quanto a casa na fotografia. Sakubai me explicou que aquela casa — a casa na fotografia — tinha um telhado adorável, de telhas vermelhas e paredes recém-pintadas de creme. Quando me contou isso, imaginei a tinta tão fresca que quase pude senti-la. A casa em que morávamos agora… o telhado estava quebrado e cheio de goteiras, e as paredes eram desbotadas. Sempre que eu via a casa ao longe, notava como as trepadeiras haviam crescido e subido até o telhado; as rachaduras pareciam uma pintura que veio com a casa.

Por alguma razão, sempre achei a casa em que morávamos muito triste. Não sei por que nunca consegui enxergar aquela casa do mesmo jeito que Sakubai, do jeito como a fotografia a capturava. A janela que dava para o portão estava quebrada e caída para um lado como uma flor fenecendo, com um rosto triste. E quando chovia, eu observava as gotas caírem como lágrimas naquele balde e imaginava que o telhado estava chorando. Devia estar, pensei, já que ninguém cuidava bem dele.

Eu sabia que Sakubai sempre ficava triste ao falar da casa.

— Ele me deixou pelas devadasis mais novas — dizia ela, suspirando.

Quando eu olhava nos seus olhos, ela os abaixava e limpava as lágrimas com a ponta do seu sári *pallu*. Amma me explicou que nossa casa deteriorada era uma lembrança do amor que ela uma vez tivera, um amor que havia morrido.

Nos dias em que eu pensava da mesma maneira, também me sentia triste.

NUNCA DEIXEI AMMA SABER QUE AS NOITES ERAM O QUE EU MAIS detestava. A cada noite, sombras se esgueiravam até a nossa porta — homens de castas superiores, muitas vezes um homem diferente a cada noite — e ofereciam a Amma meio saco de grãos e algumas roupas. Havia alguns que traziam doces, pequenas garrafas ou um saco de cocos. Eu me perguntava se algum desses homens notava Amma como ela gostaria de ser notada. Estavam bêbados demais para perceber que ela deixara os cabelos caírem soltos sobre os ombros, que ela usava uma pulseira de flores de jasmim ou que a fragrância de nossa casa vinha das flores de lótus que ela espalhava pelo chão.

Naqueles momentos, Sakubai desaparecia a noite toda. Ela me dizia que ia para a aldeia visitar uma amiga e que eu não podia acompanhá-la. Também não podia entrar na casa. Precisava ficar sentada no pátio, no concreto frio que seria a minha cama naquela noite.

Eu comia minha comida ali, e ali dormia. Era um ritual que nunca questionava. Eu não sabia. Mas sentada naquele lugar, observando a lua, tão solitária quanto eu, com frequência percebia a dor que se insinuava no meu coração. De manhã, eu só podia entrar na casa depois que Amma permitisse, depois que o homem fosse embora. Um dia, de curiosidade, abri a porta dos fundos e espiei, de pé. Dali pude enxergar o quarto — a cama enxovalhada, desfeita, o cheiro de perfume misturado com álcool, as flores de jasmim espalhadas no chão. Também vi os pés e os tornozelos cabeludos de um homem trançados com os de Amma. Eu não sabia o que pensar nem sentir. Estava anestesiada. Virei e saí. Fiquei sentada no pátio esperando que Amma me deixasse entrar. Quando ela, como de costume, bateu na porta, a abriu e me chamou, corri para ela. Amma me tomou nos braços e me beijou, pedindo desculpas pela noite. Na maioria dos dias, aquilo teria sido suficiente. Em um minuto, minha dor teria ido embora; toda raiva, toda pergunta desapareceria. Porém, naquele dia, as perguntas ficaram. E não tive coragem de fazê-las a Amma. Então, decidi que Sakubai poderia respondê-las.

Naquela noite, Amma estava fazendo manteiga no pátio; as pás dentro do recipiente de madeira agitavam o leite que havia lá dentro, e o som da agitação do recipiente era similar ao que eu fazia na minha agitação. Sakubai estava no quarto, tocando o *tanpura*, cantando uma canção ao Senhor:

Os céus da noite tão profundamente parados,
Assim como o mundo dorme.
Meu Senhor, meu Parameshwara,
Sua voz corre até nós,
Venha a nós, à nossa humilde casa.

Caminhei na ponta dos pés até o quarto dela e esperei do lado de fora. Havia dias em que a música ecoava como se a casa tivesse batimento cardíaco, e meus ouvidos se enchiam com os tons cadenciados, meu corpo cheio de vibração daquela música. Mas, naquele dia, fiquei em pé solenemente, esperando que ela terminasse.

— O que quer agora? — grunhiu Sakubai, colocando seu *tanpura* de lado. Não era algo fácil de se perguntar, mas eu sabia que precisava cuspir tudo de uma vez só.

— Por que os homens vêm visitar Amma? Algum deles é meu pai? — perguntei baixinho, tão baixinho que soou como um sussurro.

— Ah — disse Sakubai —, já é hora de você saber.

Ela gesticulou para eu me sentar ao seu lado no catre. Parecia estranhamente agitada com a pergunta. Seus olhos se acenderam como quando ela fofocava com Amma, e levou o dedo aos lábios, como se fosse revelar um segredo.

— Vou lhe contar o que sua Amma não quer lhe contar. Sabe, nós somos duas das muitas mulheres cujas bisavós fizeram um voto de dedicar todas as filhas nascidas na família à deusa Yellamma. Depois da cerimônia de consagração de sua Amma, os homens começaram a vir aqui. É o que acontece. Hoje em dia há apenas uma cerimônia, e é mais curta, mas, na minha época, havia duas. Na cerimônia da minha consagração, precisei me banhar em três lagos sagrados e, então, guiada pela minha mãe e pelos anciãos da aldeia, fomos encontrar o sacerdote sagrado. Essa era a cerimônia principal. Eu tinha oito anos. O sacerdote cantou rezas e me falou sobre os meus deveres para com a deusa e a aldeia.

— Que deveres? — perguntei.

— Não me interrompa. Há uma segunda cerimônia, a *Uditumbuvadu*. Eu tinha 12 ou 13 anos quando fui iniciada nessa cerimônia. Ah! Eu brilhava como uma noiva num sári vermelho e, durante horas, o sacerdote cantou mantras e jogou arroz sobre a minha cabeça. Depois daquilo... — Ela deixou sair um suspiro profundo. — A vida ficou diferente depois daquilo...

Eu não estava entendendo o que aquele assunto tinha a ver com os homens que visitavam Amma ou por que Sakubai não estava respondendo às perguntas sobre o meu pai. Pensei que talvez ela não tivesse me ouvido direito e que eu deveria repetir a pergunta, mas Sakubai estava tão absorta me contando sua história que não a interrompi.

— ... eu tinha que tomar um banho todos os dias de manhã bem cedo e ir até o templo onde o sacerdote realizava uma *puja* para os cultos matinais da deusa Yellamma. Eu varria as dependências do templo. Havia dias em que as devadasis mais velhas me ensinavam músicas em homenagem a Yellamma. Foram elas que me ensinaram o *tanpura*, me ensinaram a dançar o *sadhir* no templo como uma oferenda à deusa. Às vezes, íamos de casa em casa mendigando. Então, um dia, o zamindar me viu no templo, disse que me faria feliz, até construiu esta casa para mim. Minha vida era linda naquela época, quando o...

— Por que não conta a ela *como* a sua vida era diferente e como *apesar disso* você fez a sua filha entrar neste ofício?

Era a voz de Amma. Ela entrara pelo pátio e agora estava na nossa frente, com a mão no quadril. Seus brincos longos balançavam enquanto ela falava.

— E, já que está falando nisso, por que não conta à sua neta que não se parece em nada com um casamento? Casamento, você diz. Onde está o noivo?

— Não fale assim — disse Sakubai, tapando as orelhas com as mãos. — Você vai enfurecer a divindade. Viveremos com a maldição dela se insultar nossa tradição. Foi decidido por nós no dia em que nascemos.

— Que tradição? O que foi decidido? Que íamos dormir com homens em nome de Deus, que somos servas de Deus, mas esposas da aldeia inteira?

— O pai de Mukta enfiou minhocas na sua cabeça, lhe deu esses pensamentos pecaminosos. Não está vendo? Nós somos *nitya sumangali*, livres dos males da viuvez, porque nunca nos casamos com homem algum. Não precisamos. Temos o privilégio de nos casar com a deusa. Você é louca de esperar por ele todos esses anos. Acha que ele vai voltar à aldeia e aceitar você depois de tê-la abandonado quando estava grávida de Mukta? Com certeza ele jogou algum feitiço em você! — Sakubai suspirou.

— Não tem mágica nenhuma. E *isto* não é privilégio. Você chama esta vida de privilégio? Olhe em volta. Em que mundo está vivendo? O pai de Mukta, quando estava aqui, só me ajudou a enxergar a verdade. Não deveríamos ter que viver assim.

— Ah? E como deveríamos viver, então? Não vou ouvir isso. A cerimônia de consagração de Mukta só vai demorar um ou dois anos. É melhor prepará-la.

— O que quer que eu diga a ela? Que todos os homens da aldeia nos usam e nos jogam fora, ou quer que eu lhe ensine a não esperar ser amada por homem algum, que isso só traz desilusão, a não ter filhos, a não...

A voz de Amma estava cada vez mais aguda e ela tentava segurar as lágrimas. Quando vi seus olhos marejados, comecei a chorar, amaldiçoei a mim mesma por fazer perguntas estúpidas.

— Você pode ter todas as desilusões que quiser. As mulheres na nossa comunidade não sabem quem são os seus pais. Elas não *merecem* um pai. O que faz você achar que Mukta merece um? — perguntou Sakubai, mandando Amma embora com um gesto.

As palavras ficaram ecoando nos meus ouvidos. Até mesmo quando Amma gritava comigo ou me batia por eu não me comportar, a dor não era tão ruim quanto agora. Corri para fora e sentei no pátio, observando a noite se encher de escuridão. Estava calmo lá fora, longe do barulho da casa. Não havia ninguém com quem conversar, então olhei para o céu, a lua cheia brilhando forte como se sorrisse na minha direção. Conversei com a lua e lhe disse que eu achava que merecia um pai e que, se ela também achasse, devia levar a minha oração até Deus e mandar meu pai de volta para mim. Eu pensava que, um dia, a lua simplesmente ficaria cansada de me ouvir, de cuidar de mim, e traria uma solução para aliviar minha confusão.

LÁ NA MINHA ALDEIA, QUANDO EU NÃO SABIA COMO SERIA A MINHA vida, tudo que eu fazia era vagar pelo terreno rochoso das Sahyadri. Eu não tinha amigos. Os aldeões não permitiam que os filhos andassem na comunidade das devadasis na periferia. Antes de eu nascer, havia ali uma grande comunidade de mulheres que eram exatamente como nós — mulheres destinadas à escravidão. Porém, muitos anos antes, elas haviam se mudado, depois que uma seca afetou nossa aldeia. Amma se recusou a ir. Então a nossa casa ficou sozinha, assim como eu. As montanhas Sahyadri eram minhas únicas amigas. Eu subia as pedras daqueles morros tão rápido quanto um macaco sobe em árvores. Amma sempre tinha medo de que eu me perdesse, me machucasse ou fosse ferida por um animal selvagem. Mas aquelas florestas densas eram meu refúgio — os sons, o ar tão fresco. Vagando no perfume de flores selvagens, o que eu tinha a temer? À noite, os vaga-lumes iluminavam o caminho, e eu corria atrás deles enquanto me conduziam para fora da floresta em segurança.

Todos os meus problemas começaram quando Madame veio nos ver pela primeira vez. Eu tinha nove anos. Ela chegou à nossa casa, as pulseiras chocalhando umas nas outras, criando sua própria música enquanto batia na porta. Um homem forte, robusto, a acompanhava. Era um dia lúgubre. Gotas de chuva haviam começado a cair bem cedo naquela manhã e, à medida que o dia avançava, as nuvens ribombavam acima de nós. A chuva furava e rasgava a lama lá fora. Eu estava olhando pela janela, apreciando o cheiro doce da terra, quando eles chegaram com seus passos lamacentos no patamar da nossa casa.

Sakubai estivera à toa perto da porta toda a manhã. Ela estava torcendo as pontas de seu sári *pallu* como se estivesse esperando por alguém ansiosamente. Quando os viu pela janela, deu um pulo em direção à porta, apressada. Seus olhos se acenderam, e sua face se abriu num sorriso. Ela acenou para entrarem e deu em ambos um longo abraço. Eu estava em pé atrás de Sakubai, escondendo-me atrás dela, espiando um pouquinho. Madame fechou seu guarda-chuva e o deixou ao lado da porta, então juntou as mãos num cumprimento.

— *Namaskar*, Sakubai, há quanto tempo. Você está bem?

Sakubai fez que sim. Ela conduziu Madame até um canto onde ambas se sentaram com as pernas cruzadas no chão, de frente uma para a outra. O homem ficou em pé no vão da porta, recostado nela. Seus olhos injetados passearam pela casa, parando para me olhar. Seu rosto com a barba por fazer lhe dava uma aparência desleixada. Ele sorriu para mim enquanto afrouxava o lenço amarrado em volta do pescoço, então esfregou o triângulo de pelos no peito que despontava para fora da camisa abotoada pela metade.

— Esta deve ser Mukta, sua neta? — Madame inclinou a cabeça para olhar para mim. Espiei de trás de Sakubai. — Venha cá. — Madame segurou meu braço e tentou me puxar para longe de Sakubai. Eu me desvencilhei e me agarrei ao sári de Sakubai.

— Está tudo bem. Ela é amiga — disse Sakubai e soltou a minha mão do seu sári. Eu me vi diante de Madame, o sári alaranjado vivo refletindo em sua pele. Os lábios reluziam um vermelho que dava a impressão de que sangue fluía deles. Apesar da camada espessa de pó branco na sua face, suas bochechas rechonchudas mostravam cicatrizes, como se alguém tivesse levado bastante tempo para cavar furos bem pequenos nelas.

— Veja só como é bonita! — Ela apertou meus ombros. — Olhos verdes *e* pele clara. Sakubai, você ganhou na loteria!

— Vá para dentro, Mukta, e não saia até que eu chame. — Amma apareceu do nada. Eu me libertei da mão de Madame e corri para dentro.

Fiquei em pé no quarto ao lado, o ouvido encostado na parede, tentando escutar. De tempos em tempos, espiava por entre a cortina para dentro do cômodo.

— O que é isso? Nenhum *namaskar*, nada? Esqueceu quem eu sou, menina? — perguntou Madame a Amma.

— Não, não esqueci, de jeito algum. Como poderia? — Amma cruzou os braços sobre o peito. A hostilidade na sua voz ecoou pelo quarto.

— Ora, nós não tratamos as visitas assim. — Sakubai puxou o braço de Amma.

— Você deveria pensar em mandar sua filha para Bombaim conosco. Sabe que é por isso que estou aqui — disse Madame a Amma.

— Eu *não* vou mandar minha filha a lugar *nenhum*. Vou lhes oferecer chá, e depois gostaria que fossem embora.

Sakubai suspirou. Ela pressionou as mãos contra os joelhos e os massageou, então suspirou de novo.

— Não vou ser tratada dessa maneira — disse Madame para Sakubai quando Amma desapareceu para dentro da casa.

— Você conhece a minha filha. Ela tem um temperamento forte. Não sabe do que está falando.

Lá dentro, Amma fez chá. Observei enquanto ela colocava o líquido marrom espesso em pequenos copos que tilintavam em suas mãos quando os colocou num prato. Eu podia ver que sua respiração havia acelerado, que seus olhos piscavam rapidamente. Lá fora, Sakubai e Madame conversavam como se a grosseria de Amma tivesse sido perdoada.

— Então, como vão as coisas em Bombaim? — perguntou Sakubai.

Meu coração deu um salto. Bombaim. Eles eram de Bombaim, o lugar onde meu pai morava. De repente, como se tivesse esquecido o que acabara de acontecer, eu queria pular, correr até lá e perguntar se eles conheciam o meu pai. Eu tinha muitas perguntas. Sabiam onde meu pai estava? Já o haviam encontrado? Como era essa cidade, Bombaim? Vários pensamentos entraram na minha mente, todos juntos. Eles estavam ali para me levar para lá? Meu pai os mandara à nossa casa para procurar por mim?

Tudo pareceu estar indo bem por algum tempo. Amma havia servido chá, e Madame estava bebericando o seu, deleitada. Sakubai e Madame estavam tão envolvidas na conversa que não pensei que pudessem me ver escondida atrás das cortinas.

Madame me chamou:

— Venha cá.

Olhei para Amma e ela me lançou um olhar que queria dizer que eu estaria em maus lençóis por não ter lhe dado ouvidos.

— Venha cá! — A voz de Madame estava mais alta agora, quase ameaçadora. Fez com que eu saísse do meu esconderijo e caminhasse até ela.

— O que você quer? — perguntou Amma a Madame, fazendo-me parar no meio do caminho, as mãos nos meus ombros.

— O que *eu* quero? — Ela fez sinal ao homem, que deixou seu lugar junto ao vão da porta, caminhou até Amma e segurou as mãos dela para trás. Amma se debateu e gritou com ele.

— Me solta! — disse ela, e pulei sobre ele, as mãos trêmulas tentando atingi-lo com golpes. Claro que o homem era mais forte e olhou para mim como se eu fosse uma mera mosca a ser espantada. Ele segurou Amma como se fosse uma das minhas bonecas de pano e a carregou para dentro, amarrou suas mãos com cordas e a deixou presa ali. Antes que eu me desse conta do que estava acontecendo, Madame me levantara e me colocara diante dela. Segurava meu queixo, inclinando minha cabeça para um lado e para o outro, procurando algo ali. Então desabotoou minha blusa e soltou o *nada* da minha saia, fazendo-a cair no chão. Sua mão desceu pelo meu pescoço e rastejou sobre o meu corpo como uma cobra. Eu mal conseguia conter as lágrimas. Através delas, via a forma indistinta de Sakubai e esperava por um sinal, qualquer sinal que me dissesse o que fazer. Mas ela não estava olhando para mim. Continuou olhando pela janela. Lá fora, a chuva ainda fustigava nosso telhado, pingando dentro do balde.

— Hum, você é bem nova — disse ela, olhando para o meu corpo nu. — O que acha? — perguntou ao homem, que me olhou de cima a baixo. Seus olhos vagaram devagar pelo meu corpo. A vergonha cresceu dentro de mim como uma tempestade violenta.

— Acho que ela está pronta. Ou vai estar em um ano — disse ele, dando-me um sorriso e um tapinha no rosto.

Madame então apanhou a blusa e a saia e me vestiu delicadamente, como se não fosse a mulher tão rude de um minuto antes.

— Você sabe quanto dinheiro pode ganhar se vier comigo para Bombaim? — perguntou-me ela. — Ah, não chore. Olhe só para os seus olhos, parecem esmeraldas. Eles não ficam bonitos quando você chora.

Ela caminhou até Amma, que ainda estava amarrada e se retorcendo no chão.

— Você é uma mulher inteligente que deu à luz uma menina, e ela é uma menina bonita, graciosa até. Apenas as pessoas da sua comunidade entendem como é importante uma menina levar adiante a tradição, receber as bênçãos da deusa. Não pode fugir do seu destino escondendo a sua filha. — Ao ir embora, ainda disse a Sakubai: — Definitivamente investiremos nosso dinheiro na menina para a cerimônia de consagração.

— Que seja o que estiver no destino da menina — respondeu Sakubai, resignada, olhando lá para fora, já me dando adeus. Depois que foram embora, Sakubai entrou manquejando, desamarrou

Amma e acariciou suas costas. Amma empurrou com força a mão dela. Eu podia ver a trilha das lágrimas que marcara o seu rosto. Ela me pegou nos braços e me deixou chorar. Sakubai colocou os braços em volta de nós, tentando nos confortar.

— Você os chamou, não foi, Sakubai? — perguntou Amma.

— Sim. Você não me escuta. Está alimentando uma esperança estúpida de que o pai de Mukta vai vir. Não posso ficar sentada sem fazer nada. Temos uma tradição a seguir.

— Nunca vou deixar isso acontecer.

— Você não tem escolha — disse Sakubai.

MUITOS DIAS DEPOIS, EU AINDA ME PERGUNTAVA SE TUDO NÃO PAS-sara de um pesadelo, se aquilo só acontecera na minha imaginação. Eu gostaria de pensar que sim e que eu havia acordado de um sono profundo na floresta, sob a sombra das árvores, com a luz do sol salpicando meu rosto. O ar estava tão quente e rico com os cheiros da floresta — os sons da minha vida antes daquele dia. Para falar a verdade, eu não havia entendido por que aqueles estranhos haviam nos tratado tão mal nem por que Sakubai os convidara para irem à nossa casa, mas tinha começado a entender o sentimento de medo — meu coração batia mais rápido sem razão aparente, o peso no meu peito nunca ia embora e eu mal conseguia respirar no espaço aberto das minhas belas florestas.

A quietude desceu sobre as nossas vidas lá em casa. Amma e eu misturávamos os temperos ao cozinhar. Havia uma distância em nossos olhos. Tínhamos medo de que, se nossos olhos se encontrassem por um segundo que fosse, a lembrança amarga daquele dia acabaria transbordando. Sakubai nos deixava sozinhas. A maior parte dos dias ela passava sentada no quarto, olhando pela janela, ou cambaleava pela casa sem nos encarar. O silêncio se imiscuiu em nossas vidas, permitindo que mantivéssemos nossos pesadelos e pensamentos para nós. Simplesmente seguíamos em frente, fingindo que nada acontecera.

Certa manhã, ouvi a voz doce de Amma me chamando.

— Mukta, Mukta, venha cá, minha filha.

Estava sentada junto à fornalha, uma panela de arroz fervendo atrás dela. Amma me deu um sorriso longo e cansado e bateu com a mão no chão ao seu lado. Eu me sentei, mas continuei quieta, preocupada que qualquer pequeno movimento meu pudesse mudar o que parecíamos ter naquele momento. Amma tomou meu rosto em suas mãos.

— Estive pensando no que aconteceu naquele dia — disse ela, e nós duas baixamos os olhos, sem nos encarar. — Vou ligar para o seu pai. Não sei em que parte de Bombaim ele mora, mas conheço alguém nesta aldeia, a mãe do seu pai, sua avó, e ela prometeu me dar um número de telefone para o qual eu pudesse ligar. Você e eu podemos ir até lá e depois falar com ele. Seu pai é um homem diferente de qualquer outro que conheci, Mukta. Ele sempre ajuda as pessoas em necessidade. As pessoas vão até ele atrás de conselhos. Tenho certeza de que vai entender que quero muito tirá-la desta vida. Quero que seja diferente para você. Quero que seja melhor. — Ela desviou o olhar, com um toque melancólico nos olhos.

Fiz que sim, ainda me sentindo bastante confusa. Nunca tinha ouvido falar que a mãe do meu pai morava na nossa aldeia ou que Amma tivesse algum contato com ela. E, mais uma vez, não fiz perguntas.

— Não pude protegê-la naquele dia — sussurrou Amma, acariciando meu cabelo.

Nesse momento olhei para ela e senti que meu coração iria explodir. Lágrimas escorriam sem parar pelo meu rosto. Ela colocou os braços em volta de mim, e eu me agarrei a ela. Não lembro quanto tempo ficamos lá, sentadas perto do fogão, abraçadas, o calor do fogo nos cercando, o arroz fervendo atrás de nós. Através das lágrimas, eu podia ver as chamas do fogão subindo e descendo, como as reviravoltas que estavam prestes a tomar conta da minha vida.

Capítulo 3

Tara
2004

ACORDEI MUITO CONFUSA NAQUELA MANHÃ. POR ALGUNS SEGUNDOS fiquei olhando para as pás empoeiradas do ventilador de teto que rangia e ouvindo o sino dos ventos tilintando com a brisa. As paredes de um tom creme desbotado à minha volta aumentavam meu atordoamento. Onde eu estava? Então lembrei. Estava na casa da minha infância — o apartamento de Papa em Mumbai —, longe do meu minúsculo apartamento de Los Angeles. Passaram-se duas semanas desde que eu voltara, duas semanas desde que contatara a polícia, e, no entanto, ainda não tinha a menor pista de onde Mukta poderia estar.

Respirei fundo e peguei minha bolsa no criado-mudo, enfiei a mão dentro dela e abri a lista de ONGs que havia baixado da internet. Tinha cinco nomes de centros que lidavam com crianças desaparecidas ou sequestradas. Comecei a discar os números. Os telefones das três primeiras organizações tocaram, mas ninguém atendeu. A quarta organização anotou os detalhes e disse que iriam me contatar se tivessem alguma informação. Quando um homem atendeu na quinta agência, torci para conseguir encontrar uma resposta lá.

— Meu pai contratou uma agência de detetives para procurar por Mukta — expliquei ao homem na outra ponta da linha depois de lhe informar os detalhes básicos do caso.

— Entendo. E a senhora disse que essa agência de detetives que procurou por ela não está respondendo às suas ligações? — disse ele numa voz baixa e rouca.

— Sim. Tentei ligar várias vezes. Ninguém atende. Fui ao escritório deles quase todo dia desde que voltei, mas está sempre fechado. Eu só... Eu não sei como nem por onde começar a procurá-la. Nem a polícia ajuda muito. Estou aqui há duas semanas e não tive progresso. — Fiquei surpresa com minha própria frustração e a facilidade com que eu a revelava a um estranho.

O homem suspirou:

— Qual é o seu nome mesmo?

— Tara.

— Tara. Sugiro que continue tentando a agência de detetives; pode ser que tenham alguma informação. Não gostamos de recusar pessoas, mas a senhora disse que ela está desaparecida há onze anos e não aceitamos casos ocorridos há mais de cinco. Somos uma organização nova e estamos tentando expandir nossos serviços, mas não podemos ajudar. Não gosto de dizer isso a pessoas que estão procurando um ente querido. A realidade, no entanto, é que há cerca de dez novas crianças desaparecidas a cada hora na Índia e mais de setenta por cento delas nunca é encontrada. Há também a possibilidade...

Desliguei o telefone enquanto as palavras continuavam jorrando. Eu me levantei e caminhei para a sacada do nosso apartamento de dois andares. Observei a cidade dali de cima. A rua onde ficava o nosso prédio estava inundada. Guarda-chuvas multicoloridos flutuavam a meia altura enquanto pedestres chapinhavam com a água na altura do joelho. Um *chaiwalla* servia chá quente e *pakoras* em sua pequena lojinha. Ao lado dele, um vendedor ambulante assava milho para os passantes. Fagulhas vermelhas voavam no ar quando ele abanava o carvão incandescente. Quando criança, eu amava a chuva, sobretudo a dramaticidade da sua presença, o jeito como caía sobre a cidade e impunha uma pausa abrupta à vida. Só a chuva, eu pensava, tinha o poder de subjugar esta cidade.

Tinha lembranças de barcos de papel flutuando nas sarjetas em que escorriam as chuvas de Bombaim, de jogar críquete no parquinho molhado com os meninos da vizinhança, de voltar para casa encharcada e enlameada, de Aai me recriminando por minhas maneiras de moleca. Se fechasse as pálpebras, podia ver Aai, seus olhos macios brilhando de fúria, o *bindi* vermelho tremendo na testa enquanto ela brigava comigo. Lembro-me de quando Aai convidava as senhoras da vizinhança para nossa casa. Elas se reuniam na sala de estar ansiosas para fofocar, a cacofonia de suas vozes cacarejantes emergindo do nosso apartamento. Meena-ji, nossa vizinha e melhor amiga de Aai, uma mulher de rosto redondo com uma língua afiada, era conhecida por ser uma fofoqueira e tanto.

— Sempre quis lhe contar isso, sobre sua filha — dizia frequentemente Meena-ji a Aai. — Não é bom para uma menina ter tanto *josh*... tanta vivacidade. Mas como falar isso a uma mãe? Como sua filha vai encontrar marido? Só nós, mulheres, sabemos como é difícil encontrar um menino adequado para as nossas meninas. Como ela vai cuidar da casa? Batendo nos meninos, brincando com eles? Terrível! Ensine isso a ela, senão nunca vai encontrar um marido para sua filha. Vai passar o restante da vida juntando um dote, mas ninguém vai se casar com ela.

Sorri com a lembrança, perguntando-me o que Meena-ji pensaria de mim agora, solteira e sem ninguém no mundo para chamar de família. Se Papa estivesse vivo, poderíamos rir juntos das observações dela. Papa sempre foi meu apoiador mais próximo, ele ignorava esse tipo de conversa e de rumor.

Meu pai era um homem muito alto, bonito, e os vizinhos frequentemente batiam à nossa porta atrás de conselhos. Sentavam-se no sofá da sala de estar e desfiavam suas desgraças enquanto Papa ouvia com atenção. Às vezes, eu me escondia na cozinha, tentando escutar. Identificava sempre o tom triste naquelas vozes e como, depois de meu pai falar — de maneira suave, tranquilizadora —, os homens saíam da nossa casa com rostos tão alegres que eu pensava que Papa borrifava algum tipo de água mágica neles. Eu perguntava se ele era mágico, e ele ria.

— A mágica está nas palavras, minha menina querida. Quando você dobra os pensamentos de alguém com palavras que tocam a alma, isso se chama inspiração.

Pensei em Papa e em como ele gostava de conversar com seu melhor amigo, Anupam *chacha*, aqui nesta sacada, fumando juntos, soprando círculos de fumaça no ar enquanto Aai lhes servia *samosas*, nosso apartamento cheirando a um misto de fumaça e fritura. Às vezes, Papa sentava aqui sozinho, a cabeça enterrada num livro, e eu o interrompia e insistia até que ele me contasse sobre a vida em sua aldeia natal.

— Quantas vezes vai ouvir a mesma história? — perguntava ele, rindo.

Infinitas, porque eu adorava aquela história. Naqueles momentos, Papa me levava com ele enquanto vagava pelas lembranças de sua infância na aldeia de Ganipur. Eu me sentava no seu colo e os olhos com os quais ele observava esse mundo se tornavam meus naquele momento. A pele clara adquiria um viço de juventude, os olhos verdes contemplavam uma lembrança distante de jogar *kabaddi* e críquete com os outros meninos da aldeia. Ele me contou sobre as mangas pendendo das árvores e os pavões dançando na chuva, sobre os campos de arroz e painço que balançavam com o vento e a enorme figueira-de-bengala no meio da praça da aldeia onde ele e Aai se conheceram.

— Para onde quer que olhasse, Tara, o céu era límpido e azul, trazendo paz ao coração. Você respirava e, ah, o ar era puro... tão fresco.

Era um mundo diferente do que eu conhecia — aquela cidade de Bombaim, onde havia prédios e mais prédios e, quando não havia construções, canteiros de obras. Eu não vira nenhuma lavoura que balançava ao vento e com pavões dançando. Essas imagens se desdobravam na minha mente como uma das histórias que eu lia nos livros.

— Vou levá-la à minha aldeia um dia — dizia ele.

E eu esperava que aquele dia chegasse. Nunca chegou.

EU NEM SEQUER ERA NASCIDA, PAPA COSTUMAVA ME DIZER, QUANDO meus pais fugiram da aldeia e chegaram a essa cidade fervilhante. Eles montaram seu lar em Dadar, naquele mesmíssimo apartamento. Agora, ali parada, olhando para a cidade, me dei conta de que pouco havia mudado. Uma fileira de açocas e coqueiros ainda ladeava as paredes do complexo, e ainda havia uma solitária árvore de *badam* no canto, seus galhos balançando à brisa. Lembro-me de uma placa que pendia torta no portão do lado de fora, com as palavras "Sociedade de Moradia Cooperativa Vijaya", que nos recebia quando entrávamos. Aquele aborrecido *chowkidar* que ficava sentado do lado de fora do portão sempre me lembrava de Suppandi, o sujeito pateta que aparecia nas minhas revistas de quadrinhos. A cada vez que passávamos pelo portão, meu melhor amigo, Navin, que era dois anos mais velho que eu, me cutucava, fazendo com que me lembrasse da semelhança e caísse na risada.

Era naquela sacada que Navin e eu assistíamos às procissões de casamento que passavam, olhando, atônitos, para o cavalo que carregava o noivo e para as pessoas que dançavam em volta ao som da música alta. Antes de Mukta entrar nas nossas vidas, não havia uma só vez que os vizinhos não encontrassem a mim e a Navin juntos, brincando com os outros meninos, correndo atrás dos carrinhos de sorvete no verão ou caçando borboletas com garrafas de plástico.

Lembro-me de acordar ao som de música que ressoava da cítara de Navin, ao ritmo do *raga*, e da voz dele enchendo o ar de melodia. Eu me levantava da cama, terminava meu café da manhã apressadamente e corria até seu apartamento para ouvi-lo cantar. Papa ria e me provocava, dizendo:

— A não ser por esse garoto, nada no mundo é capaz de tirar você da cama tão cedo.

Papa costumava dizer que minha amizade com Navin estava destinada a acontecer, escrita nas nossas vidas antes mesmo de nascermos. Afinal, o pai de Navin, Anupam *chacha*, e Papa haviam sido amigos de infância. Anupam *chacha* era um homem alto, de ombros largos, compleição parecida à de Papa e os mesmos olhos verdes. Enquanto Papa se formou em engenharia no Instituto de Tecnologia da Índia e entrou para uma grande empresa, Anupam *chacha* abriu seu próprio negócio em Bombaim. Papa disse que eles haviam sido criados como irmãos, embora fossem vizinhos lá na aldeia. Quando crianças, brincavam juntos, iam à mesma escola e faziam as lições juntos. Anupam *chacha* sempre nos contava como, na infância, eles pregavam peças nos aldeões ingênuos. Lembro-me de Anupam *chacha* contando a Papa sobre sua esposa — a mãe de Navin —, que morreu de câncer quando Navin tinha seis anos de idade. Anupam *chacha* muitas vezes se perdia em reminiscências sobre ela, contando a Papa sobre sua voz melodiosa, seu talento para o canto. Descobri pela conversa deles que ela fora uma tocadora de cítara muito talentosa e que seu último desejo fora que seu filho se tornasse um músico famoso. Para honrar os últimos desejos da mulher, Anupam *chacha* submetia Navin a horas de aulas de música todos os dias. Nunca ouvi Navin reclamar, nem uma única vez, sobre essas longas sessões, embora eu as achasse torturantes.

Olhei para a sacada vizinha — o apartamento onde Navin e Anupam *chacha* moravam. Estava em silêncio desde que eu chegara. Eu perscrutara sua escuridão pela janela; observara as portas trancadas esperando que eles fossem aparecer algum dia. Talvez também tivessem se mudado para longe, tentando fugir, como nós. Todas as nossas amizades haviam terminado naquele dia fatídico em que Papa me levou para os Estados Unidos. Eu não falei com Navin ou Anupam *chacha* nunca mais. E sempre me perguntei por que Papa parara de falar com Anupam *chacha*, por que nunca ligou para ele depois que colocamos os pés na nossa nova casa. Eu pensava que todas as lembranças boas da minha infância haviam desaparecido de repente, como momentos fugazes que eu precisava vasculhar para recordar. No apartamento vizinho, uma mulher pendurava roupas para secar num varal interno. Um rádio tocava, estridente, uma velha canção hindi em outra casa.

— Perdi coisas demais aqui — falei em voz alta. — Não sei o que fazer para consertar isso.

Pássaros chilreavam ao longe, e os corvos pousados no fio elétrico agitavam suas asas na minha direção.

NAQUELA TARDE, DECIDI TENTAR MAIS UMA VEZ A AGÊNCIA DE DETEtives. Eu não sabia o que passara pela cabeça de Papa, desperdiçando tempo e dinheiro com uma agência de detetives que não respondia a nenhuma ligação. Peguei o documento que a agência havia enviado por fax para Papa nos Estados Unidos. Duas filiais estavam listadas no cabeçalho. Decidi visitar a sede principal.

Peguei um táxi e li o endereço para o motorista. Ele não conhecia o destino, mas disse que me levaria mesmo assim. Enquanto nos aproximávamos do lugar, paramos algumas vezes para pedir orientação a pedestres. As pessoas eram prestativas e forneciam as direções pacientemente. Quando enfim chegamos ao prédio, fiquei do lado de fora, observando o táxi rugir enquanto se afastava. Entrei no corredor e li a placa: "Agência de detetives particulares Dharam".

Não havia elevador, então subi três andares. Para minha surpresa, a porta estava aberta. Espiei lá dentro. Não parecia nem um pouco com um escritório de detetive. Havia duas mesas atulhadas com pastas, cercadas por paredes nuas. Uma moça de uns 20 anos estava sentada a uma das mesas. Ela levantou a cabeça por um instante, seus olhos delineados com *kajal* perscrutando por sobre as pastas.

— Olá — falei.

— Sim?

— Bem, meu pai é... era um cliente de vocês.

Ela não respondeu.

— Posso falar com o gerente? — perguntei.

— Espere, por favor.

Olhei em volta. Havia muitas pastas caídas no chão.

— Nome? — perguntou a moça depois de ligar o computador.

— Ashok Deshmukh. É o nome do meu pai.

Ela digitou o nome no teclado e então percorreu as pastas sobre a mesa.

— Sim, eu lembro. A pasta dele não está aqui. Meu chefe a levou.

— Seu chefe?

— Sim, o proprietário da agência, o sr. Dharam Deo.

— Ah, sim. Veja, tenho todas as cartas que meu pai escreveu ao sr. Dharam Deo lá dos Estados Unidos. E aqui estão os recibos dos pagamentos que ele fez. Mas não consigo encontrar nenhuma resposta do sr. Deo detalhando o trabalho que foi feito. Ele estava procurando uma garota que foi sequestrada anos atrás.

— Sinto muito. Não sei nada sobre isso, madame. Vai ter que esperar. Ele deve estar de volta em duas horas. Também posso pedir que ligue para a senhora quando voltar.

— Vou esperar — falei e me sentei numa cadeira próxima à janela.

A garota não pareceu muito satisfeita por eu esperar no escritório. Continuou digitando furiosamente no teclado. Esperei por cinco horas, ouvindo a longínqua buzina dos carros, observando-a trabalhar, limpando o suor do meu pescoço com a mão enquanto o ventilador de teto zumbia sobre nós.

Quando me cansei de esperar, caminhei até ela e perguntei:

— Pode me dar o número de telefone do detetive? Um cartão talvez? O número para o qual tenho tentado ligar não está funcionando.

Ela vasculhou uma gaveta, conseguiu encontrar um cartão com manchas de óleo e o arremessou sobre a mesa.

— Aqui está, mas o número não funciona.

— É mesmo? Eu deveria reclamar com o seu chefe e dizer o quanto você é grosseira.

Ela olhou para mim por um segundo. Então levantou as mãos.

— Tudo bem, tudo bem — disse ela. — Vou dar uma olhada nas pastas do arquivo e ver se consigo encontrar algo.

A garota vasculhou as pastas no arquivo e examinou alguns papéis nas gavetas.

— O nome de seu pai é Ashok Deshmukh? Olhe, esta parece ser uma lista de ONGs com as quais ele trabalhava. Não consigo encontrar a pasta. Mas talvez você possa encontrar alguma informação com elas.

— Obrigada.

A garota deu um aceno de cabeça, mas não sorriu. Desci os três andares com a lista na mão. Tinha o nome de sete ONGs com as quais meu pai costumava trabalhar. Quantas crianças Papa havia colocado em bons lares durante sua vida? Quantas crianças haviam morado conosco nesse tempo? Honestamente, eu nem me lembro de todos os nomes agora. Tinha Abdul, o garotinho doce de 5 anos que fazia xixi em todo canto da casa enquanto minha Aai ia atrás dele limpando. Havia Shobha, a garota de 11 anos que mastigava chocolates e os cuspia no chão, e o menino pedinte com cabelo emaranhado que Papa trouxera para casa — aquele que fedia como lixo. Aai ficara com tanto medo de que eu pegasse piolho dele que correu atrás de mim por semanas a fio para esfregar óleo de coco no meu cabelo. Sorri com a lembrança.

    Um táxi guinchou na minha frente. O motorista baixou a janela e olhou para mim com expectativa. Dei a ele o endereço da primeira ONG da lista. Talvez o nome de Mukta estivesse enterrado em alguma pasta... Assim eu esperava.

Capítulo 4

Mukta
1987

EU ME PERGUNTO SE TODA MENINA ANSEIA PELO AMOR DO PAI, QUASE como se espera agarrar a lua se escondendo atrás das árvores. Depois que Amma me disse que iríamos telefonar para ele, o zumbido de pensamentos na minha mente era como o de um enxame de abelhas — instável, perturbador. Uma pequena onda de agitação corria pelo meu corpo quando eu pensava em ouvir a voz dele pela primeira vez. Tomara que a voz dele fosse gentil como eu imaginava. Eu me perguntava se ele iria gostar da minha. Mas, acima de tudo, me preocupei com o que diria para ele depois das saudações habituais. Pensei em várias coisas diferentes e as ensaiei como um mainá ao longo das semanas seguintes. "Meu nome é Mukta", eu começaria. Mas parecia tão bobo, pois ele já sabia do meu nome. Então, pensei em dizer "Como vai? Como está Bombaim?", mas isso também era estúpido. Desisti de frase após frase, ideia após ideia, até que por fim decidi lhe dizer o que eu realmente sentia: "Sinto falta de você, Appa." Appa, era assim que eu o chamaria.

Eu não sabia o que era um telefone, nunca tinha visto um. Amma disse que já vira um na aldeia, mas nunca o usara. Ela o descreveu como uma espécie de instrumento mágico que falava conosco na voz da pessoa com quem queríamos conversar. Era um milagre, dizia ela. Eu imaginava uma pessoa minúscula dentro da caixa, não maior que a caixa onde eu escondia gatos de rua. Essa pessoa minúscula decerto era quem tinha o poder mágico de falar em ambos os lados.

Saímos bem cedinho de manhã num dia de sol antes de Sakubai acordar, para que ela não pudesse descobrir e nos colocar contra a parede. Era um dia lindo. O sol espiava por trás das nuvens, e a felicidade dançava no rosto de Amma, perdurava em seu sorriso. Eu não podia imaginar nosso dia mais diferente do que foi. Antes de partirmos, fiquei angustiada quanto ao vestido que deveria usar, finalmente escolhi uma saia amarela e uma blusa, então reclamei do jeito como Amma arrumara o meu cabelo. Até tomei um banho mais longo do que o normal, até Amma gritar:

— Seu pai não vai conseguir ver você pelo telefone!

Eu não sabia. Falei que achava que era importante me sentir bem para que o meu pai ouvisse isso na minha voz. Amma revirou os olhos.

No nosso caminho até a aldeia eu saltitava atrás de Amma, levantando uma nuvem suave de poeira que subia da estrada estreita por onde caminhávamos, um trecho solitário com apenas um ocasional carro de boi passando por nós ou um par de tratores resfolegando ao nosso lado a caminho das fazendas. Alguns camponeses exaustos passavam, cansados demais para nos notar. Lembro-me dessa caminhada com minha mãe, de como uma brisa gentil corria pelas árvores que ladeavam a estrada, fazendo com que a grama entre as árvores se agitasse de leve, de como os pássaros chilreavam pelo caminho enquanto avançávamos e, acima de tudo, da felicidade que florescia no meu coração, embora meus pés estivessem sujos e doendo.

Lembro que havia uma figueira-de-bengala no meio da praça da aldeia, suas raízes aéreas espalhadas em torno. Perto dali ficava o bazar onde as mulheres barganhavam alegremente com lojistas que ficavam agachados com suas balanças manuais. Na mercearia havia uma longa fila de pessoas para usar o telefone. Era um dia quente, e nos juntamos à fila, esperando nossa vez, o sol brilhando sobre nós. O telefone havia sido colocado sobre um banquinho. Quando a nossa vez chegou, Amma o apanhou, mas não sabia como usá-lo e ficou vasculhando o aparelho. O dono da mercearia suspirou, pegou o fone das suas mãos e discou o número.

— Diga a Sahib que eu ajudei. — De repente, seu tom se tornara educado e gentil. Eu podia adivinhar a partir daquela reação que meu pai era alguém importante na aldeia.

— Sou eu. Sou eu — disse Amma, os olhos alegres, os lábios se abrindo num sorriso.

Não consegui ouvir a voz do outro lado. Amma segurou o fone com as mãos trêmulas. A caixa preta com um dial redondo, sobre o banquinho, despertava minha curiosidade.

— Mukta está aqui, se quiser falar com a sua filha. — Uma leve umidade surgiu nos seus olhos.

Muitos sentimentos flutuaram dentro de mim: dor pelo pai que eu nunca conhecera, a emoção de ouvir sua voz, mas, principalmente, uma repentina sensação de segurança que tomou conta de mim. E abri minhas mãos, esperando que Amma colocasse o fone nelas, mas ela não o fez. Continuou ouvindo, uma expressão sombria se espalhando pelo rosto.

— Mas, mas... ela é sua filha. Você precisa confiar em mim. Ela é sua filha.

Ela ficou escutando de novo, então gaguejou:

— Ela... não está... em segurança aqui.

Então, como se não houvesse nada mais que Amma pudesse escutar ou dizer, ela segurou o fone junto ao peito, como se estivesse segurando um bebê nos braços, e olhou melancólica para longe. Eu podia ouvir o tom de discagem longínquo ecoando pelo fone. Devíamos saber que era o som da rejeição, o som de ser repudiado. Mas Amma não se dava por vencida.

— Ele vai vir pegar você... — murmurava ela enquanto fazíamos a pé o caminho de volta.

Então, poucos dias depois de termos tentado telefonar, quase conheci meu pai — um momento que sempre repasso na minha mente. Foi Sakubai que trouxe a notícia. Ela ficou do lado de fora da nossa janela, sorrindo e berrando:

— Há uma festa em poucos dias. O zamindar vai dar uma festa para as castas superiores da aldeia próxima. O filho do zamindar está vindo de Bombaim. O pai de Mukta está vindo!

Amma correu para fora, segurando a bainha do vestido.

— Eu sabia. Eu sabia. Ele vai vir para esta casa. — Ela abraçou Sakubai.

Dessa vez não deveríamos ter sido pegas de surpresa, mas a esperança sempre leva a melhor sobre a razão. Na noite em que meu pai supostamente deveria chegar de Bombaim, nossa casa parecia a casa de uma das fotos de Sakubai. Não estava pintada, claro, e as rachaduras ainda podiam ser vistas, e o telhado ainda tinha goteiras, mas havia muitas flores que Amma comprara na aldeia: lírios, jasmins, girassóis, rosas. Suas cores cercavam a casa, enchendo-a de fragrâncias. Havia *diyas* em toda parte, com suas mechas de algodão queimando com força, mantendo a casa iluminada em sua luz amarela. Ela lavou meu cabelo e o perfumou com uma fragrância especial. Coloquei o vestido verde que Amma comprara especialmente para a ocasião. Ela ajeitou o próprio cabelo num grande coque e pendurou ramos de *gajra* nele. Quando estávamos prontas, esperamos sobre os degraus lá fora, olhando para a rua desolada que levava até a nossa casa. O sol assomava grande no horizonte, ameaçando descer atrás das montanhas, enquanto esperávamos e observávamos. A cada minuto que passava, a luz se tornava mais fraca e a escuridão se espalhava à nossa volta. As chamas das *diyas* do lado de fora da casa dançavam no escuro, formando as sombras nas paredes como se rissem de nós. Logo a luz da lua estava ali para carregar nossas esperanças.

Sakubai perambulava do lado de fora, segurando seu dolorido quadril com a mão e descendo devagar os degraus.

— Eu falei, minha filha, eu falei — sussurrava ela.

Amma não ouvia. Seus olhos estavam presos ao longe.

— Vamos lá — disse Amma, colocando-se de pé. Havia uma determinação no seu rosto, uma repentina força na voz. — Levante--se. — Ela me puxou pelos pulsos, arrastando-me atrás dela.

— Onde vão? — perguntou Sakubai.

— Para a mansão do zamindar.

A lua iluminou o caminho. Nossos pés nus estavam encardidos, a poeira grudava à barra de nossas saias novas. A aldeia estava silenciosa àquela hora da noite. Caminhamos sem pensar em nada. Paramos apenas quando chegamos à casa do zamindar. Foi então que me dei conta de que meu pulso doía por causa da empunhadura firme de Amma.

— É aqui que o seu pai mora... morava, até que decidiu nos deixar e ir embora para Bombaim — disse ela, olhando acusadoramente para a casa diante de nós.

A casa era enorme, com o telhado surgindo por sobre o muro de tijolos tão alto que eu não conseguia ver o que havia além dele. Resplandecia com lindas luzes amarelas que vazavam para fora; a música tocando dentro da casa e o som das tornozeleiras das dançarinas flutuavam até nós. Eu nunca tinha visto aquela casa, a casa em que o zamindar morava, onde meu pai fora criado e onde vivera por muitos anos.

Amma caminhou em direção à casa; eu a segui. Dois homens fortes estavam diante do portão, de uniforme, com *lathis* nas mãos, vigilantes. Atrás deles, os portões eram decorados com calêndulas e flores de jasmim, prontos para receber os convidados.

— Vá embora antes que Sahib saia e grite conosco por permitir que uma puta de casta inferior se aproxime da sua propriedade! — gritou um dos guardas.

— Não vou embora antes de falar com Sahib — insistiu Amma.

Eles nos encararam, então olharam um para o outro e explodiram numa gargalhada.

— Sim, sim, Sahib vai vir correndo porque você chamou. — Eles riram ainda mais alto.

— Não vou embora. Não podem me forçar.

O guarda deu de ombros.

— Então espere.

— Se quer esperar, não fique a menos de dez passos da porta — disse o outro guarda. Ele apontou para um lugar sob a figueira-de-bengala. — Ali, sente-se ali, se quiser.

Nós nos sentamos sob a árvore, escondidas na sua sombra, cuidadosamente protegidas dos olhos dos visitantes de casta superior que chegavam um a um nos seus carros. Observávamos as mulheres que desciam em frente à casa do zamindar — o ouro em volta do pescoço delas brilhava, as barras dos sáris de seda cintilavam, seus *pallus* ondulavam com a brisa. Vi que, cada vez que um homem colocava o pé fora do carro, parecendo muito distinto em uma *kurta* bem engomada, os olhos de Amma esquadrinhavam o rosto em busca do homem que ela amava. A música ficava mais alta quando os guardas abriam os portões para permitir que visitantes entrassem e então diminuía quando os portões se fechavam atrás deles.

Amma me deixou subir na árvore para ver a festa lá dentro. Eu nunca tinha visto uma comemoração daquele tipo, com tanta extravagância. O pátio era maior que qualquer um que eu tivesse visto; cinco casas como a nossa caberiam ali sem problema. As pessoas se misturavam, rindo e conversando, os rostos e as joias brilhando sob as fortes luzes amarelas. Eu me perguntei se o brilho que reluzia nas suas faces vinha da sabedoria de conhecer um mundo que pessoas como nós nunca conheceriam.

Até mesmo daquela distância eu podia ver as longas mesas no pátio, as toalhas de mesa estendidas sobre elas, recipientes de prata que continham picles e *chutneys*, *rotis* e arroz, diferentes tipos de legumes, curries. Os homens conversavam numa das pontas com expressões sérias no rosto, sorrindo de tempos em tempos, ao passo que as mulheres estavam reunidas no canto, sussurrando e rindo. Havia muitos criados para atender às suas demandas, alguns servindo água e *sherbet*, outros carregando pratos de *kachoris*.

Depois de algum tempo, não chegaram mais visitantes. Fiquei cansada, desci e me sentei ao lado de Amma. Ficamos ali, em silêncio, entre os sons da noite e da música que flutuava de dentro da casa. Podíamos ouvir os guardas do lado de fora dos portões, fumando seus *hookahs* e bebendo *daru*, contando histórias de família e rindo das travessuras dos seus filhos.

Amma disse que fora assim que ela conhecera meu pai. Ela havia sido convidada para dançar em uma festa dada pelo zamindar em honra do filho — meu pai.

— Ele se interessou por mim. Nós nos sentamos embaixo desta árvore aqui, onde ninguém podia nos achar. — Ela riu. — Quando seus avós estavam fora, para ir a alguma festa na aldeia vizinha, nós nos encontrávamos no terraço, conversávamos sobre nossas vidas, sobre pequenas coisas, até mesmo sobre as estrelas no céu.

Era difícil acreditar que Amma havia de fato entrado naquela casa. Parecia um pensamento tão distante, tão além de tudo com que eu jamais poderia sonhar.

— Eu mal tinha 16 anos. Ele tinha 20, estava prestes a ir para a faculdade em Bombaim. — Ela olhou para o céu, melancólica. — Seu Appa gostava de mostrar as estrelas para mim. As estrelas, elas fazem seu próprio desenho no céu, ele costumava dizer. Você sabia que, quando morremos, nos tornamos estrelas para poder vigiar nossos entes queridos?

Observei as estrelas aquela noite. Algum dia, eu esperava, meu pai me mostraria as estrelas no céu do mesmo jeito que mostrara a Amma.

— Acho que a nossa vida é como o céu. — Amma suspirou, ainda olhando para cima. — Às vezes, Mukta, quando você olhar para o céu, ele vai estar escuro. Você não vai saber em quem confiar. Vai se perguntar se alguma pessoa conseguirá tirar você da escuridão. Mas, acredite em mim, algum dia o nosso céu vai brilhar de novo. E vai ter a aparência e o cheiro de esperança. Não quero que se esqueça disso. Quero que tenha esperança, não desista.

Assenti, e disse a ela que me lembraria daquilo.

Acho que caímos no sono sob a figueira-de-bengala porque, quando acordamos, a luz do sol já começava a aparecer por trás das árvores. Não havia mais nenhuma música vindo da casa, e os portões estavam escancarados, os guardas adormecidos ao lado. Ao meu lado, Amma dormia profundamente. Vi um homem deixar a mansão, contornando os seguranças adormecidos, e caminhar até o carro que esperava por ele do lado de fora.

Caminhei devagar até a mansão e olhei para ele como se já o conhecesse. Eu mal podia ver seu rosto, mas pude perceber, pelo jeito como ele se movimentava com dignidade, pelo jeito como suas roupas eram passadas e engomadas, que ele devia ser alguém importante. Lembro que fiquei preocupada com a minha aparência desgrenhada — minha saia estava rasgada em vários lugares, de subir na árvore; minha trança se desfizera. Então, algo estranho aconteceu. Comecei a correr em direção ao homem. Não sei no que estava pensando quando gritei:

— Appa!

O homem se virou para olhar e apertou os olhos por causa da luz do sol.

— Appa! — gritei de novo, até mais alto, e parei, a alguns metros dele.

Eu ainda não conseguia ver o rosto muito claramente. O sol estava forte demais e batia bem nos meus olhos. Mas pude senti-lo me examinando, hesitante, refletindo. Ele deu um passo na minha direção, então se virou, sentou no banco traseiro do carro e logo partiu. Corri atrás do carro, acenando, gritando para ele parar, mas era rápido demais para mim. Observei o carro desaparecer além da esquina, deixando uma nuvem de poeira atrás de si.

Quando mais tarde contei a Amma, ela disse que aquele não podia ser meu pai, que meu pai era um homem muito correto, que nunca nos deixaria para trás. Mas eu sabia. Quando corri atrás do carro, o homem olhou para trás rapidamente, como se lamentasse ter que me abandonar. E eu soube então, enquanto a poeira levantada pelo carro batia no meu rosto, que meu pai não me queria, que ele nunca viria me pegar. Sakubai estivera certa o tempo todo; eu não merecia um pai.

Capítulo 5

Tara
2004

— MEU PAI SEMPRE PROCUROU ESSA MENINA. ELE TRABALHAVA COM vocês e muitas outras ONGs. No tempo livre, ele ajudava a encontrar um lar para várias crianças — expliquei ao homem da ONG. — Eu só quero saber mais sobre essa garota que ele resgatou, Mukta. Vocês devem ter algum tipo de registro sobre as crianças que resgatam.
— Eu não saberia. — Ele deu de ombros. — Sou novo aqui.
— Tem mais alguém com quem eu possa falar?
Ele me olhou, confuso.
— Talvez — respondeu. — Há uma pessoa antiga aqui, o sr. Chitale. Talvez ele possa ajudar. Vou chamá-lo. — E desapareceu atrás de uma porta.
Até aquele momento, eu descobrira que existiam duas garotas chamadas Mukta que haviam sido resgatadas no mesmo dia em que Papa trouxera Mukta para nossa casa. Porém, com um olhar nas fotografias anexadas, eu sabia que nenhuma delas era a garota que morara conosco por cinco anos. Algumas agências não conseguiram encontrar Mukta alguma nos seus arquivos, e outras disseram que não mantinham tais registros porque aquilo era obrigação dos orfanatos.

— Sim, sou o sr. Chitale. Como posso ajudá-la? — Era um homem velho que mancou na minha direção empunhando uma bengala.

— Estou procurando uma menina. O nome dela é Mukta. Meu pai, o nome dele é Ashok Deshmukh, resgatou essa garota. Eu só queria saber se existe alguma informação no arquivo dela, qualquer coisa que possa me ajudar a encontrá-la.

— Ashok Deshmukh... — Ele franziu a testa e ajustou os óculos. — *Haan, haan*, Ashok Sahib. Sim, ele resgatou muitas crianças. Como poderíamos esquecer? Como ele tem passando?

— Ele... está bem — menti. Não queria contar a ele sobre o suicídio de Papa e dar margem a perguntas. — Ele queria que eu procurasse Mukta, uma menina que trouxe para nossa casa em 1988. Estou tentando encontrá-la.

— Certo... — disse ele, assentindo. — Mas nós não tínhamos computadores naquela época, então apenas mantínhamos os nomes num arquivo. Cinco anos atrás os arquivos deram cupins e jogamos tudo fora.

— Ah.

— Mas, antes de destruirmos os arquivos, colocamos todas as informações no computador. Vou ver se consigo encontrá-la aqui. — Ele tirou os óculos e os colocou de lado sobre a escrivaninha. — Qual era mesmo o nome que você disse?

— Mukta.

Ele digitou o nome muitas vezes, abrindo muitos arquivos, debruçando-se sobre o computador.

— Há cinco Muktas no nosso sistema. Mas essas meninas foram mandadas para orfanatos recentemente. Nós não recolocamos nenhuma menina com esse nome em 1988.

— É possível que vocês tenham perdido muitas informações quando transferiram os arquivos?

— Acho que não. Somos uma organização bem pequena. Muitos voluntários trabalham de graça, mas é impossível ter acontecido algum engano. Queria poder ajudá-la. Ashok Sahib era um amigo muito bom e uma pessoa muito gentil. Na verdade, nunca conheci ninguém que tenha ajudado tantas crianças quanto ele, naqueles anos. Espere... você não disse que essa garota, Mukta, vinha da mesma aldeia que o seu pai?

Concordei.

— Então por que não vai até lá? Pode ser que descubra alguma coisa.

— Não posso — expliquei. — Pode parecer estranho, mas acho... acho que eles me matariam se eu colocasse os pés naquela aldeia, se soubessem que sou filha de Ashok Deshmukh.

— Hum... não, não, não há nada de estranho nisso. Seu pai tinha esse efeito nas pessoas. No seu zelo por fazer o bem, ele arrumava muitos inimigos. Sei muito bem. — Ele suspirou. — Mas espere. Talvez eu possa ajudá-la com uma lista de crianças que ele resgatou. Pode ser que encontre algumas respostas lá.

Ele digitou algo no computador, então me entregou uma folha impressa.

— É uma lista completa de todas as crianças que seu pai ajudou. Ele queria que eu guardasse a lista para saber sempre onde estavam as crianças que resgatou, para saber se as famílias adotivas as tratavam bem. Ele sempre cuidou delas. Olha, esses programas de adoção nunca funcionaram muito bem... Casais querem seus próprios filhos, sabe. Quem é que quer cuidar *dessas* crianças? Então, nós, às vezes, permitíamos que Ashok Sahib burlasse um pouco a lei e deixávamos que ficassem com ele por um tempo, para que ele pudesse ajudá-las. Não era legal, mas era por uma boa causa. Só que essa menina, Mukta... não parece haver nenhum registro oficial dela... qualquer coisa que diga que seus pais cuidaram dela... então não sei. Muitas crianças entram nesse limbo. Algumas que são resgatadas acabam sendo contratadas como criados. Tentamos nos certificar de que isso não aconteça, mas todos sabemos que essas coisas sempre ocorrem. Sinto muito por não podermos ajudar mais.

— Sem problemas. Obrigada por tudo — falei, e enfiei a lista na bolsa sem olhar para ela.

Aquela busca parecia um beco sem saída. Enquanto saía de lá, eu me perguntava se voar até Mumbai para procurar uma amiga que havia desaparecido havia onze anos era uma ideia heroica ou tola. Talvez não houvesse jeito de compensar o que eu fizera. Lá em Los Angeles, eu trabalhava como garçonete num restaurante pequeno, além de ter outros dois empregos. Trabalhava o tempo todo e mal conseguia pagar as contas, e Brian tocava numa banda. Mas, ali naquela cidade, eu não conhecia uma só pessoa que pudesse me ajudar. Talvez alguém como eu não soubesse como começar uma busca como aquela. Havia uma saída fácil para a situação toda. Eu podia simplesmente ir embora, voltar para Los Angeles, para a vida que eu construíra. No entanto, sabia que essa nunca seria uma opção para mim.

Pensei em Papa e no que ele teria dito se eu quisesse desistir tão cedo da minha busca. *Nós somos pessoas fortes, Tara, você e eu. Sobreviveremos a tudo.* Pensei em seus olhos luminosos e sorridentes, que sempre me deram coragem. Então me dei conta de que ele próprio havia desistido facilmente — cometendo suicídio —, desistido da busca por Mukta, desistido de *mim*. Eu havia dito aos amigos de Papa que ele morrera de um ataque do coração e nunca deixei que soubessem que ele havia se enforcado. Havia certa vergonha em dizer aquelas palavras em voz alta. Talvez fosse o jeito como Papa me criou — nunca, *jamais* desistir.

* * *

PASSEI OS DIAS SEGUINTES LIMPANDO O APARTAMENTO DE PAPA. Esfreguei o chão, de cócoras; fiquei na ponta dos pés para remover as teias de aranha do teto, tirei o pó das mesas e lavei os vidros. Alguns porta-retratos caíram no chão quando abri as janelas da sala de estar. A maioria deles estava vazia — eu levara as fotos comigo para os Estados Unidos. As que restavam pareciam velhas — fotos em preto e branco em que a cor era deixada à imaginação do observador. Havia uma de Aai ao meu lado, celebrando meu quinto aniversário. Em outra, eu, com três anos, estava sentada no ombro esquerdo de Papa, que segurava minhas mãos com firmeza. Como ele parecia orgulhoso segurando a filha no ombro. Então havia a foto de casamento dos meus pais, Aai vestida com um sári verde, uma noiva reluzente, e Papa numa *kurta* branca debruada em linha dourada. Não houve uma grande cerimônia de casamento, não houve o pai de nenhum deles correndo afoito com os preparativos, nenhuma hena na mão de minha Aai, nenhuma joia sobre ela exceto uma simples corrente de ouro e algumas pulseiras que lhes foram dadas pela sua avó. Não havia nenhum penteado suntuoso adornado com joias, nem as flores de jasmim pelas quais todas as noivas anseiam. Em vez disso, havia uma flor que pendia do seu coque, tão solitária no seu cabelo como ela deve ter se sentido naquele dia. Aai e Papa estão sorrindo nas fotos, mas para mim seus olhos sempre disseram algo mais. Lágrimas brilhavam nos olhos de Aai sempre que ela falava sobre o dia do seu casamento, e tudo o que eu sempre via era o desapontamento nos seus olhos pelo fato da cerimônia ter passado despercebida pelos pais deles.

Houve uma época em que meu desejo de conhecer meus avós não tinha limites. A pergunta de por que nenhum deles nunca quis me conhecer cruzava a minha mente vez ou outra, mas o desejo de conhecê-los ficava mais forte durante as férias de verão, quando meus amigos corriam para casa, loucos para encontrar seus avós, que estavam de visita. Eu perguntara em voz alta a Aai, certa vez, se eu havia feito algo de errado, já que meus avós não queriam me conhecer. Aai disse que não era minha culpa, mas *deles* — de Papa e dela. Eles que haviam fugido de sua aldeia e se casado sem a permissão dos pais. Aai suspirava e dizia que a sombra da fuga havia caído sobre suas vidas e os seguia onde quer que fossem, e que, se algum dia, ela ousasse pisar na aldeia, o pai dela a mataria.

— É o que os pais fazem na minha aldeia quando a filha comete uma desonra. Não é seguro para você ir lá. Se colocar os pés na aldeia, sua vida também vai correr perigo. — Ela costumava suspirar e dizer: — Só seu Papa foi perdoado. Só ele tem permissão de visitar a aldeia.

Nunca voltei a perguntar sobre meus avós nem tentei persuadir meus pais a me levarem até lá.

Certa vez, ouvi uma conversa de Aai com as vizinhas, no seu jeito tímido de conversar com as pessoas.

— A primeira vez que vi aquele homem alto, confiante, que ficava no meio da praça da aldeia falando por que não devíamos servir à casta superior... Multidões o seguiam como se ele fosse Deus.

Quando ela disse às amigas que muitas mulheres da aldeia se apaixonaram pelo jeito corajoso e desafiador dele, ninguém duvidou.

— Ele me mandou uma carta. O leiteiro a entregou. Dá para acreditar? Fiquei chocada quando li que ele me pedia para encontrá-lo perto da figueira-de-bengala na praça da aldeia. Como se eu tivesse coragem...

Estava claro que Papa havia escolhido Aai. Claro, tímida como era, ela não se aventurou. Só depois de esforços persistentes de Papa ela foi se encontrar com ele depois do pôr do sol, furtivamente, quando ninguém estava vendo. Meus pais eram brâmanes de casta superior de Ganipur, mas havia um problema no horóscopo de Aai que fez com que os pais de Papa se opusessem com veemência à união. O que não o deteve. Ele se casou com Aai do mesmo jeito.

— É o amor que nos cega, não nos deixa ver direito — dizia Aai de vez em quando.

Sempre soube que fora o charme do meu pai que fizera Aai dar esse passo tão ousado. Pois não era possível que minha mãe, normalmente quieta, que acreditava que era seu dever como mulher e como esposa sempre servir e obedecer ao homem com quem se casara, fosse tão corajosa a ponto de desafiar os próprios pais. Devia ser um enigma para todos. Aai me disse que não teve a sorte de terminar seus estudos na aldeia. Os pais dela queriam dar uma boa educação aos seus irmãos, então a tiraram da escola na quinta série para ela poder ajudar em casa.

— Mas isso não me incomoda, Tara. O que eu teria feito se tivesse estudado, afinal? Não tenho a inteligência do seu Papa — falava minha Aai. — A vida de uma boa mulher está na felicidade do marido, em ser uma boa esposa e uma boa mãe, tomando conta da família. E é bom você também aprender isso. Até mesmo garotas de seis anos da aldeia sabem como preparar *dal* e *sabji*. É melhor você aprender também.

Foi Aai que me contou sobre a vida deles na aldeia.

— Eu era filha de um usurário. Seu Papa — disse-me ela, deslumbrada — sempre foi diferente. Ele se casou *comigo*, uma moça de pele escura, e nunca viu nada de errado nisso. Ainda não vê. Mesmo naquela época, quando ele mal tinha completado 18 anos, em vez de aceitar as regras estipuladas pelos brâmanes de casta superior para os aldeões de castas inferiores, ele se rebelou contra os zamindares, dizendo que as classes inferiores deveriam ser bem tratadas. Os zamindares ficaram chocados. Os pais dele pensaram que aquele espírito rebelde arrefeceria se o mandassem para Bombaim para estudar. — Ela riu. — Decerto pensaram que estar na cidade grande manteria o filho longe da aldeia. Mas seu Papa era um homem esperto. Ele terminou o curso de engenharia e voltou à aldeia, causando alvoroço. Uma pessoa da aldeia uma vez disse que as palavras do seu Papa eram como trovões, que incendiavam almas.

Eu costumava arrancar essas histórias de Aai, e em todas elas Papa sempre surgia como um herói aos meus olhos — como o herói nos filmes, que salva criancinhas e faz com que tudo fique bem.

Uma vez perguntei a Papa por que ele fez aquilo, por que foi contra seus pais e causou tal revolução na aldeia. Ele riu ao me contar.

— Eu era jovem, não conhecia nenhum outro jeito de fazer a sociedade de casta superior entender que as castas inferiores mereciam respeito. — Ele olhou ao longe com uma expressão solene. — Mas eu estava... estou honrando o desejo de alguém... Quando eu era criança, mais ou menos da sua idade, meu Rakesh *mama* nos visitava na aldeia. Ele era o irmão de minha mãe e havia entrado para a força aérea muito jovem. Era um homem muito destemido, sempre disposto a ajudar todo mundo. Quando ficava sabendo que ele viria nos visitar, eu descia correndo a escada e esperava por horas a fio na varanda lá fora. Ele vinha dirigindo seu velho carro Ambassador. Nós nos sentávamos na varanda depois de terminar a refeição, e ele me contava histórias. Frequentemente me falava da vez que pilotou um avião e caiu numa aldeia desconhecida. Os aldeões pensaram que era Deus, porque ele havia descido dos céus. — Papa caía na risada. — Levaram-no para o hospital da aldeia. Ele ficou inconsciente e só se recuperou depois de várias cirurgias. Ficou tocado ao ver que todos aqueles aldeões, na verdade estranhos, o ajudaram a se recuperar, rezaram por ele. Eles não se importaram em saber de onde ele vinha ou a que casta pertencia... Isso é humanidade, dizia ele. Eu admirava sua coragem. Ele me levava para passear na aldeia e me dizia que todos são iguais e que as pessoas das castas inferiores não deveriam ser tratadas da forma que as tratávamos. A princípio, eu não conseguia entender o que ele estava tentando me dizer. Mas depois, aos poucos, descobri que há uma coisa que todos temos em comum, independente da casta ou da religião: todos somos feridos ao longo da vida, todos queremos sobreviver e ser felizes, e todos precisamos ser bem tratados. Afinal de contas, não escolhemos onde nascemos, mas podemos dar duro e pavimentar nosso caminho para o sucesso. E todas as pessoas da Terra merecem essa chance.

— O que aconteceu com Rakesh *mama*? — perguntei.

Papa deixou escapar um longo suspiro.

— Ele morreu num acidente de carro tentando evitar que um pedestre se machucasse. Morreu tentando ajudar alguém... Sabe, Tara, cresci querendo ser exatamente igual a ele. De certa forma, ele ainda vive em mim. Quando eu era jovem, fui um pouco longe demais com meus ideais de liberdade e tentei criar uma revolução na aldeia. Agora penso que há maneiras mais pacíficas de fazer as pessoas entenderem. No entanto, ainda desejo que todos abram os olhos e entendam que a humanidade é mais importante do que as castas ou até mesmo do que a religião. Que todo ser humano tem direitos e que tratar mal os outros é um pecado.

Para Papa, não se tratava apenas de palavras. Ele colocava em prática esses pensamentos. Lembro-me da primeira vez que Papa trouxe para casa uma criança para morar conosco. Aram tinha oito anos, marcas de queimadura no rosto, e fora abandonado numa estação de trem. Papa disse que nenhum casal estava disposto a ficar com ele, muito menos adotá-lo.

— Ele vai ficar aqui alguns dias. Vou encontrar um lar para ele — assegurou Papa a Aai.

— Você acha que essas crianças devem morar na nossa casa? — perguntou Aai, suavemente.

Papa olhou para ela, mas não disse nada.

Na primeira noite, Aram conseguiu quebrar quase todos os copos da cozinha antes que meus pais acordassem e pudessem contê-lo. Na segunda noite, Aram levou a tesoura até a cortina e fez buracos em todo tecido em que conseguiu colocar as mãos. Na manhã seguinte, Aai chorou à mesa da sala de jantar. Ela lembrou

Papa, humildemente, que devia encontrar um lar para o garoto. Depois disso, ela tentou me manter longe das crianças que passavam por nossas vidas, com a ideia fixa de que eu não deveria falar com nenhuma delas.

— Elas não fazem bem para você — dizia-me ela.

Acho que deve ter sido para responder à apreensão de Aai que Papa lhe disse que aprender as tarefas domésticas tornaria essas crianças autossuficientes. Aai pareceu muito entusiasmada ao ouvir isso e se certificou de que as crianças que viviam conosco aprendessem todas as tarefas, de lavar pratos e roupas a limpar o chão e levar recados. Até a chegada de Mukta, ela nunca reclamou para Papa, nem uma só vez, sobre ter que cuidar de crianças que se comportavam mal e que tinham raiva por terem sido abandonadas. E, então, Mukta chegou nas nossas vidas — perdida e sozinha — e a ladainha de Aai não tinha fim.

Só agora é que entendo como minha Aai sofreu por causa da natureza bondosa do meu pai. Sempre que Papa jogava outra criança pobre e sem lar sobre nós, na mesma hora minha Aai começava a cozinhar, limpar e tomar conta de uma criança que não era sua. Nem todas ouviam o que Aai dizia, e nem todas queriam fazer suas tarefas domésticas. Furiosas por terem sido abandonadas, algumas até mesmo a tratavam mal. Talvez todo mundo tenha um ponto de ruptura, porque a chegada de Mukta trouxe à tona o pior lado de Aai. Depois da chegada de Mukta, ela frequentemente me dizia, muito calma:

— Se eu soubesse que era isso que estava reservado para mim, nunca teria fugido.

Agora, enquanto limpava o chão, eu pensava na criação de casta superior de Aai, que lhe ensinara a olhar de cima para tais crianças, e no espírito livre de Papa, que estava sempre disposto a ajudar. Apesar de suas estruturas de valores opostas, eles sempre se amaram. Pelo menos eu queria me lembrar deles assim. Depois que terminei de limpar parte da sala de estar, olhei em volta para o restante do apartamento que ainda precisava de limpeza e disse a mim mesma que cuidaria daquilo no dia seguinte. Devorei as barras energéticas que eu tinha trazido e caí dura no sofá. Dei uma olhada para ver o sol se pondo no céu e pensei no verão de 1988, quando Mukta entrou nas nossas vidas.

Capítulo 6

Mukta
1988

EU TINHA QUASE 10 ANOS QUANDO COMECEI A ACEITAR MINHA VIDA sem um pai. Amma também havia se resignado ao fato de que meu pai nunca voltaria. Nos dias que se seguiram ao incidente do lado de fora da mansão, ela não falou nele, e seus olhos nunca se recuperaram da perda da esperança. Deve haver algo sobre a dor, sobre o modo como nos toca tão profundamente, que, às vezes, não conseguimos voltar a ser quem éramos. Uma pessoa pode até cair doente e nunca mais se recuperar. Foi o que aconteceu com a *minha* Amma. Foi o começo de tempos difíceis.

Amma estava ficando muito mal; a doença que destruiria seu corpo começava a se instalar. Eu não sabia disso na época. Só o que conseguia ver era que seus dias eram morosos e suas noites assombradas por pensamentos, que havia meias-luas escuras sob seus olhos e que sua pele brilhante empalidecera. Os homens haviam parado de visitá-la havia muito tempo, e, na maior parte dos dias, eu executava todo o trabalho de casa sozinha, cozinhando o *dal* e o arroz, pegando água do poço, limpando a casa, lavando a louça — o trabalho não tinha fim sem Amma ao meu lado.

Foi Sakubai quem comentou pela primeira vez que Amma havia encolhido para quase metade do tamanho.

— Os homens não querem ter nas mãos o cadáver de uma mulher quando estão pagando para fazer uma visita. Não é de se admirar que eles não deem mais as caras nesta casa. Quem vai ganhar dinheiro para sustentar a família agora? Estou cansada de usar minhas economias para tocar esta casa. Até tive que vender meus brincos favoritos para o joalheiro outro dia. Assim não dá... — lamentava.

Ela continuava falando, reclamando que agora Amma perdia a paciência com qualquer coisinha e que isso era inaceitável. Já que Amma não dizia nada e só ficava ali deitada, pálida e exausta, eu achava que devia falar por ela. Pela primeira vez, consegui abrir a boca para dizer a Sakubai que Amma era uma flor murcha, uma flor que não havia sido regada com a semente de esperança durante muitos dias, e que ela, Sakubai, devia entender isso sem que eu tivesse que dizer nada.

Sakubai riu.

— Flor murcha? Semente de esperança? O que deu em você? Virou poeta? — Ela ria enquanto ia mancando para o quarto.

CERTA NOITE, AMMA CAIU NA COZINHA. OUVI UM BAQUE SURDO QUE me fez gritar de medo. Corri até ela e tentei acordá-la. Eu a balancei com força, mas só o que consegui ver foram lágrimas escorrendo de seus olhos fechados. Eu não sabia o que fazer, então fiquei ali sentada, soluçando, limpando as lágrimas dela, até que tive a ideia de correr à aldeia para chamar o curandeiro, o *vaidya*.

Quando cheguei à casa dele, pude ver a fumaça do forno voluteando pelas janelas abertas e a esposa do *vaidya* cozinhando junto ao fogão. Bati vigorosamente na porta; o *vaidya* a abriu e bocejou ao me ver.

— Rápido, por favor. Há algo errado com a minha Amma. Ela caiu e não está abrindo os olhos.

Ele bocejou de novo e se jogou confortavelmente numa almofada da sala de estar.

— Por favor, me ajude. O senhor pode dar a ela remédios que a farão se sentir melhor, não pode?

— Sim, mas agora é a hora do meu jantar. Volte mais tarde.

Eu podia ver a mulher dele perto do fogão, batendo a massa na panela, o cheiro de *rotis* quentes flutuando na casa, seis crianças amontoadas no canto comendo seus pedaços.

— Eu espero — falei.

Ele deu de ombros.

— Não tenha tanta certeza de que irei até a sua casa depois de comer. Pode ser que eu queira dormir.

A mulher olhou por baixo do véu, o rosto afogueado do calor do forno, e pude ver nos seus olhos que tinha pena de mim. Ela disse ao marido, baixinho, a voz pouco mais forte que um sussurro, que eu era uma criança.

— Cale a boca. Elas são putas de casta inferior, por que se importa? — ralhou com ela.

A mulher se apressou em jogar outra porção achatada de massa na panela e não olhou mais para mim.

— Vou contar para o meu pai — falei.

Ele levantou os olhos do prato bem no momento em que ia dar a primeira bocada.

— Vou contar ao meu pai que o senhor não ajudou — repeti.

— Seu pai nem sabe que você existe. — Ele riu.

— Não é verdade. Vi meu pai muitas vezes. Ele só pede para não deixarmos que os aldeões saibam — menti.

A risada dele parou. Eu não sabia o que estava fazendo, mas o truque funcionou. Eu já havia visto os aldeões arregalarem os olhos e seus corpos se enrijecerem à menção do meu pai — afinal, ele era o filho do zamindar. Dessa vez, usei a meu favor o poder que meu pai tinha sobre eles. Eu não estava raciocinando, só disse o que veio à minha mente. Não demorou até ele empurrar para longe o próprio prato, jogar a sacola de remédios nas minhas mãos e me seguir. Eu queria que ele caminhasse mais rápido, mas não ousei dizer nada, com receio de que ele mudasse de ideia. Lembro que dava para ouvir meu coração batendo durante todo o trajeto e sentir a umidade na testa.

Quando nos aproximamos de casa, corri para dentro, sem saber o que esperar. Fiquei aliviada de ver Amma sentada no chão da cozinha, com as costas apoiadas na parede. Deixei cair a sacola do *vaidya*, corri em direção a ela e a abracei. O *vaidya* tampou o nariz de nojo por entrar numa casa de casta inferior, mas não disse nada. Ele se sentou com as pernas cruzadas ao lado de Amma, verificou seu pulso, abriu as pálpebras dela para examinar os olhos e então vasculhou a bolsa atrás de ervas verdes e amarelas. Ele as jogou nas mãos de Sakubai.

— Misture isso com mel e leite e dê a ela três vezes por dia — disse antes de ir embora.

NOS DIAS QUE SE SEGUIRAM, AMMA SE SENTIU MELHOR, E SEU HUMOR repentinamente alegre encheu de felicidade meu coração. Mas havia Sakubai, que reclamava de toda refeição que eu preparava: o arroz estava aguado demais, o *dal*, salgado demais, e os legumes, temperados demais. Então, a saúde de Amma começou a deteriorar depressa. À noite, seu corpo ardia, e ela murmurava em delírio, dizendo que eu não devia me preocupar, assegurando-me que eu conheceria o amor. Na maioria das noites, eu ficava sentada ao seu lado, colocando uma toalha na testa dela, desejando que a febre cedesse. Os dias não eram melhores; ela estava frágil demais para caminhar sozinha, e eu tinha que carregá-la com um dos seus braços sobre o meu ombro sempre que ela precisava ir ao banheiro. Quando eu tentava fazê-la comer, Amma vomitava com violência.

Certa tarde, eu estava sentada junto à janela, olhando para a mata, tentando cerzir um rasgo numa das minhas saias velhas.

Amma dormia ao meu lado quando Sakubai saiu cambaleando do seu quarto e começou a gritar comigo, dizendo que era tudo culpa minha:

— Sua mãe está doente porque você não está disposta a se doar, não está disposta a fazer o voto sagrado que todas as mulheres da nossa família fizeram ao longo de gerações. É a maldição da deusa. O que mais poderia ser?

— Mukta nunca vai se tornar uma de nós — disse Amma com a voz fraca, os olhos vermelhos com o desconforto da febre.

Sakubai murmurou algo ao retornar para o quarto:

— ... não entendo o que ela está fazendo... Como vamos conseguir comer se ela não ganhar...? Quanto tempo vamos conseguir viver das nossas economias?

Pensei no que Sakubai dissera, pensei em como ela estivera certa todo o tempo sobre meu pai nunca voltar para nós. Provavelmente ela estava certa sobre aquilo também — Amma estava doente por minha causa. Talvez a solução *estivesse* nas minhas mãos. Afinal de contas, o que significava doar-se? Limpar o templo todos os dias? Fazer comida para os sacerdotes? Não era isso que Amma fazia quando ia à aldeia? Não me ocorria que os homens que visitavam Amma tivessem qualquer coisa a ver com a cerimônia de consagração.

ERA UMA MANHÃ CINZENTA, E EU ESTAVA SENTADA NO PÁTIO PENsando sobre o que Sakubai dissera. Decidi que iria fazer o que Sakubai planejara para mim, o que a deusa tinha em mente para mim. Depois disso, com certeza a deusa atenderia meu pedido e permitiria que Amma se recuperasse.

Achava que havia conseguido reunir coragem suficiente para dizer a Amma sobre minha decisão e fiquei parada do lado de fora do quarto, ansiosa por falar com ela. Amma estava deitada sobre o catre, tossindo, olhando pela janela com olhos cheios de dor e olheiras pretas sob eles. Seu corpo parecia encarquilhado sob o cobertor. Não lembrava em nada a *minha* Amma. Decidi não contar a ela sobre a decisão que tomei. Era melhor assim.

EU NUNCA VIRA SAKUBAI TÃO SATISFEITA.

— Você vai encontrar um lugar especial no céu por salvar a sua mãe — disse ela, tomando-me nos braços pela primeira vez na vida.

Tudo aconteceu muito rápido depois disso, mal pude acreditar. Não parecia real. Madame chegou de Bombaim. As flores de jasmim caíam do seu cabelo enquanto ela caminhava até nossa casa, e seus lábios vermelhos dançavam de deleite enquanto ela falava comigo.

— Mesmo se não tivesse concordado, você ainda teria que fazê-lo. Ninguém ia ficar esperando até se decidir. Você nasceu para isso — disse ela enquanto dava tapinhas na minha cabeça.

Nos dias seguintes, Sakubai e Madame sentavam-se no nosso chão de terra batida traçando planos, fazendo longas listas de itens, de providências a serem tomadas, coisas a serem compradas. No entanto, mesmo quando trabalhavam juntas, era visível o silencioso cabo de guerra entre elas. Madame queria terminar a cerimônia tão rápido quanto possível, sem muito alarde, ao passo que Sakubai, que acreditava na tradição das nossas ancestrais, queria que tudo fosse feito de acordo com os rituais certos.

— Mas qual é a necessidade de gastar tanto dinheiro? — perguntava Madame.

Sakubai olhava para ela:

— Se vamos consagrar Mukta, vamos fazer direito, gastando todo o dinheiro que pudermos. Por que se importa com quanto vamos pegar emprestado, afinal? Ela vai ganhar esse dinheiro de volta para você, não vai?

Madame dava de ombros.

— Como preferir. Mukta vai demorar bastante tempo para pagar essa dívida.

O sacerdote chegou no seu *dhoti* de seda branco e se sentou de pernas cruzadas no nosso chão de terra batida. Madame e Sakubai sentaram-se diante dele, que consultava uma tabela e encontrava uma data auspiciosa que traria grande fortuna àquela aldeia.

— Este é o dia — anunciou Madame, cuspindo seu *paan*, a mancha vermelha se espalhando no chão. — É neste dia que vamos consagrar a menina.

A cerimônia deveria acontecer no dia auspicioso — um dia de lua cheia —, que seria dali a três dias. Sakubai explicou que um ônibus nos levaria até o templo.

— E quanto a Amma? — perguntei.

— O que tem ela?

— Como vamos levá-la conosco?

— Não vamos levá-la. Uma mulher de casta inferior da aldeia vai vir para cuidar dela enquanto estivermos fora — disse Sakubai e voltou mancando para o quarto.

Eu não estava muito feliz de deixar Amma para trás e não dizer a ela para onde estávamos indo e falei a Sakubai que deveríamos contar a ela, para ela não se preocupar. Contudo, Sakubai disse que Amma iria ficar melhor por causa daquilo que eu estava fazendo e que, quando voltássemos, ela estaria sorrindo, do seu jeito de sempre. Concordei e na mesma hora imaginei a Amma que eu uma vez conheci, antes de ela cair doente, nós duas trabalhando juntas na cozinha, a vida voltando ao que era antes de tudo isso acontecer.

ERA UMA TERÇA-FEIRA, UM DIA AUSPICIOSO PARA VENERAR A DEUSA Yellamma. Começamos cedo. Sakubai e eu demos um mergulho num lago sagrado ali perto. Sakubai me vestiu num sári, enrolando-o à minha volta muitas vezes, arrumando a ponta sobre os meus ombros e plissando o restante em volta da minha cintura.

— Preste atenção. É assim que você terá que se vestir de agora em diante. Não pode mais usar roupas infantis — disse ela.

Então delineou meus olhos com *kajal* e espalhou um pouco de vermelho nos meus lábios. Pintou meu rosto com uma pasta cremosa e encostou um espelho contra a parede à minha frente, observando com aprovação meu reflexo. Quando olhei, levei um susto. O rosto que me encarava não era o meu.

— Que linda você está — comentou Sakubai, torcendo os dedos e batendo os nós na cabeça para obter boa sorte.

Quando saí, um grupo de devadasis que havia chegado de uma aldeia vizinha aplaudiu e disse:

— Que menina linda.

O carro de boi estava do lado de fora da cabana, carregado com os itens necessários para a cerimônia. Madame já havia juntado o grupo de devadasis mais velhas e as advertiu que era adequado que todas as meninas que iriam ser consagradas caminhassem meio quilômetro até o templo, e então começamos a caminhar de pés descalços. Até aquele momento, eu não tinha me dado conta de que havia outras garotas. Olhei em volta e vasculhei os rostos que iriam participar daquela cerimônia comigo. Havia outras cinco meninas caminhando ao meu lado, três delas mais novas que eu, com cerca de oito anos. Perguntei-me, já que eram tão novas, se seriam capazes de entender a grande tarefa que lhes esperava — dedicar-se à deusa e ser abençoada por ela. Que tola eu era! Quando penso naqueles rostos desavisados agora, vejo a mim mesma neles, sem saber para que vida eu estava me conduzindo. Elas caminhavam de modo hesitante ao lado de suas mães como eu caminhava ao lado de Sakubai. As garotas mais velhas sabiam o que estava acontecendo; seus rostos estavam tomados por lágrimas, e um lamento ou um soluço emergia delas de tempos em tempos. As devadasis mais velhas tocavam a *tanpura* e cantavam músicas como as que Sakubai frequentemente cantava em casa, mas a música não conseguia me alegrar naquele dia, não conseguia aquietar meu medo.

O templo ficava num terreno elevado; a estrada que ia até lá era uma ladeira, e Sakubai reclamou que, na idade dela, era difícil subir. Enchemos uma rua estreita ladeada por casas em ambos os lados, e as pessoas nos observavam das janelas, juntando-se do lado de fora das casas para dar uma olhada em nós. Havia muitas lojas perto do templo; os lojistas gritavam, encorajando os passantes a comprar os cocos cuidadosamente empilhados, as pulseiras coloridas, as folhas de tanchagem. Havia mulheres vagando do lado de fora do templo, tentando nos vender guirlandas de calêndulas laranja e amarelas.

— Chegamos — anunciaram as devadasis; o barulho e o caos dos seus instrumentos e seu canto pararam por um momento.

Os lojistas ficaram olhando para nós. Algumas das meninas mais novas gritaram pedindo água, mas Madame advertiu todas. Todas as meninas a serem consagradas deviam estar em jejum, então não tínhamos comido nem bebido nada desde a manhã. Enquanto Madame explicava isso, as meninas de oito anos choraram ainda mais alto e precisaram ser levadas à força para dentro do templo. No momento em que subíssemos os degraus do templo, estaríamos na presença da deusa. Realmente senti que a deusa estaria lá para mim; ela com certeza faria com que Amma ficasse bem.

Eu podia sentir o cheiro do recinto — limpo, purificado com água e esterco de vaca, cores diferentes se misturando num desenho no chão, um lindo *rangoli*. Doces e frutas haviam sido arrumados para o banquete pós-cerimônia, e meu estômago se revirava por eles.

O sacerdote que entrou no templo tinha uma cabeça raspada com três traços brancos na testa; um *rudraksha mala* pendia do seu peito nu. Ele se sentou diante de um grande poço de fogo e jogou óleo nele, fazendo as chamas se levantarem, então cantou versos que ninguém ali parecia entender. Madame anunciou que eu seria a primeira menina a ser dedicada e pediu que eu me sentasse diante do fogo, de frente para o sacerdote. Quatro devadasis mais velhas sentaram-se nos quatro cantos à nossa volta, cada uma segurando um *kalash* com ambas as mãos. Os quatro potes continham folhas de tanchagem, cocos e folhas de bétele. Muitas das devadasis cantavam e tocavam a *tanpura* tão alto que eu mal conseguia ouvir o sacerdote. Quando elas amarraram um fio em volta dos quatro potes nos cantos do recinto, cantando mantras enquanto circulavam pelo lugar, nos envolvendo, percebi que me sentia como se estivesse sentada num barco flutuando num rio que me levasse de uma ponta da minha vida à outra.

Todos ficaram de pé e jogaram açafrão no ar, que caiu sobre nós aos montes, e gritaram:

— *Udheyo! Udheyo!* Levante-se para a Mãe!

Passei os olhos na multidão, procurando por minha Amma, apesar de saber que ela não estava lá. Como eu sentia falta dela! Então, o sacerdote amarrou o *mutku* em volta do meu pescoço, o colar que me ligava ao templo, à deusa.

O sacerdote perguntou a Sakubai:

— Você está disposta a dedicar sua neta à deusa?

Sakubai assentiu.

— Sim — disse ela tão facilmente quanto imaginei que faria, sem titubear.

Então o sacerdote dirigiu-se a mim, enquanto se inclinava para a frente e colocava um *tilak* vermelho na minha testa.

— Você não pode se casar com homem algum. Você está casada com a divindade e somente depois de venerá-la poderá fazer uma refeição. Você precisa jejuar dois dias por semana e servir a qualquer homem que vier até você. Se ele bater em você, não deve retaliar.

Ele repetiu isso para as outras cinco meninas, e as horas se misturaram ao caos da música e dos mantras. Quando terminou, Sakubai veio até mim e disse:

— Você deixou sua mãe orgulhosa. Você é uma devadasi como o restante de nós.

Naquela noite, quando Madame, Sakubai e eu nos preparávamos para voltar para casa, tentei subir no ônibus com meu sári, mas tropecei nele até que uma das devadasis me levantou e me colocou no ônibus. Quando eu mexia no meu colar, Sakubai dava um tapa na minha mão e dizia:

— Você vai se acostumar.

À medida que o ônibus avançava devagar pela estrada, Sakubai pegou uma maçã e um doce, e eu engoli tudo com sofreguidão — a única refeição que eu fizera aquele dia. Ao longo do caminho, mudamos de transporte para um carro de boi a fim de terminar a jornada até nossa casa. Fiquei angustiada pensando em Amma em pé junto à porta, esperando por mim, saudável, feliz e sorridente. Eu imaginava que iria correndo para os seus braços e lhe diria o quanto lamentava por não ter lhe contado por que tínhamos saído sem ela. Eu realmente acreditava que era assim que a deusa trabalhava. Nem por um momento pensei que qualquer um desses pensamentos, desses desejos simples, fosse tolo. Estava prestes a perguntar a Sakubai se ela também esperava por aquilo, se estava ansiosa para ver Amma como eu, quando o carro de boi fez uma curva errada. Em vez de nos levar para a periferia, avançou em direção a outra aldeia. Eu estava prestes a chamar a atenção de Sakubai para isso, mas ela me deu um olhar que significava que eu devia ficar quieta — o que também significava que aquela não era uma curva errada e que Sakubai sabia para onde estávamos indo.

Apertando os olhos na escuridão, pude ver que a aldeia era diferente da minha. Paramos em frente a uma mansão com guardas junto aos portões que detiveram nossa carroça, perguntaram nossos nomes e na mesma hora abriram os portões, como se estivessem nos esperando. O pátio em volta da mansão tinha luzes amarelas penduradas em todo o jardim, flores balançando com a brisa noturna e, no meio, um lago cuja água ondulava. Subimos os degraus de pedra que levavam até uma porta de ferro, onde um servente nos esperava. Essa mansão era maior que a mansão do zamindar na nossa aldeia. O servente pediu que nós três esperássemos na sala de estar. Um lustre de candelabros brilhava acima de nós; fotos de rajás bem-arrumados e suas rainhas adornavam as paredes longas que nos cercavam, e o telhado parecia ser construído a meio caminho do céu.

Sakubai pediu que eu me comportasse na casa daquele zamindar. Pediu que eu juntasse as mãos e dissesse um *namaskar* assim que ele surgisse, e nós três nos agachamos sobre o chão de tijolos, esperando. Um homem parrudo que acariciava a barriga como uma mulher grávida surgiu por uma das portas, acenou para Madame, então caminhou para fora ao lado dela. Eles conversaram em sussurros. A voz do zamindar era grave, e a de Madame, um pouco nervosa, mas mesmo nervosa ela era hábil na negociação. Eles pechincharam, ela aumentando os valores e ele preferindo ficar mais próximo do que havia inicialmente oferecido. Não entendi a maior parte da conversa que ouvi naquele dia.

— ... mas estou lhe dando uma virgem — disse Madame.

— Posso conseguir outras...

— Mas é um preço razoável.

Tentei libertar meus pensamentos e deixá-los vagar, mas eles quicavam no telhado alto e voltavam para Amma. Sussurrei para Sakubai, dizendo a ela que Amma estava esperando por nós.

— Psiu... — sussurrou ela, olhando-me nos olhos.

Madame chamou Sakubai, e elas caminharam até o canto.

— Não sei... não deveríamos esperar até ela crescer mais? — Havia confusão na voz de Sakubai.

— Sakubai, se você for atentar para rituais, vamos ter que esperar dois ou três anos. Quer o dinheiro ou não?

Sakubai respirou fundo e fez que sim. Ela me levou até um quarto.

— Sente-se aqui que eu já volto — disse-me ela.

Eu não fazia ideia de por que devia esperar naquele quarto sozinha, então agarrei a mão de Sakubai, segurando-a ali, até que ela deu um tapa na minha mão e saiu. O quarto era espaçoso, com uma cama antiga no canto em cuja cabeceira estava incrustada uma escultura dourada. Eu me sentei na cama e olhei para a cômoda de gavetas; uma mesa, sobre a qual um espelho se equilibrava, me olhou de volta. Certa ansiedade começou a se insinuar sobre mim. Decidi sair do quarto, mas bem nessa hora o homem troncudo que estava conversando com a Madame entrou e fechou a porta atrás de si. Ele ficou em pé junto à porta por algum tempo, olhando-me, então acendeu um cigarro e baforou fumaça enquanto caminhava na minha direção. Até mesmo no meu medo eu lembrei do que Sakubai dissera para fazer. Dobrei os braços e o cumprimentei, inclinando ligeiramente a cabeça:

— *Namaskar* — murmurei.

Eu não sabia se ele tinha me ouvido, pois não sorriu para mim. Ele puxou o meu queixo na sua direção com as mãos, escrutinou o meu rosto com seus olhos entediados e disse que aquilo precisava ser feito para que a deusa abençoasse a família dele.

Sem nenhuma outra palavra o homem começou a desabotoar a camisa e a abrir o cinto, largando as roupas uma a uma e jogando-as sobre a cadeira. Eu me enfiei embaixo da cama e me escondi ali, tentando, em vão, não chorar. Tudo ficou em silêncio por um tempo até que as mãos grandes e peludas dele se esticaram até mim, me agarraram e me jogaram na cama.

— Olhe, não chore — disse ele. — Você está tornando as coisas difíceis para si mesma, sem necessidade.

Gritei por Sakubai, mas ele tapou minha boca com a mão. Eu soluçava sob sua garra firme, fiquei quieta por um momento, então ele pareceu convencido de que eu não iria resistir mais, me soltou e tentou me explicar que aquilo precisava ser feito. Instintivamente me arrastei até o canto em busca de segurança e me enfiei embaixo da mesa sobre a qual o espelho estava equilibrado. Eu lhe disse que eu não queria estar lá e implorei para que me deixasse ir embora.

— Amma está esperando por mim — falei, mas ele não pareceu me dar ouvidos.

Ele riu ao tomar meu pulso com a mão.

— Você vai se acostumar.

Tentei soltar a mão dele, mas ele me puxou de baixo da mesa na sua direção — seu hálito fedendo a alho e cigarro — com uma força que balançou a mesa, derrubando o espelho. Quando ele caiu, pude me ver nele — quebrada em um milhão de pedacinhos.

Capítulo 7

Mukta
1988

EU NÃO SABIA POR QUANTO TEMPO ESTIVERA CHORANDO, QUANTO tempo já durava a dor lá embaixo, quanto mais tempo duraria. A maior parte do que me lembro era do meu rosto úmido de lágrimas, e de pensar que aquele era o meu castigo por não ter contado a Amma.

— Ora, ora — dissera o homem. — Todas as meninas choram na primeira vez. — Ele estava colocando a camisa de volta e ajustando o cinto sobre a barriga.

Por algum tempo, fiquei ali deitada olhando para o telhado, nu como a minha pele. Nem quando o homem abriu as janelas para deixar a luz do sol entrar consegui me movimentar em direção ao calor. Ele saiu, e Madame estava esperando do lado de fora. Pude vê-la abrindo a palma da mão assim que ele pôs os pés para fora do quarto. O homem enfiou algumas notas na mão dela; ela as colocou na blusa antes de acenar para Sakubai, que entrou no quarto e me cobriu com um lençol branco, que absorveu o sangue da cama.

— Venha, minha menina — disse ela amorosa, suave, diferente dela mesma. — Isso aconteceu com todas nós. — Então ela puxou a blusa sobre a minha cabeça. — Consegue caminhar?

Fiz que sim e andei lentamente até a porta. Não acho que soubesse o que estava acontecendo comigo; eu havia encontrado um jeito de sair do meu corpo e estava observando a mim mesma me mover.

Sakubai me colocou num carro de boi e seguimos para casa. Não senti as fazendas conhecidas me chamando, não ouvi o farfalhar das árvores. Depois me dei conta de que foi naquela jornada que comecei a perder os aromas da infância. Eu me lembro realmente apenas de acordar ao som da comoção, e poderia ter caído de novo no sono, não fossem as vozes estranhamente familiares flutuando até nós.

As nuvens pairavam acima, enormes e escuras, quando chegamos à praça da aldeia, onde aldeões haviam se juntado em volta de uma mulher que, do lado de fora do templo, cuspia insultos a alguns aldeões:

— Todos vocês, de castas superiores, são responsáveis por nos deixar apodrecer. Todos vocês usam o nome dela, a deusa Yellamma, como se fosse ela que nos forçasse a isso. Vocês também destruíram a minha filha.

Era Amma. Lá estava ela, as mãos tremendo da doença, a agonia estampada no rosto cansado. Eu queria pular da carroça e correr até ela, mas Sakubai me deteve. Assisti aos aldeões furiosos se desesperarem.

— Não pode falar de nós assim. Está insultando nossas tradições. A deusa vai amaldiçoar toda a aldeia — disse alguém.

Acima de nós, trovejava e os relâmpagos cortavam o céu. Amma gritava blasfêmias que eu nunca na vida a ouvira proferir. Podia ver a fúria se espalhando como um incêndio, cada aldeão dizendo algo que acendia uma chama em outro.

— Sua vagabunda... não pode nos insultar... não pode falar contra a deusa...

Um deles desceu seu *lathi* nas costas de Amma, e com um golpe ela estava se arrastando no chão. Ele estava com as costas para mim, então eu só podia ver as mãos se erguendo, os *lathis* descendo com um baque surdo. Devo ter começado a caminhar, porque me lembro de acotovelar as pessoas para abrir caminho pela multidão. Eu a vi caída no chão, numa poça de sangue. Deitei-me ao lado dela. Ela olhou para mim, sorrindo através da dor, e segurou minha mão. Começou a garoar; pequenas gotas de chuva caíram uma a uma sobre os nossos rostos, o céu chorando por nós. Soube então que a havia perdido, que as águas surgiram para levá-la para longe de mim — para sempre. A chuva apertou e começou a cair tão forte e decidida que borrou tudo à minha volta. Lembro-me de observar como ela se misturava com o sangue, gotejando numa pequena corrente avermelhada. Meus olhos se fecharam, e fui envolta pela escuridão.

MEUS OLHOS SE ABRIRAM COM O ZUMBIDO DE UM VENTILADOR DE teto acima de mim, as luzes amarelas no alto da parede me fitando. Eu me vi na casa de alguém, na aldeia. Havia uma sensação de dor insuportável nos machucados do meu corpo. Sentia um torpor enquanto o rosto de um velho pairava acima de mim, as sobrancelhas revoltas erguidas de preocupação, os minúsculos olhos me olhando de cima. As mãos, enrugadas de experiência, tremeram quando as esticou para acariciar meu cabelo.

— Você precisa tomar este remédio — disse ele, repetindo duas vezes até eu entender o que ele dizia.

Eu estava tentando juntar cada pequeno e nebuloso pedaço de memória — Amma caída no chão, a poça de sangue, a chuva. Tentei falar, tentei dizer àquele homem que a pessoa que eu mais amava no mundo estava morta, mas o homem pôs a mão sobre os lábios e disse:

— Psiu… psiu… você não deve falar. Eu sou o médico, e você deve fazer o que o médico diz.

Peguei no sono de novo. Quando acordei, os pássaros da manhã tinham voltado para os ninhos e a noite caíra. Pude ouvir meu nome sendo mencionado do lado de fora. De início, a voz era distante, reverberando pelas paredes do corredor e aproximando-se do meu quarto. Ouvi passos e a voz gentil de uma mulher, reconfortante e maternal:

— Você trabalha com aquela organização em Bombaim. Você ajuda tantas crianças. Ajude esta. Ela é uma criança. Se deixá-la aqui, sabe o que vai acontecer. Ela vai viver como aquelas mulheres. Leve-a, eu imploro.

Eu a imaginei idosa, com cabelo grisalho.

A voz de um homem surgiu no corredor.

— Mas, Aai, não posso levá-la. Trabalho com crianças de rua em Bombaim e crianças que não têm família. A avó dela está viva. Não posso tirar uma criança da avó...

— Escute. A avó só vai piorar a vida dela. A polícia vai prender os aldeões que mataram a mãe e descobrir quem fez isso à menina. Mas você sabe como essas coisas funcionam. Ninguém vai para a cadeia. O dinheiro vai resolver tudo. Então, o que vai acontecer a essa menina? Você é meu filho, e não espero menos de você. Ela está completamente sozinha, a não ser que você a leve.

A voz da mulher era gentil, mas severa.

O homem suspirou com resignação.

O som dos passos deles entrou no quarto. A velha sentou-se ao meu lado na cama, recolocou uma mecha de cabelo atrás da minha orelha e me deu um sorriso caloroso.

Eu queria perguntar onde estava Sakubai, por que ela não estava comigo. Queria gritar com Sakubai e perguntar por que ela não havia feito nada para salvar Amma. No entanto, nenhuma palavra saiu. Em vez disso, lembrei-me do momento em que Amma morreu. Lembrei-me de observá-la enquanto sua respiração ficava mais e mais calma e seus olhos se fechavam lentamente, como se não quisesse ir, como se não quisesse me deixar. Ela segurou minha mão com força, e só o que consegui ver do seu rosto foi o sangue pingando de todas as feridas. Mas me lembrei dos olhos dela, eu sempre me lembraria do que vi neles pela última vez — medo, medo de que a minha vida fosse igual a dela.

— Pronto, pronto, você está segura agora. Eles vão deixar você em paz, sua avó também vai ficar longe — disse a velha senhora, enxugando minhas lágrimas.

Ela olhou para o homem com esperança, talvez aguardando que ele dissesse algo, mas o homem olhou para mim inexpressivo, não disse nada, balançou a cabeça e suspirou de novo.

— Minha querida, você irá com este Sahib até a cidade de Bombaim e vai viver com a família dele. Vai fazer o que ele diz de agora em diante. Está entendendo, querida? — perguntou.

Assenti.

Antes de sairmos, vi a pira funerária da minha mãe ao longe, as chamas se erguendo para o céu. O corpo de Amma foi colocado sobre toras de madeira, e eu me perguntei como é que seu corpo, outrora vivo, podia subir tão facilmente como fumaça, como era possível que cinzas fossem tudo o que restava de um rosto animado e sorridente. O sacerdote falou um mantra que se perdeu no vazio e desapareceu junto com as chamas. Não havia ninguém lá, nem mesmo Sakubai, ninguém para cantar canções de luto, ninguém para dar adeus a Amma a não ser Sahib e eu. Sahib pagou o sacerdote, que logo depois foi embora, e ficou de longe observando o fogo. Nós dois esperamos até o fogo morrer, então ele deu as costas aos restos carbonizados e se afastou, deixando-me para trás para alcançá-lo. Foi quando Sahib me disse que ele havia oferecido algum dinheiro a Sakubai e pedido que ela ficasse longe de mim.

— É melhor assim. — Ele sorriu para mim.

NOS DIAS SEGUINTES, MINHA VIDA DEU UMA GUINADA. DEVO TER entrado em um estado de torpor, pois nada mais fazia sentido. Assim, nunca me ocorreu questionar por que tudo aquilo estava acontecendo comigo. Eu nem sequer guardei luto pela morte da única pessoa que amava. Eu me sentia como um balde vazio jogado no mar, boiando ao capricho das ondas.

    Não lembro exatamente como chegamos de trem a Bombaim — se fizemos o trajeto da aldeia até a estação de carroça ou de ônibus. Há lembranças opacas dessa jornada até a cidade — vendedores de *samosas*, *chai* e bebidas geladas que corriam ao longo do trem, o vento soprando da janela no meu rosto e uma imagem fraca de Sahib sentado ao meu lado, oferecendo-me um pacote de biscoitos enquanto ajustava os óculos sobre o nariz e continuava a ler.

    Era 1988, e muitas coisas mudaram na minha vida daquele momento em diante. Quando o trem parou em Bombaim, eu a observei da janela. Aquela era a cidade sobre a qual Amma falara durante tanto tempo. Era onde meu pai morava. Sahib e eu ficamos junto à porta, apenas para sermos jogados de novo para dentro do trem por uma multidão ansiosa por sair. Era perturbador — a repentina multidão de gente sobre a plataforma da ferrovia, alguns correndo em direção a um trem, outros esperando ansiosamente pela chegada de outro. Eu temia que todas essas pessoas soubessem o que havia acontecido naquela noite com aquele homem; elas iriam olhar para mim, cuspir em mim. Como eu me sentia envergonhada ao imaginar seus olhos me encarando! Caminhava atrás de Sahib, mantendo os olhos baixos, abraçando com força a minha trouxa de roupas, tentando esconder o rosto nela. Porém, quando olhei em volta, percebi que as pessoas passavam por mim e não me davam uma olhada sequer.

    Um vazio terrível me encheu quando Sahib me levantou e me colocou no banco de trás de um táxi. Na mesma hora, tive uma sensação de pânico ao ver a cidade cheia de gente passando pelas janelas — os sons e os barulhos dos ônibus chacoalhando, os carros que corriam em ruas lotadas, os mendigos que batiam nas janelas do táxi pedindo comida. Tudo à minha volta rodava. Eu queria gritar, deixar o meu terror sair, mas me obriguei a ficar bem quieta.

Paramos em frente ao portão de uma construção, e um *chowkidar* abriu-o para nós. Mas eu havia quase parado de respirar, e Sahib precisou pegar a minha mão e me puxar para dentro do prédio de apartamentos, para um mundo que mudou minha vida para sempre.

Capítulo 8

Tara
2004

NAQUELA MANHÃ NA DELEGACIA DE POLÍCIA, O INSPETOR PRAVIN Godbole me contou que Mukta havia sido vendida como empregada doméstica a uma das famílias de classe média e que vivia com eles como escrava desde então. Imaginei Mukta agachada no canto de alguma casa, tremendo ao toque de outro homem, esperando, na expectativa de que alguém a resgatasse.

— É ela — afirmou ele, confiante. — Ela tem olhos verdes como a garota na fotografia que você me mostrou outro dia. Uma ONG local precisa de nossa ajuda para entrar no apartamento e resgatá-la. Eles me disseram que o nome dela era Mukta e que ela viveu com uma família no prédio na mesma rua do seu apartamento... espere, qual foi mesmo o endereço que você me deu no outro dia?

Ele abriu um arquivo e leu meu endereço em voz alta:

— Sociedade de Moradia Cooperativa Vijaya. Sim, é isso!

— Tem certeza? — perguntei.

— Claro — respondeu ele.

Fiquei com a pulga atrás da orelha. Encontrar alguém depois de onze anos era tão fácil assim? *Talvez eu tenha tido sorte*, disse a mim mesma. Fui no jipe com o policial até uma parte da cidade na qual já tinha estado. O jipe acelerava por becos estreitos, fez muitas curvas e voltas e avançou em direção aos pedestres, que quase foram atropelados antes de saírem do caminho. Quando chegamos ao local, eu estava enjoada.

— Aqui, aqui — disse o inspetor Godbole para o motorista do jipe, que passava espremido por um carro e estacionava num pequeno espaço ao lado de um prédio residencial. Um caminhão grande desceu a rua, buzinando ao passar por nós bem quando o inspetor estava prestes a sair do jipe. — Espere aqui — instruiu ele como se eu fosse uma criança pequena. Eu o observei subir correndo as escadas e senti vontade de correr atrás. Queria bater à porta daquele apartamento e chamar por Mukta. Então ela me reconheceria. Eu a envolveria num abraço e a levaria para casa, diria a ela que sentia muito por tudo que havia acontecido. Aquela era a minha esperança.

Lá em cima, ouvi gritos e berros. Os guardas algemaram um homem e o arrastaram escada abaixo até o jipe de polícia.

— Eu não fiz nada com ela! — O homem repetia sem parar. Ele estava com roupas de baixo.

O inspetor puxou uma moça para fora. Ela estava tremendo e soluçando quando Godbole a trouxe para baixo. Tinha um corte fundo na testa, um olho roxo e um hematoma cobrindo a bochecha direita.

— Mukta? — gritei enquanto ela descia a escada.

Seus olhos verdes se fixaram em mim por um momento, e então ela desviou o olhar. Saí do jipe.

— Mukta? — repeti, tentando segurar a mão da moça enquanto ela se aproximava de mim. Ela a afastou com um tapa.

— Meu nome não é Mukta. Fique na sua — chiou ela e se afastou de mim, caminhando em direção ao jipe da polícia. Era jovem, com menos de 20 anos. Não era Mukta.

— Ela disse que não se chama Mukta.

O inspetor deu de ombros, porque já sabia disso.

— Essa garota não deve ter mais de 18. Mukta tinha 15 quando foi raptada. Deve ter uns 26 agora. Achei que o senhor soubesse disso. Achei que tinha sido bem clara.

— Sra. Tara, veja bem... é muito trabalho para resgatar só uma garota. Você viu o que aconteceu hoje. Há muitos casos assim. Você vem dos Estados Unidos e não entende que é preciso de algum incentivo para procurar essa... qual é mesmo o nome dela? Mukta.

Ele olhou para mim na expectativa e pigarreou. Atrás dele, os guardas esperavam pacientemente no jipe.

— O que acha, senhora? — Havia um brilho de ganância nos seus olhos.

Respirei fundo. Aquela manhã inteira não passara de uma artimanha para extrair suborno de mim. Eu me perguntava se aquela garota no jipe teria sido resgatada se eu não estivesse procurando por Mukta tão desesperadamente. Ou será que era tudo uma armação? A garota havia sido paga para fazer um papel a fim de que eu entregasse algum dinheiro? Eu tinha a opção de me recusar a pagar e nunca encontrar Mukta. Mas não era algo a que estivesse disposta. Suspirei, coloquei algumas notas de mil rúpias num envelope e o entreguei a ele.

— É melhor que me ajude a achá-la.

— Sim, sim — disse ele e voltou ao jipe.

Parei um táxi para me levar para casa. Quando olhei para trás, a garota sentada no jipe continuava a me fitar. Senti como se tivesse oito anos de novo, observando uma garota com olhos verdes semelhantes àqueles entrar nas nossas vidas.

À MEDIDA QUE OS ANOS SE PASSARAM, PENSEI MUITAS VEZES NAQUELE dia em que conheci Mukta — uma tarde ensolarada no verão de 1988, o ano em que fiz oito anos. O sol mal havia começado sua jornada descendente. Era um domingo, o dia em que Papa deveria voltar de sua viagem semanal ao interior. Eu estava jogando críquete no pátio com os meninos da vizinhança. Mas mal prestava atenção no jogo. Meus olhos se voltavam de tempos em tempos para o portão do nosso prédio, buscando Papa, na expectativa de que ele aparecesse a qualquer momento.

Papa ia em viagens oficiais a vários países e trazia lembranças para mim. Eu tratava aquelas lembranças como tesouros, não porque fossem de terras exóticas e estrangeiras, mas porque eram presentes do *meu* Papa. Significava muito que Papa pensasse em mim apesar de seu trabalho e suas preocupações. Talvez ele pensasse que a expectativa daqueles presentes iminentes me distrairia da sua ausência. Mas eles sempre falhavam em me consolar. A cada dia que passava longe, eu me levantava esperando poder ver seu rosto, sentar no seu colo e ouvir a poesia que ele lia para mim em voz alta. Dessa vez, viajara para visitar os pais na sua aldeia natal e, como de costume, prometera me trazer um presente.

Quando vi o *chowkidar* abrindo os portões para deixá-lo entrar, abandonei o jogo e corri na direção dele, voando para seus braços. Não percebi a menina que caminhava ao seu lado. Papa me levantou e me deu um beijo na testa.

— O que você trouxe para mim do interior, Papa? — perguntei.

— Nada desta vez, Tara.

Ele parecia cansado; não me prometeu algo para a próxima vez nem se desculpou por não me trazer um presente. Sua mente estava em outro lugar, e uma pequena ruga surgiu entre as suas sobrancelhas. Não o incomodei com meus pensamentos, não perguntei nada sobre a viagem, como eu em geral fazia, não perguntei por que ele havia voltado de sua aldeia natal com as mãos abanando. Coloquei os braços ao redor dele e deixei que me carregasse para casa. Foi então que vi aquela menina magricela nos seguindo, carregando uma trouxa de roupas e uma expressão solene. Aquela tarde, quando ela entrou nas nossas vidas… Eu lembro que sua pele clara brilhava aos raios alaranjados do sol poente, que seu cabelo castanho, preso em marias-chiquinhas e trançado com fitas vermelhas, pendia ao lado quando caminhava, e que seus olhos, verdes e brilhantes, sobressaíam como esmeraldas na sua pele. Ela olhou para mim com aqueles olhos desamparados por um momento e então os baixou.

As mulheres no pátio, cuidando dos filhos enquanto brincavam, olharam para nós e cochicharam. A menina caminhava devagar ao subir os degraus, seguindo-nos até nosso apartamento. Ela parou na nossa sala.

— Quem é ela? — perguntou Aai, surgindo da cozinha e olhando-a de cima a baixo. A menina deu dois passos para trás, os olhos marejados.

— Ela vai ficar conosco por um tempo — disse Papa. — Vou encontrar um lugar para ela no orfanato logo, logo.

— Como você se chama? — perguntou Aai à menina.

Mas a menina baixou o olhar para os próprios pés. Seus olhos transbordavam de lágrimas. Aai lhe fez muitas perguntas, mas ela não respondeu. No máximo fazia que sim ou que não com a cabeça. Pensei ter visto os olhos se moverem, porém não ouvi nada.

— Ela não fala? É muda? — perguntou Aai a Papa. — Como se chama?

— O nome dela é Mukta. Ela precisa se habituar à cidade. Aos poucos. — Papa se instalou no sofá, abriu o jornal e escondeu-se atrás dele.

— Espero que não devagar demais. — Aai suspirou e murmurou algo enquanto levava a menina para a cozinha.

— Vamos dar a ela o quartinho extra: a despensa. Você não o limpou na semana passada? Ela pode ficar lá.

— Você quer que ela fique lá? — Aai estava chocada.

— Sim. Pode ser bom para ela ter o próprio quarto.

— Naquele quartinho? — falou Aai.

Papa assentiu. Aai suspirou de novo, de forma audível.

— Você pode dormir aqui — disse Aai, e ali, no nosso pequeno apartamento, naquele quarto ainda menor, a menina chegou para ficar.

Nosso apartamento não era espaçoso como muitos outros no prédio. Além da sala e da cozinha, tinha dois quartos, um deles era o dos meus pais e o outro, ao lado da despensa, era meu. Quando ela chegou, só o que fiz foi dividir uma parede com ela. Eu a ouvia chorando à noite até pegar no sono, seus soluços aumentando e diminuindo no silêncio do nosso lar. Algumas noites, eu pulava da cama e ficava do lado de fora daquele quarto, tentando decidir se deveria perguntar se ela precisava de alguma coisa. Mas nunca ousei entrar lá. Em vez disso, tentei contar a Papa que a menina chorava a noite inteira. Ele acariciou meu rosto.

— Ah, não se preocupe com isso. É um lugar novo. Ela está se acostumando.

No entanto, eu não podia deixar de me perguntar se era o quarto em que ela morava que a fazia chorar. Era tão pequeno, sombrio e escuro, com a tinta desbotada parecendo, para mim, desenhos de um monstro. Pelo que me lembro, a luz do sol nunca foi gentil com aquele cômodo, embora o luar guardasse para ele alguns momentos de luz.

À medida que os dias passavam, nós nos acostumamos com os soluços abafados e os gemidos sufocados e os deixamos se misturarem com os sons das redondezas — o barulho do tráfego, o estrídulo dos grilos, o latido distante dos cachorros. Por muito tempo, ela não disse nada. Quando queriam chamá-la, os vizinhos faziam sons estranhos. Talvez estivéssemos tão absortos com nossas vidas tranquilas que não éramos capazes de ver a tristeza nos olhos dela.

AAI TENTOU TREINAR A MENINA, ENSINÁ-LA A FAZER TAREFAS DOMÉS-ticas — a cozinhar para nós e a limpar os pratos, varrer e limpar o chão, lavar e pendurar roupas para secar —, mas ela sempre se atrapalhava, deixando objetos caírem por qualquer coisa. Suas mãos tremiam ao menor som, seus olhos marejavam à menor e mais delicada repreenda e suas olheiras escureciam à medida que o tempo passava. Logo os soluços silenciosos se tornaram gritos. Eu me lembro de uma noite em que as luzes se acenderam no quarto dos meus pais. Vi as sombras deles passando em direção ao quartinho da despensa e, curiosa, fui atrás. Papa aspergia água no rosto de Mukta enquanto ela tremia no chão, histérica por causa dos pesadelos. Quando acordou, ela se enrodilhou num canto, os olhos fitando freneticamente de um lado ao outro do quarto, procurando por alguma coisa que não estava lá.

Naquela noite, os vizinhos vieram bater à nossa porta. Ventava bastante, e a brisa soprou nos nossos rostos quando Papa abriu a porta. Espiei por trás dele e vi todos os rostos bravos reunidos lá fora. Um homem careca, com tufos de cabelo saindo das orelhas, olhou para nós com olhos sonolentos e nos advertiu, de forma bastante polida, de que toda noite em que a garota gritava e gemia ela convidava o demônio para dentro da nossa casa.

— Afinal de contas — disse ele —, como uma garota muda pode gritar?

Uma senhora ao lado dele fez um sinal da cruz e disse que o demônio decerto estava no corpo dela. Papa riu, falou que o demônio era algo que não existia e que não havia nada de mau em chorar. Todas as pessoas falaram de modo respeitoso com Papa, algumas em voz baixa, então um homem grunhiu, alto:

— É melhor você manter a menina sob controle. Onde já se viu acordar todo mundo no meio da noite?

Isso deu coragem aos demais.

— Todos nós precisamos trabalhar amanhã.

— Sim, sim. Leve-a até alguém para curá-la dessa doença mental. Não queremos crianças assim atrapalhando nossa paz de espírito.

— Você devia levá-la ao *jandeshwar Bhaba* do lado de fora do templo. Ouvi falar que ele cura todos os males com um toque da mão — disse uma mulher.

— Não vou levá-la a um charlatão — respondeu Papa com firmeza. — Ela é nova na cidade, nova neste lugar, e vai se acostumar.

Aquilo silenciou a multidão por um minuto, então alguém murmurou algo, e todos começaram a reclamar de novo. A essa altura, Anupam *chacha* havia acordado, surgiu do lado de fora do seu apartamento, esfregou os olhos e perguntou:

— O que está acontecendo?

Vi um dos vizinhos lhe dizer alguma coisa, depois do que Anupam *chacha* lhe deu uns tapinhas nas costas e disse:

— Vamos resolver. Vamos lá, *Challo*, deixe-nos dormir. — E com um aceno de mão ele guiou todos os vizinhos embora, para suas casas.

Quando foram embora, Papa e Anupam *chacha* sentaram-se na sacada discutindo a situação no meio da noite.

— Talvez eu deva levá-la a um médico. — Papa suspirou.

Se ele marcou aquela consulta com o médico, não sei. Nunca o vi levá-la a médico algum.

— **ELA É UMA MENINA HUMILDE** — LEMBRAVA-ME AAI TODAS AS NOITES antes de me colocar para dormir. — Seu Papa tem essas ideias diferentes sobre igualdade. A sociedade não funciona assim. Precisamos conhecer nosso lugar.

Naquela época, eu sempre fazia o que Papa me pedia. Sempre que Papa trazia para casa uma criança de rua, ele me chamava de lado e dizia:

— Você deve ser gentil. Todos são iguais aos olhos de Deus.

Ele repetiu a mesma coisa para mim quando trouxe Mukta para casa.

Minha Aai estava perturbada pela chegada de Mukta, mas a menina despertava em mim uma grande curiosidade. Eu ansiava por saber mais sobre meus avós por intermédio dela, afinal, vinha da mesma aldeia de Papa. Certa tarde, fiquei parada junto à porta da cozinha e observei a menina cortando legumes enquanto a luz do sol entrava pela janela. Caminhei na direção dela, refletindo sobre a pergunta que eu queria fazer, e parei ao lado dela junto à pia da cozinha, esperando-a olhar para mim. Como não olhou, mesmo assim perguntei:

— Você gosta da aldeia de onde veio? Pensa nela?

Ela levantou a cabeça, olhou para mim como se eu estivesse lhe infligindo dor ao fazer aquela pergunta, e continuou cortando legumes, o som da faca sobre a tábua de madeira cortando também o silêncio entre nós.

— Eu queria saber mais sobre a aldeia, só isso, mas se não quer contar... — Dei de ombros e deixei a frase por terminar, como a dor no meu coração. Caminhei em direção à porta e pensei no que Papa gostaria que eu dissesse. Então me virei e falei para ela: — Navin e eu brincamos no pátio com os outros meninos. Você pode brincar com a gente se quiser.

Ela olhou para mim, surpresa. Achei que ia sorrir, mas ela não respondeu; fiquei me perguntando se Deus havia esquecido de colocar um sorriso no seu rosto quando a mandou para este mundo.

Capítulo 9

Mukta
1988

DO LADO DE FORA DE NOSSA CASA NA ALDEIA HAVIA UMA FIGUEIRA--de-bengala sagrada, não muito longe de onde morávamos. Amma rezava para ela e caminhava ao seu redor, enrolando um fio em torno de seu tronco grosso na esperança de que seus desejos fossem realizados. Eu observava enquanto o fio cobria a si mesmo no tronco; as folhas secas caíam e se juntavam perto das raízes, e então voejavam com o vento. Frequentemente me perguntava como seria a sensação de ser aquela folha, voando no furor do vento sem nenhum desejo próprio, viajando para longe do lugar que chamava de casa, sem saber em que porta você acabaria. Mas lá estava eu — muito longe do único lar que eu conhecera, numa cidade, entre estranhos. Vocês provavelmente me perguntariam por que não fugi, por que eu era de bom grado carregada para qualquer direção a que o vento me levasse. Mas para onde iria? Não *havia* nenhum lugar para onde ir. Na verdade, a ideia não me ocorreu na época. Naqueles primeiros dias em Bombaim, fiz tudo numa espécie de transe.

Naquele dia em que segui Sahib apartamento adentro, ela veio correndo do nada, como um pé de vento. Aquela foi a primeira vez que vi Tara, a filha de Sahib, correndo para os braços do pai, a alegria de encontrá-lo estampada no rosto. Ao ver o pai dela pegá-la nos braços e plantar um beijo na testa da menina, não pude deixar de sentir uma pontada de inveja no coração. Ela tinha olhos gentis, exatamente como Sahib. Sorriu para mim como se eu fosse sua amiga. Tinha uns dois anos a menos que eu, e adorava o pai — qualquer pessoa podia ver. Sempre que eu os via juntos, precisava me forçar para não imaginar como seria aquela sensação, a de ter um pai que me amasse tanto assim.

Quando entrei no apartamento, falei para mim mesma que Sakubai não estava lá para estragar o ar com suas reclamações, o que deveria ter sido um alívio, imagino, mas não conseguiu calar aquele terrível sentimento de vazio dentro de mim.

— Como você se chama? — perguntou-me a mãe de Tara, e, do nada, o rosto de Amma surgiu diante dos meus olhos e as lágrimas escorreram pelo meu rosto. A mãe de Tara deve ter me feito muitas perguntas, mas, quando tentei falar, não conseguia ouvir a mim mesma, e fiquei surpresa. Aquela foi a primeira vez depois que minha Amma morreu que eu tentava abrir a boca para falar algo. E soube então que, às vezes, até mesmo a língua fica seca, como o coração, e murcha em meio à dor.

Olhando para aquela época, não sei se eu havia realmente perdido a voz. Talvez tivesse escolhido não falar. De vez em quando, palavras desafiam a dor, a tristeza dos nossos corações. Mesmo se eu tivesse falado, se tivesse começado a falar, o que diria? Minhas lembranças daquela época são bastante nebulosas. Nos primeiros dias passados naquele apartamento com aquela família, aprendendo a trabalhar sozinha na cozinha enquanto todo mundo à minha volta se perguntava por que eu não falava, lembro-me de me sentir perdida — as coisas que aconteciam comigo não pareciam estar acontecendo de verdade. Às vezes, quando me olhava no espelho, eu deixava meus dedos correrem pela minha imagem para entender se era mesmo eu.

* * *

A MÃE DE TARA ERA UMA MULHER MAGRA, BONITA, COM A PELE COR de mel, que estava sempre vestindo um sári *pallu* como um véu, escondendo o rosto nele toda vez que um homem aparecia na nossa porta. Ela era uma mulher obediente, que nunca levantava a voz com o marido. Eu fora orientada a chamá-la de Memsahib, embora eu não falasse na época. Ela era muito rígida quanto às tarefas domésticas e não me poupava se eu errasse um único detalhe. Se deixasse passar uma mancha em qualquer uma das roupas que lavava, recebia duas horas extras de limpeza para fazer, e, se um dos pratos que lavava ainda tinha um pouco de sujeira, ficava horas limpando o rejunte dos azulejos do banheiro como castigo. Eu não me importava de trabalhar, pois isso mantinha a mente longe das imagens do passado que voltavam para me assombrar, sobretudo a imagem daquela noite, que se recusava a me deixar. Todas as manhãs ela pedia que eu carregasse a mochila de Tara e a acompanhasse até a escola.

A maneira como as coisas funcionavam na cidade era diferente de onde eu vivera. Por exemplo, toda noite as lâmpadas brilhavam sobre nós, e os ventiladores elétricos zuniam no teto como fantasmas em ação. Havia um moedor elétrico tão barulhento que, na primeira vez que Memsahib tentou me ensinar como usá-lo, corri e me escondi atrás da porta. Fiquei com muito medo dele. Memsahib riu até lágrimas surgirem nos seus olhos. Só saí do esconderijo depois de ela me assegurar várias vezes que aquilo não ia me machucar. Nessa época, quase podia ouvir Sakubai na minha cabeça dizendo que o demônio estava destilando seus poderes vis naquele apartamento.

LOGO NO COMEÇO, PERCEBI QUE HAVIA ALGUMA COISA EM SAHIB — O calor humano que ele emanava — que eu não via em mais ninguém. Ele era um homem de poucas palavras, mas, quando falava, todo mundo ouvia. E então, é claro, havia Tara, exalando entusiasmo. Havia uma energia estranha naquela menina que fazia com que enfrentasse o mundo, enfrentasse todos que ficassem no seu caminho. Um dia, eu observei da janela no meu quartinho ela brincar com os meninos no pátio. Era um joguinho de bolas de gude, e um menino que perdeu o jogo para ela disse:

— Você é trapaceira.

Tara avançou para cima dele, mas Navin segurou a mão dela. Ele se virou para o menino e falou:

— Você é novo aqui. Não sabe nada sobre ela.

— Olhe só como é dentuça, o cabelo curto. Minha mãe diz que as meninas boas não são assim.

— Então não olhe para mim — disse Tara, e o pegou de surpresa com um soco na cara.

Ah, como era bom ver aquilo! Que espírito! Naquela noite fiquei pensando e me perguntei se eu teria coragem de fazer o que ela fizera. Claro que eu não tinha uma migalha daquela coragem. Lá na aldeia não conseguira abrir a boca quando os aldeões acusaram a Amma e a mim.

Alguns dias eu gostava, e até ansiava, que Tara tentasse falar comigo. De tempos em tempos, ela surgia de trás de mim, me cutucava gentilmente no ombro e, quando eu me virava, ela corria e se escondia atrás de uma porta, espiando por detrás e sorrindo. Eu sabia que ela fazia aquilo de propósito para me fazer sorrir, me fazer falar. Diferente de todas as outras pessoas, que ou me pediam para pegar algo para elas ou falavam sobre mim como se eu fosse invisível, ela dizia que queria ser minha amiga.

Memsahib gritava com ela, falava que não podia ser amiga de uma garota como eu, mas isso não demovia Tara. Continuava me atazanando com perguntas, sua mente cavando sem parar, como um castor. Havia dias em que eu queria poder falar, para lhe dizer que ela nunca deveria tentar conversar com uma garota como eu.

* * *

VEJAM, ACHO QUE NÃO CONSEGUI EXPLICAR O TIPO DE FORÇA QUE Tara tinha. Quando ela cismava com algo, tenho certeza de que podia fazer praticamente qualquer coisa que desejasse.

Um dia, uns dois anos depois que fui morar com eles em Bombaim, ela perguntou, realmente insistiu em saber sobre o meu pai, e eu lhe disse que ele morava em Bombaim. Afinal, era verdade. Quando falei isso para ela no nosso caminho de volta da escola, ela me levou direto à delegacia de polícia. Eu puxava a mão dela, dizendo que aquela não era uma boa ideia. Um inspetor se sentou diante de nós, sorriu e falou, brincando:

— Como posso ajudá-las? — perguntou ele.

— Ela está procurando pelo pai — explicou Tara, apontando para mim.

Sentei-me ao lado de Tara, com sua mochila no meu colo, completamente muda. Eu só conseguia ficar olhando para ela, boquiaberta. O inspetor chamou Sahib enquanto cada uma de nós bebia uma garrafa de Limca. Ele nos levou de volta para casa, dizendo para ela durante todo o trajeto que aquela tinha sido uma ideia boba. Nunca esqueci esse episódio. Tara tinha 10 anos. Mesmo *agora*, acho que não tenho esse tipo de coragem.

EU ESTAVA ME TORNANDO UM ESTORVO PARA TODOS À MINHA VOLTA. Os vizinhos reclamavam constantemente de mim, dizendo que eu os deixava acordados à noite com meu choro. Mas eu não fazia de propósito, então, por mais que tentasse, não era algo que conseguisse parar. Olhando para trás, eu não sabia por quem estava chorando — por minha querida mãe ou pela criança em mim que ficara para trás. Eu não pensava em todos esses motivos na época. Tentei imaginar uma razão e cheguei à conclusão de que chorava *só* por ele, por meu *pai*, na vã esperança de que meu choro chegasse até ele em algum

98

lugar daquela cidade enorme. Por que outra razão meus lamentos se expandiam na noite, a ponto de as pessoas reclamarem?

Memsahib não ficou feliz quando Sahib disse que iria me levar a um médico. Naquela manhã, eu devia ter adivinhado que Memsahib estava de mau humor por causa daquilo. Enquanto eu secava os copos, um escorregou da minha mão, caiu no chão e se quebrou. Memsahib, que estava limpando um prato de vidro, o colocou na bancada, estendeu os braços e suspirou profundamente. Seus olhos faiscavam de raiva quando ela se inclinou para perto de mim e aproximou o rosto. Pensei que iria me xingar pelo que eu havia feito, mas, em vez disso, falou:

— Eu sei quem você é. Venho da mesma aldeia. Sei tudo sobre você e sua mãe imunda. Você tem maldade no sangue. Não tente me enganar.

Entendi então que ela sabia tudo sobre mim, e a vergonha atravessou o meu coração. Depois disso, me mantive quieta e coloquei toda a minha energia em tentar fazer o trabalho direito. Eu esperava que, assim, Memsahib não diria a ninguém o que acontecera comigo. Mas, por mais que eu me empenhasse, não parecia ser o suficiente, porque, nas duas noites seguintes, ela colocou os restos da refeição no lixo e me deixou sem nada para jantar. Devo admitir que às vezes era melhor assim — ela dava aquilo que eu merecia, em vez da gentileza e do calor humano que Tara e o pai ofereciam, o que era um grande choque.

NA TARDE DO DIA SEGUINTE, DEPOIS DO ALMOÇO, EU ESTAVA NA cozinha, lavando pratos, pensando em Amma, imaginando que caminhávamos por uma rua estreita até a aldeia enquanto eu observava os pardais pulando pelos galhos de árvores próximas. Fui repentinamente trazida à realidade quando a voz alta de Sahib invadiu a sala de estar, dizendo a Tara que ia à biblioteca procurar um livro que queria ler havia muito tempo. Acho que, na verdade, ele falou aquilo para que Memsahib, que estava na cozinha comigo, escutasse. Naqueles dias, era assim que eles se comunicavam um com o outro — avisando a Tara o que iriam fazer. Imaginei que isso ainda tivesse a ver com Sahib e sua tentativa de me levar ao médico, embora eu já soubesse que Memsahib o havia convencido de que eu não precisava de um.

Ouvi Tara atazanando o pai para levá-la junto, do mesmo jeito que eu costumava atazanar a minha Amma. Eu não esperava que Sahib entrasse, acenasse para mim e perguntasse se eu queria ir junto. Fiquei chocada; olhei para ele e depois para Memsahib, em busca de autorização. Ela estava em pé junto ao fogão, cortando gengibre, e balançou de leve a cabeça, mas mal me olhou.

— Venha, não se preocupe com Memsahib — disse Sahib, então deixei os pratos sujos nas bacias, sequei as mãos com o pano de prato que trazia no ombro e corri para me juntar a ele, enquanto o som da faca da cozinha atrás de mim ficava mais alto e mais veloz.

Navin queria ir junto, mas seu pai levantou os olhos do jornal que estava lendo, fez uma cara feia para ele e disse:

— E as suas aulas de música?

Navin voltou para casa com uma expressão desolada.

Como eu disse antes, a rua em que ficava o prédio era ladeada de lojas, e caminhamos um bom pedaço, Tara segurando a mão do pai mais à frente. Muitos vendedores colocavam a cabeça para fora, juntavam as mãos para cumprimentar Sahib, que lhes dava um aceno de cabeça. Meu medo teria facilmente tomado conta de mim, suponho, mas naquele dia, por alguma razão, pensamentos sobre o meu pai invadiram minha mente. Eu imaginava vê-lo em todos os rostos que passavam, imaginava que um dia ele iria me reconhecer na rua e me chamar do jeito amoroso como Amma me chamava: "Mukta, venha cá, minha filha." Era uma possibilidade remota, mas eu me aferrava a ela como uma aranha se pendura num pedaço de sua teia arruinada.

Demoramos um tempo para conseguir um táxi naquela tarde lenta. Tara apontava para o mar, para o templo ou para o jardim pelos quais passávamos, falando sem parar, impregnando tudo com as próprias cores, e eu observava tudo à minha volta através dos seus olhos. As ondas do mar não pareciam mais tão ameaçadoras; em vez disso, eu ouvia música nelas. Eu não me sentia mais ameaçada pela multidão — via nela pessoas com suas próprias preocupações —, e, quando ela falou na sua mãe, pude ver Amma junto a mim no jardim pelo qual passávamos. Eu me dei conta então de que, nos últimos dias, sua presença me trazia mais conforto que qualquer outra coisa.

Quando o táxi parou, Tara abriu a porta para um mundo que eu nunca vira antes. Era a Biblioteca Asiática, explicou ela. Eu não sabia o que era uma biblioteca, mas, quando vi aquela estrutura e os vários degraus que levavam até ela, entendi que se tratava de um templo — um templo para livros. Aquela presença era muito imponente, com a tinta branca refletindo ao sol. Fiquei parada ao pé da escadaria, observando aquela estrutura diante de mim, estupefata com a peça que meus olhos me pregavam. Tara segurou minha mão e me conduziu escadaria acima. Aquele toque repentino, o calor de suas mãos sem qualquer aviso, me surpreendeu.

O cheiro lá dentro era de mofo, mas não me importei. Idosos se debruçavam sobre jornais locais, e uma escadaria em espiral levava a mais livros. Eu me fazia perguntas enquanto olhava para aqueles livros, tentando distribuir um tesouro de experiências. Como eu desejava juntar aqueles pensamentos para mim! Abri um livro e acariciei as letras das páginas, imaginando qual seria a força daquelas palavras para que tivessem construído um templo para elas. Não prestei muita atenção quando Sahib apontou para as estátuas de mármore, explicando cada uma delas para Tara, contando sobre a moeda rara de ouro que pertencia ao imperador Akbar. Um profundo desejo de ser capaz de ler brotou no meu coração, exatamente como naquele dia em que Amma e eu caminhamos pela aldeia e ela me mostrou a escola pela primeira vez. Eu não conseguia acreditar que tinha permissão de ver um lugar tão grandioso quanto aquele.

 Quando saímos da biblioteca, um ônibus cheio de turistas tirando fotos chegou. Enquanto as pessoas posavam nos degraus, Tara insistiu em tirar uma fotografia. Ouvindo seu pequeno chilique, um dos fotógrafos do grupo de turistas se ofereceu para tirar uma foto de nós e falou com Sahib, tranquilizando-o:

— Não se preocupe. Eu mando os negativos e as fotos para você.

 Tara colocou-se sobre os degraus do lado de fora da biblioteca e insistiu para que eu ficasse ao seu lado. Há uma fotografia nossa de quando éramos pequenas, aquelas oito colunas imponentes atrás de nós, o braço de Tara à minha volta. Mais tarde, o envelope chegou com duas fotos idênticas e um negativo, e Tara me deu uma delas. Eu a guardei num esconderijo especial sob uma lajota solta na cozinha.

 No táxi, enquanto voltávamos para casa, Sahib perguntou a Tara:

— Então, está entusiasmada para começar logo a escola?

Ela fez uma careta e deu de ombros. Então, do nada, apontou para mim e perguntou:

— Papa, ela também vai para a escola?

Olhei para ela, chocada. Sahib voltou-se para olhar para mim.

— O que acha? Você quer estudar, não quer? — perguntou ele, e, antes que eu pudesse digerir o pensamento, pude me ver nos olhos dele, voando como um pássaro no céu.

Capítulo 10

Tara
1988-1992

LEMBRO-ME DA DISCUSSÃO QUE MEUS PAIS TIVERAM NAQUELA NOITE. Foi uma das primeiras brigas feias entre os dois. As vozes vinham do quarto deles. Deitada, acordada na minha cama, eu podia ouvi-los através da parede. Um sapo coaxou em algum lugar ao longe, e escutei o rangido de um veículo na rua abaixo, mas tentei me concentrar nos sons da discussão.

— Por que está fazendo isso comigo? Perguntar para uma criança dessas se ela quer estudar? — Aai soluçava.

— Psiu, fale baixo — disse Papa —, a menos que queira que os vizinhos escutem.

— Tudo isso é porque não consegui lhe dar um filho, *haan*?

— Não tem nada a ver com *nós* termos um filho. Acho que todo mundo merece estudar. E, se ela vai morar aqui, não deveria ao menos ter autorização para estudar?

— Não é assim que a nossa sociedade enxerga. Ela não é nossa filha. Por que pagar para essa criança ir à escola? O que há de tão importante em Mukta que o deixa incapaz de encontrar um lugar para ela no orfanato? Por que ela precisa morar conosco?

— Eu... eu... acho que ela precisa de nós. Ela precisa de nós — repetiu Papa.

— Todas as minhas amigas vão rir de mim por cuidar de uma criança de casta inferior.

— O problema é delas por não entenderem. Você se casou comigo porque gosta das minhas ideias, lembra? Ou esqueceu? Já acho que você faz ela desempenhar tarefas domésticas demais. Você...

— É a maldição do meu pai. No dia em que decidi ir embora, fugir com você, escolhi meu destino. Como você pode...

Não ouvi mais; as vozes deles punham medo em meu coração; um nó de incerteza subiu pela minha garganta. Antes disso, eu nunca testemunhara uma discussão entre os meus pais, e me perguntei quando a calma de Papa ou a fiel discrição de Aai haviam desaparecido.

Pus a culpa em mim mesma.

Não estava pensando direito quando perguntei se Mukta também iria à escola. Era uma pergunta absurda desde o início, porque, se tivesse refletido, teria entendido que todas essas crianças que vinham ficar conosco por algum tempo nunca iam à escola. Ficavam em casa e trabalhavam para pagar sua estada. Mas as palavras, uma vez proferidas, não podem ser retiradas.

Eu me arrastei para fora do quarto e caminhei até a janela, esperando que observar a noite serena abafasse a discussão dos meus pais. Não sei o que me fez ir devagar até o quartinho da despensa. Sentei-me do lado de fora do cômodo junto à soleira onde deveria haver uma porta e observei a menina sentada lá dentro — olhando pela janela, limpando suas lágrimas.

— Por que está chorando? — sussurrei, a soleira como uma linha que nos dividia.

Ela olhou para mim, então voltou a fitar o céu. Pensei que não havia me escutado, então repeti a pergunta mais alto. Como ela não respondeu, pus um pé para o outro lado da soleira e entrei no quartinho escuro. Sem me dar conta, aquele foi meu primeiro passo para dentro do seu mundo, um mundo onde eu nunca havia colocado os pés, e lembro como o ar tinha um cheiro viciado de mofo, e como ela olhava esperançosa pela janela, sentada com as costas contra a parede, os joelhos encostados no peito. Sentei junto a ela, sabendo que, se Aai me visse, ralharia comigo e diria: "Nunca se sente ao lado dessas crianças."

MAS DEVE TER HAVIDO ALGO RECONFORTANTE NISSO, EM TER OUTRA pessoa junto a mim no meu momento de confusão. Não dissemos nada uma à outra. Os únicos sons eram o estrilo dos gafanhotos, o tráfego distante e seu choramingar abafado e intermitente.

LEMBRO-ME DE TENTAR COM MUITO EMPENHO SEGUIR AS MANEIRAS de Papa, de tentar ser gentil com Mukta. Mas não tenho certeza se alguma vez fui gentil com ela. Há muitas coisas das quais não me lembro agora; não me lembro de quando ela começou a falar ou de quando nos tornamos amigas, ou de quando o elo entre nós se fortaleceu. Acho que Aai nunca foi gentil com ela, embora essa fosse uma lembrança que eu gostaria de ter. O que de fato lembro são momentos que Mukta e eu partilhamos, como naquele primeiro dia chuvoso de escola em 1989, quando começou a garoar.

Mukta carregava a mochila para mim enquanto me acompanhava até a escola. Eu estava contando a ela que Papa adorava a chuva.

— Aai diz que Papa deveria ter sido um poeta. Porque Papa dizia — tagarelava eu — que, quando as primeiras gotas maculam a terra, o cheiro que exala no ar é como…

Tive a sensação repentina de estar caminhando sozinha. Quando olhei para trás, não vi Mukta. Voltei alguns passos. Ela estava no meio da rua, olhando para o céu com olhos assustados. O céu rugia sobre nós enquanto nuvens pretas se juntavam. Fui até ela.

— O que foi? Vamos nos atrasar para a escola.

Ela ainda estava fitando o céu. Então começou a chover forte, as gotas de chuva caíam com tal força e ferocidade que as pessoas se abrigaram em lojas e sob coberturas de lona montadas por vendedores ambulantes.

— Temos que ir também. Ali... — Apontei para uma loja.

Mukta ficou cravada no lugar, tremendo, lágrimas descendo por suas bochechas, agarrada à minha mochila, que trazia junto ao peito. Puxei a mão dela, tentando acordá-la do transe.

— Venha — insisti. Mas ela nem sequer me olhou.

A chuva caía ainda mais forte. Trovões repentinos no céu deixavam todos na rua preocupados. Eu estava completamente encharcada e brava com ela. Disse que iria reclamar com Aai. Antes que falasse qualquer outra coisa, ela deixou minha mochila cair no chão e começou a correr.

— Mukta! — gritei na direção dela.

Ela havia desaparecido na tempestade. Apanhei minha mochila molhada e corri na mesma direção. Eu não conseguia enxergar direito sob a chuva pesada, mas procurei por ela, apertando os olhos, e então a vi sentada em algum lugar. Enquanto me aproximava, me dei conta de que se tratava de uma loja fechada. As venezianas estavam abaixadas, e Mukta estava sentada sobre os degraus do lado de fora. Fiquei ali, olhando para ela. O telhado, uma fina camada de amianto, nos protegia da chuva que escorria sobre ele.

Ela estava sentada abraçando os joelhos, balançando-se para a frente e para trás. Eu me sentei ao lado dela, vendo as pessoas fugindo da chuva, procurando abrigo, desviando-se da enxurrada à nossa volta.

— Você está bem? — perguntei.

— Amma morreu — sussurrou Mukta, olhando em direção ao céu. — Amma morreu na chuva. Eles a espancaram e a deixaram para morrer.

De repente, desejei que Papa estivesse ali. Ele saberia o que dizer.

— Ela ficou doente por muito tempo, e eu pensei... pensei que ela ficaria boa... mas... — Ela soluçou, as palavras se diluindo nas lágrimas.

Coloquei meu braço em torno dos seus ombros, e nos aconchegamos uma à outra. Naquele momento, eu havia esquecido que ela era só mais uma criança sem casa que Papa havia levado para o nosso lar. Éramos simplesmente duas meninas numa das calçadas daquela rua, observando a chuva lavar a sujeira. Quando a tempestade diminuiu para um chuvisco e o céu clareou, as pessoas saíram dos abrigos e retomaram seus rumos. Fiquei sentada ali por algum tempo, abraçando-a, desejando que meu calor pudesse dissolver sua dor. Eu gostava de pensar que *aquele* foi o começo da nossa amizade.

CADA MOMENTO QUE PASSÁVAMOS JUNTAS NOS APROXIMAVA MAIS. Lembro que eu tinha 11 anos quando ela me perguntou pela primeira vez se eu podia ensiná-la a ler. Achei aquilo divertido e ri alto. Mas ela insistiu, dia após dia, e então pensei que eu ensinaria a ela algumas letras e que ficaria nisso. Afinal, como uma menina como ela poderia se interessar em aprender? Mas, ao contrário de todas as pessoas que eu havia conhecido — entre meus amigos ou colegas de turma —, sua sede por ler era única, parecia não ter fim. Quando eu lhe trouxe a cartilha, pensei que ela se aborreceria e desistiria daquele desejo ultrajante, que se daria conta de que não era algo para ela. Porém, ela me surpreendeu. Persistia e aprendeu a ler de forma proficiente em questão de um ano, talvez até menos. Quando Aai não estava por perto, pegava livros emprestados da nossa biblioteca, e eu lhe trazia livros da biblioteca da escola. Sempre me perguntei o que ela via neles. Certa vez cheguei a lhe perguntar:

— O que você ganha com esses livros, afinal?

Ela fechou o livro que estava lendo, pensou um pouco e disse:

— É melhor que o mundo em que vivemos.

— Você é louca — falei, balançando a cabeça.

* * *

AGORA, QUANDO PENSO NA MINHA INFÂNCIA, ESSAS SÃO AS IMAGENS que me vêm: eu sentada ao lado dela, conversando enquanto Mukta desempenha alguma tarefa doméstica; as duas sentadas no terraço, abraçadas, conversando sobre livros, que ela gosta, e sobre esportes, que eu gosto; caminhando até a escola ou voltando de bazares cheios de gente; sentadas no banco do parque tomando nossos sorvetes de casquinha. Essas e muitas outras imagens permanecem e são as coisas sobre as quais mais penso — o tempo que passamos juntas.

Capítulo 11

Mukta
1988-1992

SABE, QUANDO ENCONTRAMOS UM VERDADEIRO AMIGO, UMA ALEGRIA estranha de repente salta de dentro de nós — uma alegria que você não conseguira encontrar sozinho até então, uma alegria que você espera carregar consigo quando seguir adiante. Por Tara eu faria absolutamente qualquer coisa, se ela pedisse. Era a única pessoa que me saudava com um sorriso de manhã, o que me fazia sentir que eu significava alguma coisa para alguém neste mundo. Memsahib a acordava e penteava seu cabelo com amor, mas eu me desdobrava por ela enquanto servia o café, dando-lhe uma porção a mais. Memsahib observava de cara feia enquanto fazia tricô, mas não parecia se importar.

Havia outras coisas que eu gostava de fazer por Tara — arrumar sua lancheira, limpar seu quarto, juntar os livros espalhados e colocá-los na mochila —, mas, sobretudo, havia começado a gostar de nossas longas caminhadas até a escola. Segui-la, carregar a mochila, era tudo pelo que eu ansiava naqueles dias. A escola não era longe, uma caminhada de meia hora, mas ouvir as histórias de Tara sobre o lugar, sobre seu dia, sobre os amigos que ela fizera, os professores que a incomodavam, seu falatório sem fim, era um verdadeiro prazer. E vou dizer, como ela falava! Seria possível viajar o mundo todo sem nunca vê-lo do jeito como ela o descrevia.

Quando eu perguntava se ela gostava de estudar, respondia que estudar não era assim tão incrível. Para provar o que dizia, mostrou-me uma aldeia no mapa da Índia, uma minúscula área marcada com tinta vermelha tão pequena que eu me perguntava como era possível que eu tivesse vivido ali, como era possível que todos nós coubéssemos num lugar tão pequeno. Ficava confusa.

— Está vendo, confunde a gente. Às vezes, é melhor não saber.

— Mas você não gosta de poder aprender tudo que há para se aprender? — perguntei. — Se isso significa que eu precisaria procurar mil aldeias num mapa, eu o faria.

Ela suspirou e não disse mais nada. Eu sabia que tinha passado dos limites que foram impostos a mim. Não era do meu feitio dizer o que eu gostaria de fazer, mas ela era a única pessoa a quem eu podia falar qualquer coisa e que me entenderia.

Vejam, havia só uma coisa que eu não podia contar a Tara — sobre a aldeia de onde eu vinha, embora ela insistisse muitas vezes que eu falasse. Havia muitas lembranças ruins lá, coisas que eu não podia compartilhar com ela nem, aliás, com ninguém. E eu sabia que ela ficava chateada comigo por não contar como era a vida na aldeia. Em alguns dias, ela ficava quieta, sem falar comigo, e aquilo já era castigo suficiente.

Às vezes, eu não conseguia deixar de imaginar como seria estudar. Estudar significaria ganhar respeito aos olhos de todos. Mas será que alguém como eu merecia isso? Memsahib havia deixado claro que não era para eu pensar em escola. Ela havia falado com Sahib sobre isso.

— Enquanto morar conosco, você não vai à escola, está ouvindo? — dissera ela.

Havia dias em que eu caminhava com Tara para a escola, observava-a desaparecer dentro do prédio, então ficava parada por bastante tempo, vendo o lugar se encher de alunos de uniforme marrom. Depois que todos os pais e funcionários tinham ido embora, e todos os carros, riquixás e táxis haviam desaparecido, eu ficava do lado de fora da escola, como num sonho. Claro, Memsahib ficava furiosa comigo por ter me atrasado na volta e ameaçava me jogar na rua, que era o meu lugar, ou me dava um tapa.

Acho que Memsahib era a única que não gostava de mim. Eu me lembro do medo terrível que tinha dela. Volta e meia ela aumentava as minhas tarefas diárias, e eu me esforçava para completá-las. Foi só em 1991, quando Memsahib recebeu a proposta de usar seus talentos de bordadeira em uma loja de roupas aberta por uma das suas amigas perto do Century Bazaar, que tive algum alívio do seu ódio. Aquilo também deu a Tara e a mim muito tempo para passarmos juntas. Sahib estava viajando, e Memsahib estava ocupada demais com o trabalho para se preocupar se a filha estava se misturando com uma garota como eu.

Uma vez, enquanto Tara e eu caminhávamos de volta para casa, comentei sobre a livraria que havia ao lado e disse, brincando:

— Nunca vou poder entrar numa loja dessas. Se eu entrasse ali, seria como um porco querendo tomar banho. — Ri. Achei que fosse uma boa piada, mas Tara continuou olhando para mim, séria.

— Talvez eu ajude você a aprender a ler — disse ela. — Você fala tanto nisso. Quando você estudar, seremos iguais, você e eu, exatamente como irmãs. Então Aai não tratará você tão mal. Mas, para isso, precisa aprender inglês. Ninguém pode chamar você de inferior se você souber inglês. Aai diz que as pessoas que sabem inglês são muito espertas.

Meus olhos se arregalaram, e senti como se tivesse um tijolo na garganta. Eu não podia acreditar que ela estava disposta a me ensinar.

Nos dias seguintes, Tara não voltou a falar sobre aquilo, então pensei que tinha sido só uma piada, afinal. Mas ela manteve a promessa. Certa tarde, depois de Memsahib sair para o Century Bazaar, ela me levou até o terraço. Sob a calidez do sol da tarde, estendemos um cobertor no terraço e nos sentamos de pernas cruzadas sobre ele. Ela me entregou um livro que retirou da mochila: quando o abri, tudo que me fitava de volta parecia estranho.

— É uma cartilha. Vamos começar daí — explicou ela.

Foi Tara quem me mostrou como segurar um lápis, quem pegou na minha mão para me fazer desenhar as linhas e as curvas do alfabeto inglês.

— Certo, repita depois de mim — disse Tara, e eu repeti todas as letras do alfabeto depois dela.

Pratiquei muitas vezes na minha cabeça enquanto lavava pratos ou cozinhava. Aprendi a formar palavras e a imaginá-las enquanto as repetia para mim mesma. À noite, eu lia sob a luz da vela e aprendi tão rápido quanto possível. Ao longo dos anos em que vivi lá, aprendi com ela e de ouvir as pessoas ao meu redor, e formava frases soltas ao falar. Nessa época, minha gramática não era boa, e Tara me corrigia sempre que voltávamos da escola. Por exemplo, eu dizia:

— Eu vindo pegar você.

E ela me corrigia, dizendo:

— Eu *vim* pegar você.

E, quando não havia ninguém ouvindo, tentávamos conversar em inglês para eu poder praticar.

Cada vez que eu lia um poema, sentia que havia flutuado de volta para o meu mundo da floresta. Eu ansiava por saber mais, ler mais. Tara me trazia livros da biblioteca da escola, e os escondia sob o meu cobertor, na cozinha. Eu não sabia que havia uma linguagem que tivesse tanta e tão profunda beleza — algo que podia tão facilmente me levar para o meu tempo nos bosques, quando Amma estava viva. Na minha curta vida, eu só falara uma língua. Agora havia esse mundo ao qual eu fora apresentada e que me enviava para lugares para os quais eu jamais poderia viajar. Quanto mais poemas lia, mais fácil se tornava me imiscuir em vidas diferentes, conhecê-las melhor, aprender com elas. Penso com frequência sobre o espaço que nós duas criamos para nós mesmas, longe dos olhos deste mundo, no terraço daquele prédio de apartamentos. Naquelas horas, éramos só Tara e eu.

Lembro que nem à noite Tara saía do meu lado. Quando todo mundo estava dormindo, ela caminhava calmamente para dentro da despensa com dois travesseiros enfiados sob os braços e arrastando um lençol atrás dela, sem se preocupar com o que os pais poderiam dizer. Eu insistia para que ela dormisse na cama dela e sugeria que eu dormisse no chão do seu quarto. Daquele jeito seria eu que ficaria encrencada se nos pegassem.

— Não — dizia ela, colocando a roupa de cama no chão, arrumando um travesseiro sobre o lençol e me oferecendo o outro.

Naquela noite, conversamos até tarde, aos sussurros. Eu ria enquanto ela me contava histórias, distraindo-me de qualquer coisa desagradável que tivesse acontecido no dia. Quando ela se acomodava para dormir, eu me deitava ao seu lado. No sono, ela colocava a mão sobre mim, e um cálido sentimento de alegria se insinuava pelo meu corpo. Eu disse a Tara o quanto era grata — sussurrei para ela enquanto dormia, esperando que tivesse me ouvido.

Ela murmurou algo no sono, segurou-me mais forte, e eu sabia que tinha me ouvido. Até mesmo dormindo, seu hálito quente no meu rosto, eu sabia que podia contar com ela.

Aqueles foram os poucos anos felizes da minha vida, até que o destino interveio.

Capítulo 12

Tara
2004

NAQUELA NOITE EU ESTAVA CAMINHANDO DE VOLTA DA DELEGACIA DE polícia até o ponto de ônibus, minha cabeça tonta com pensamentos, quando uma voz chamou.

— Tara! — disse um homem atrás de mim. Parei e me virei.
— Tara? — perguntou ele. — Pensei que fosse você. Vi você na delegacia. Me pareceu familiar, mas não a reconheci. Então ouvi uns guardas falando sobre o seu caso, sobre Mukta, e me dei conta de que era *mesmo* você. De volta dos Estados Unidos! — Ele se aproximou e sorriu como se me conhecesse há muito tempo.

Estudei seu rosto, tentando localizá-lo nas minhas lembranças. As marcas de acne revelavam uma juventude havia muito desaparecida; o cabelo escuro estava cuidadosamente penteado; os olhos pareciam conter a experiência de toda uma vida; os ombros largos e a barba por fazer o tornavam displicentemente bonito.

— Desculpe. Não me lembro de você. — Sorri.
— Tara, sou eu, Raza.

As impressões do passado não demoraram a voltar para me inundar. Havia muito tempo, ele ficara do lado de Salim, derrubando-me naquela viela solitária, sem se assustar com meus gritos violentos, sem se perturbar com meus soluços cada vez mais altos. Sua voz mudara desde que eu o vira pela última vez. Eu me virei para ir embora e comecei a descer a rua, mas Raza começou a caminhar ao meu lado sem ser convidado.

— Depois que você deixou a Índia, ouvi sobre o que aconteceu com sua mãe nos ataques de 1993. Sinto muito.

Apertei o passo.

— Olhe, só quero ajudar. Eu vi você na delegacia e pensei que podia ajudar.

— Então você me *seguiu*?

Continuei caminhando. Ele parou e gritou para mim:

— Não, eu trabalhei para uma agência de detetives aqui. Agora dirijo uma ONG. Posso ajudar.

Parei e olhei para trás, surpresa. Eu podia sentir os olhos das pessoas nas sacadas dos prédios vizinhos nos observando com curiosidade. Crianças de rua corriam à nossa volta, umas atrás das outras, girando em torno de nós como se fôssemos estátuas.

— Posso ajudar — repetiu ele, me dando um sorriso. A preocupação no seu rosto parecia genuína. *Talvez ele possa ajudar*, pensei.

— Como? — perguntei.

— Fique com meu cartão de visitas. Meu escritório não é longe daqui. Apareça quando puder e vamos conversar — disse, caminhando na minha direção e colocando o cartão na minha mão.

Deixei o cartão cair na bolsa, dei meia-volta e fui embora.

HAVIA ALGUNS ANOS, O ROSTO DE RAZA HABITAVA MEUS PESADELOS. À noite, quando me revirava na cama sem conseguir dormir, eu o via ali em pé, atrás de Salim, tentando me imobilizar naquela viela deserta. Nos meus sonhos, os rostos deles pareciam tão escuros e mortais como naquele dia. Naquela época, eram adolescentes altos e magricelas, de no máximo 15 anos, mas conhecidos por vagabundear pelos cantos a fim de lançar olhares lascivos para mulheres e perturbar passantes. Naquela noite, Mukta e eu havíamos comprado alguns *jalebis* da loja de doces da esquina e estávamos sentadas uma ao lado da outra numa viela solitária. Estávamos ocupadas devorando nossos doces, o xarope de açúcar melando nossas mãos e pingando até os cotovelos. Estávamos completamente alheias ao que se passava à nossa volta. Foi então que eles surgiram, de algum lugar, como aparições, os rostos protegidos pela escuridão.

Foi Salim quem trouxe o rosto para junto do meu. Os olhos estavam injetados, o sorriso era maligno. O hálito rescendia a tabaco e ao amargor da cerveja. Um ganido agudo escapou de mim; os *jalebis* que eu segurava caíram no chão poeirento. No facho de luz fraca da rua, Raza espiou por detrás do ombro e explodiu numa gargalhada gutural. Caí para trás e pressionei as palmas das mãos contra o chão, tentando fugir. Ele se inclinou para a frente e segurou com força as minhas mãos atrás de mim. Eu lutei e chutei, numa tentativa fútil de escapar.

— Tsc, tsc... não adianta tentar. — Salim gargalhou enquanto amarrava minhas mãos, torcendo e dando voltas com a corda nos meus pulsos. Uma pontada aguda de dor correu pelas minhas mãos quando ele apertou o nó. — Este aqui é meu amigo, meu *bhai*, Raza. Somos como irmãos — disse Salim e acariciou as costas de Raza.

Raza sorriu e tentou agarrar Mukta.

— Deixa ela em paz, ela é só uma menina de uma aldeia pobre... de casta inferior, como nós! — gritou Salim. — Não fazemos mal aos nossos. E ninguém se importaria se fizéssemos algo com ela. Mas esta menina aqui... — Ele apontou para mim e continuou falando comigo: — Nós podemos acabar com essa vidinha de garota rica. Sabe quanto dinheiro podemos conseguir por uma virgem hoje em dia? Ou, melhor ainda, podemos transformar você numa pedinte em algum canto de Bombaim e obrigá-la a nos dar as suas esmolas. Isso vai ensinar uma lição a todos os filhos da puta da classe média. Acham que são superiores a nós.

Ele cuspiu no meu rosto.

Tudo à minha volta parecia borrado, por causa das lágrimas, e todos os sons pareciam amplificados — o barulho do motor de um riquixá passando, o ruído dos grilos noturnos, o som de venezianas sendo fechadas ao longe. Depois que as lojas encerraram o expediente, não havia ninguém na rua. Pisquei, olhando para Mukta, e lágrimas rolaram pelo meu rosto. Ela estava vendo um caminhão que havia parado, resfolegando, próximo aos prédios novos que estavam em construção, levantando uma nuvem de pó. Observei quando ela correu nessa direção.

— Olhe para mim — mandou Salim ao me puxar para si. Estremeci e deixei escapar um gemido. Meus soluços se ergueram naquela via escura e desolada.

— Não podemos deixar ela em paz? — perguntou Raza timidamente, a voz carregada de pânico.

Salim se virou para encará-lo.

— Cale a boca — vociferou. — Você tem muito a aprender. Não se preocupe, vai se acostumar.

Do nada, ouvi um silvo no ar atrás de mim, e, antes de qualquer um de nós entender o que estava acontecendo, Salim estava ajoelhado na rua, esfregando os olhos e gritando de dor. Raza também caíra para trás, as mãos cobrindo o rosto. Pude sentir o cheiro da areia pairando no ar à minha volta. Mukta pegara areia no canteiro de obras, esgueirara-se atrás de mim e a jogara no rosto deles. Fiquei imóvel, ouvindo meu coração bater forte no peito, ainda incapaz de compreender a recente reviravolta nos acontecimentos.

— Corra! — disse Mukta, os olhos arregalados de urgência. Ela desamarrou meus pulsos. Mas continuei ali, olhando para ela. — Corra! — repetiu ela, empurrando meus braços.

Então corri com ela. Corremos como se os nossos pés conhecessem o caminho que nos levava para casa. Tudo pelo que passávamos e todas as pessoas em quem esbarrávamos no caminho eram meros borrões. Agora eu me lembro — foi nesse momento que ela começou a falar. *Corra* foi sua primeira palavra para mim.

Nunca agradeci a ela pelo que fez — por me salvar do mal naquele dia, daqueles dois meninos. Talvez eu tivesse incluído *aquilo* entre os seus afazeres. Provavelmente eu não queria admitir que não havia sido tão corajosa quanto Mukta. Lembro-me de convencer a mim mesma que uma garota de casta inferior deveria ser grata *a nós*, e não o contrário; afinal, éramos nós que cuidávamos dela.

Vários meses depois, o incidente ainda surgia de tempos em tempos diante dos meus olhos, em lampejos. Ainda me assustava. Não contei aos meus pais sobre o acontecido. Havia o perigo de sermos punidas por passearmos naquela rua deserta tão tarde, mas, acima de tudo, eu estava envergonhada pelo que ocorrera. Tentava me comportar como se não tivesse acontecido. Quando não conseguia dormir, ia até a despensa para falar com Mukta. Ela era a única que sabia. Várias noites, uma após a outra, observávamos o céu juntas, as nuvens flutuando ao redor da lua, as estrelas cintilando. Em noites claras, nos esgueirávamos até o terraço, ficávamos em pé no parapeito e observávamos a cidade dali. Lá embaixo, a cidade era viva e pulsante, e, acima, as estrelas nos vigiavam. Mukta costumava ter medo, mas eu a puxava para mim e a abraçava forte. Se alguém me dissesse que aquilo era perigoso, acho que nem por isso deixaria de fazê-lo. Eu era uma criança que queria fugir do medo que dois meninos haviam introduzido na minha vida. Eu queria me livrar do fardo da vergonha e me sentir livre, e Mukta era a única pessoa comigo — a única pessoa que entendia como eu me sentia.

Em todos aqueles anos que passamos juntas, acho que nunca a considerei igual aos meus outros amigos. Ela era sempre alguém que fazia o que eu pedia. O que não entendi, na época, é que eu precisava dela. Ela me salvara, evitara que eu fosse atacada, e o que eu havia feito?

* * *

AQUILO ACONTECERA HAVIA MUITOS ANOS E, AINDA ASSIM, NESSA noite, não conseguia dormir; os lençóis farfalhavam enquanto eu me revirava na cama. Então, sentei-me próximo à janela do apartamento e pensei em algo que Papa costumava me dizer: *O único jeito de corrigirmos nossos erros é tentando desfazer o mal que causamos.* Sua voz tremera ao dizer isso, os punhos fechados com força como se ele estivesse falando sobre si mesmo. Seria possível desfazer o mal?

Capítulo 13

Tara
2004

ACORDEI NUM SOBRESSALTO. OS PÁSSAROS ESTAVAM CANTANDO, E ouvi as buzinas e o caos do tráfego lá fora. Eu me sentia como na manhã seguinte ao sequestro de Mukta. Esperei Papa me chamar, sua voz ecoar pelo apartamento. O pressentimento repentino era avassalador. Talvez ligar para alguém me ajudasse a esquecer. Tentei me arrancar do devaneio. Peguei o telefone e tentei ligar para Elisa, a única boa amiga que eu fizera nos Estados Unidos, além de Brian. Éramos amigas desde o ensino médio, e ela era a única em quem eu conseguira confiar desde que partira da Índia.

Três toques e Elisa atendeu.

— Oi, e aí? — perguntou ela.

— Tudo bem, acho. Hoje o sol parece triste... não sei por quê... — balbuciei.

— Você está bem? — Ouvi a preocupação na voz dela e me sentei na cama. Minha cabeça doía.

— Sim, claro... é que... estou meio que tentando me encontrar. Estou aqui há mais de três meses e parece que não fiz qualquer progresso.

— Espero que esteja tomando cuidado.

— Elisa — falei, devagar —, este lugar tem lembranças demais.

Ouvi um longo suspiro no outro lado da linha. Eu a imaginei sentada junto à janela do quarto, o oceano rugindo ao longe, seu cabelo louro arrumado em cachos perfeitamente soltos para sair à noite com o noivo, Peter.

— Queria dizer para você voltar. — Ela suspirou. — Mas você é tão teimosa que não vai ouvir. Tenho certeza de que vai achar um jeito de lidar com isso.

Abafei um riso. Era algo que Papa teria dito.

— O que aconteceu com a sua busca? Você foi à polícia? À agência de detetives?

— Sim, mas ninguém parece muito disposto a ajudar. Na verdade... encontrei um cara...

— Hum, que interessante — disse ela, brincando.

— Não, Elisa, não do jeito romântico que está imaginando. Esse cara... esse homem... ele se envolveu em coisas ruins, atividades criminosas, quando eu era criança. Ele uma vez tentou... — Deixei escapar um suspiro longo. — Seja como for, parece uma pessoa decente agora. Ele diz que dirige uma ONG e que pode me ajudar a localizar Mukta.

— Então o que está esperando?

— Eu... não sei se posso confiar nele.

— Hum, as pessoas mudam, sabe? E ele dirige uma ONG agora, não foi o que você falou?

— Sim. Mas não sei...

— Bem, às vezes precisamos arriscar.

— Vou pensar — falei. — Como está Peter?

— Bem. Sabe como é, estamos os dois ocupados planejando o casamento. Ontem fomos comprar móveis para a nova casa e encontramos essa oferta incrível, e Peter disse... — Houve uma pausa. — Olhe só para mim, falando sobre o meu casamento quando você está passando por tudo isso. É melhor eu parar de falar e te deixar em paz. Vamos sentir sua falta no casamento. Eu queria que você fosse a minha madrinha, sabe?

— Eu sei — falei com um suspiro. Ela não me perguntou sobre Brian, sobre como rompemos. Eu *queria muito* contar a ela que me sentia culpada por não pensar mais nele.

— O corretor conseguiu vender o apartamento do seu pai aqui. Não conseguiu muito, mas transferi o dinheiro para sua conta na Índia. Você o receberá logo. Tenho certeza de que vai te ajudar a sobreviver na Índia.

— Certo. Obrigada, Elisa. — Eu tinha dado a Elisa uma procuração para vender o apartamento de Papa em Los Angeles. Papa já havia me deixado um montante, mas com certeza não faria mal ter o dinheiro da venda. Seria uma ajuda enquanto eu procurasse por Mukta.

— Tudo bem. Me ligue depois, querida — disse ela.

CHEGUEI AO ESCRITÓRIO DE RAZA EM UMA MANHÃ DE SEGUNDA-FEIRA de céu carregado. Ainda estava chuviscando. Por algum tempo fiquei parada em frente à porta perguntando-me o que estava fazendo ali. Será que eu estava tão desesperada que queria a ajuda de um homem que, quando adolescente, ameaçara duas meninas? Será que queria mesmo confiar num homem que não havia parado para pensar que estava machucando uma pessoa? A verdade é que, quando se tratava de procurar Mukta, eu estava disposta a tudo.

A porta se abriu, e Raza saiu por ela.

— Ah. Eu já estava indo embora. Eu... pensei que você não viria — disse ele, surpreso.

— É, pois é. Queria perguntar se você pode fazer algo por mim. — Engoli em seco, desviando o olhar e tentando me livrar do medo que sentia.

— Claro — respondeu ele, levando-me para dentro e puxando uma cadeira para mim. — Por que não se senta? Preciso fazer uma coisa rápida na rua. Volto num minuto. Tenho que encontrar uma pessoa e entregar algo a ela, logo ali na esquina — explicou Raza, apontando o dedo para a janela.

— Sem problemas. Eu espero.

Observei-o sair e respirei fundo. Eu podia ouvir gotas de chuva se chocando na janela. O escritório parecia velho. Claramente precisava ser renovado por uma camada de tinta. Tinha cinco cubículos, mas não havia ninguém ali. A mesa de Raza ficava num espaço aberto; uma pilha de arquivos e papéis repousava sobre a mesa, não longe de uma pequena cozinha no canto. Sobre a mesa havia fotos de Raza com uma mulher usando um *hijab*, a mão dele protetoramente sobre o ombro dela, que sorria para a câmera. Havia outras fotos dos dois; numa delas eles estavam distribuindo comida num abrigo, em outra estavam sorrindo em frente a uma plantação farfalhante. Um pedaço de papel com uma bela caligrafia estava preso por um alfinete à parede:

Tomemos uma estrada nova,
Encontremos outro caminho
Escolhamos uma estrada menos percorrida.

Fui até a janela e observei a chuva cair enquanto o céu trovejava e relâmpagos abriam caminho sobre a cidade. Perguntei-me se Mukta estava em algum lugar da cidade, assistindo à chuva cair e pensando em mim como eu pensava nela.

Ao longe, pude ver Raza voltando, caminhando rápido pela tempestade, seu guarda-chuva ziguezagueando no vento forte. Ele deixou o guarda-chuva do lado de fora, entrou no escritório, apanhou uma toalha de uma gaveta e secou o cabelo molhado.

— Não imaginei que fosse ficar tão feio lá fora. — Ele sorriu, gesticulando para eu me sentar. — Posso lhe oferecer uma xícara de chá?

— Seria bom, obrigada — falei enquanto me afastava da janela e sentava diante dele. Era estranho, mas eu tentava ser amigável. Afinal, suas lembranças eram difíceis de apagar.

Ele foi até o canto do escritório e acendeu o fogão.

— A maior parte das pessoas que trabalha comigo está fora hoje para distribuir alimentos — disse ele enquanto colocava água e leite no bule de chá.

— Gostei daquelas três frases ali... naquele pedaço de papel ao lado da sua escrivaninha. — Sorri, tentando começar uma conversa.

— Sim. — Ele se virou. — Foi a minha esposa que escreveu. Ela acreditava que precisávamos pegar o caminho difícil, um caminho diferente do que a maioria das pessoas escolhia. Esse era o único jeito, ela dizia, de fazermos diferença na vida de alguém. — Ele desviou o olhar; sorriu com a lembrança.

Apontei para o porta-retratos.

— Sua mulher é linda.

Ele engoliu em seco.

— Ela foi morta ano passado nos ataques a bomba. Alguém, em nome da religião, sempre tira os nossos entes queridos. Depois de onze anos, ainda é a mesma coisa.

— Sinto muito. Eu não sabia.

Ele fez um meneio com a cabeça, voltou-se para o fogão, serviu chá em dois copos e os colocou sobre a mesa.

— Seja como for, chega de falar de mim. Diga-me, como posso ajudá-la? — Ele puxou uma cadeira em frente à minha. Aquele homem sentado diante de mim, com um sorriso escancarado, era diferente do adolescente valentão que eu conhecera anos atrás.

— Estou procurando pela garota que morava conosco, Mukta.

— Eu sei. Ouvi falar... Os guardas da delegacia comentaram sobre o caso. Eles parecem surpresos por você procurar por uma menina que desapareceu há onze anos.

Sorri e dei de ombros.

— Preciso perguntar uma coisa.

— Claro. — Seus olhos se estreitaram.

Eu me obriguei a respirar fundo e medir minhas palavras com cuidado. Ele era a única pessoa próxima ao sequestrador — o único que poderia localizá-lo e perguntar o que ele fizera com Mukta. Eu sabia que aquele era um risco que eu tinha que correr. Olhei bem nos seus olhos. Eu definitivamente tinha perdido o juízo.

— Foi Salim aquela noite. Salim sequestrou Mukta. Mas ele já deve ter lhe dito isso, não é mesmo?

Aquelas palavras nunca haviam sido ditas. Nenhuma vez, a ninguém, nem a Brian, nem a Elisa, nem mesmo a Papa. Ele levantou as sobrancelhas.

— Por que acha que eu saberia disso? Porque fui do bando de Salim há muito, muito tempo? — Ele deu uma risada. — Deixei aquela vida há séculos. Desde então, ajudo pessoas. E como tem tanta certeza de que Salim era o sequestrador? O Salim que eu conhecia lá atrás... ele gostava de assustar. Era o seu jeito de se exibir, dizendo às pessoas que era ele quem mandava. Mas sequestrar alguém? Ele nunca...

— O que quer dizer? — interrompi. — Está dizendo que estou mentindo? Tenho certeza de que foi Salim. Eu o *vi*. Eu estava no quarto quando Mukta foi raptada.

Ele pareceu chocado por um momento, então franziu a testa.

— *Você* estava no quarto? Você o viu raptar Mukta?

— Sim... eu...

— Sinto muito. Eu não fazia ideia. — Ele balançou a cabeça.

— Você... você sabe por onde ele anda?

— Quem? Salim? Perdemos contato há um bom tempo. — Raza suspirou.

Uma onda de desânimo cresceu no meu coração.

— Mas posso descobrir — disse ele.

— Você vai fazer isso? Pode fazer? Porque... seria ótimo. Quero dizer, obrigada pela ajuda.

Fiquei aliviada.

Ele sorriu.

— Tara, pode demorar um pouco até eu conseguir localizar Salim... Alguns meses, talvez. Vou ter que perguntar por aí. Mumbai é muito grande. Não sei nem mesmo se ele está aqui na cidade ou se por acaso se mudou. O Salim que eu conhecia era, no fundo, um menininho assustado. Ameaçar crianças mais novas, roubar, repassar drogas, talvez, mas invadir uma residência e sequestrar uma pessoa? Nunca pensei que ele faria algo tão grave. Se, suponhamos por um momento, Salim cometeu o crime, o que faz você achar que ele vai admitir?

— Não quero que ele admita nada. Só quero que me diga para onde levou Mukta. Só quero saber onde ela está.

— Não seria melhor você ir atrás de outras organizações que procuram crianças desaparecidas? Talvez eu possa colocá-la em contato com...

Eu não estava prestando atenção.

— Salim vai contar para *você*, não é? Você já foi próximo dele. Acho que você é a única pessoa para quem ele contaria. Só assim vamos saber onde ela está — falei e senti o tremor na voz.

Só fui embora depois de Raza me garantir que faria o possível para encontrar Salim.

NO MEU CAMINHO DE VOLTA, ENQUANTO O RIQUIXÁ CHACOALHAVA sobre os buracos, fiquei pensando na fotografia da mulher de Raza, o rosto sorridente desaparecendo no caos que havia dominado as nossas vidas. Eu sabia o quanto ele sentia falta dela. Podia ver nos seus olhos. Perguntei-me quantos éramos, ainda vivos e respirando, confusos sobre por que não tínhamos sido escolhidos para estar lá naquele fatídico dia, em vez dos nossos entes queridos. Se aquele dia não tivesse acontecido nas nossas vidas, será que as coisas teriam sido diferentes?

Doze de março de 1993 é um dia marcado na minha memória. Eu tinha 13 anos.

— Quer conversar no terraço de tarde depois da escola? — Mukta havia me perguntando naquela manhã. Eu concordara, distraída. À medida que o dia passou, esqueci completamente o combinado. Eu estava preocupada com uma prova de matemática. Nunca fora muito boa na matéria, e os meus pensamentos giravam sem parar em torno da prova. Aqueles pensamentos, que me angustiavam naquela manhã, aparentemente tão importantes, se tornariam nada ao final do dia.

Era uma sexta-feira e, depois da prova, eu planejava ir até a casa de uma amiga para assistir à televisão. Antes de sair de casa naquela manhã, Aai me perguntou se eu poderia entregar uma trouxa de roupas na loja da sua amiga, perto do Century Bazaar.

— Quando voltar da escola, você pode levar essas coisas. Não fica longe. Ainda tenho trabalho a fazer. Pedi a todos que conheço, mas parece que todo mundo está ocupado. Eu mandaria Mukta, mas ela não está se sentindo bem — disse Aai.

Falei que não podia ir. Eu tinha certeza de que Aai encontraria outra pessoa ou conseguiria que a empregada de alguma vizinha finalizasse o trabalho. Agora, quando penso naquele momento, não consigo me lembrar da desculpa que dei. O que foi mesmo que eu disse? Será que falei que precisava ir à casa de uma amiga que prometera me ajudar com o dever de casa ou que era minha amiga quem precisava de ajuda?

É difícil concluir quais foram as últimas palavras que falei à minha mãe.

Não me ocorreu então que, antes de pedir para mim, ela havia pedido a Mukta que deixasse as roupas na loja e a menina também inventara uma desculpa. Eu havia ensinado a Mukta como se fingir de doente se Aai pedisse para fazer algo na rua quando eu precisava conversar com ela ou lhe contar alguma coisa. No início, ela tivera medo de mentir, mas eu a convencera de que era uma mentirinha à toa e que não fazia mal a ninguém. Sempre seguia a minha dica; nós discutíamos o motivo em detalhes para que Aai não descobrisse. Funcionara por muitos anos, e alertei Mukta de que devia seguir as minhas ordens, nunca se desviar delas. Naquele dia, porém, as coisas seriam diferentes.

ERA O FINAL DA TARDE. DEPOIS DA ESCOLA, EU E MINHA AMIGA ESтávamos sentadas no sofá, assistindo à televisão e comendo batatas chips, imitando professores mal-humorados e alunos bestas de olhos brilhantes que os professores protegiam. As notícias interromperam a programação. A mulher do canal de notícias estava estranhamente calma quando anunciou as explosões. Atrás dela, cenas passavam em lampejos — paredes derrubadas, veículos cujos tetos haviam aterrissado em outro lugar, estilhaços de vidro por todo lado, rostos feridos, corpos ensanguentados e o ar grosso de fumaça escura.

A âncora do telejornal despejava palavras sobre as áreas-alvo: bolsa de valores de Bombaim, escritório de emissão de passaportes, Century Bazaar, Zaveri Bazaar, Cinema Plaza...

As palavras ecoaram na minha cabeça. *Century Bazaar* — era para lá que Aai deveria ir àquela tarde porque não havia encontrado ninguém disposto a ir. E se algo tivesse acontecido com ela? Tudo que a âncora falou depois soava sem sentido aos meus ouvidos. Meus pensamentos vinham em ondas, seguidos por momentos de anestesia. Descartei a possibilidade de que algo tivesse acontecido. Lembro-me de correr por vielas, passando veloz por estabelecimentos, esbarrando em pessoas e veículos que buzinavam, abrindo o portão do meu prédio e correndo escada acima. Bati forte na porta do meu apartamento, mas ninguém abriu. Mukta deveria estar em casa. Será que ela saíra para pegar algo na mercearia? Aai já devia estar de volta. Mas ninguém respondeu. Tentei abrir a porta com a chave que eu tinha, mas ela tremia na minha mão suada. Quando finalmente consegui, houve silêncio quando chamei pelo nome de Aai. Uma dor aguda latejou no meu coração.

— Aai? Aai?

Havia uma voz abafada lá fora. Segui a voz, saí do apartamento e vi Mukta descendo tranquilamente a escada, olhando para mim.

— Achei que tinha ouvido alguém abrir a porta — disse ela. — O que foi? Eu estava esperando por você lá em cima. Achei que queria conversar.

Observando seu sorriso, o entusiasmo nos seus passos enquanto ela descia, algo dentro de mim ruiu.

— Conversar? Em que mundo você vive? Você é uma garota inútil do interior. Não sabe de nada.

Vi a surpresa e então a dor no rosto dela diante do meu rompante, mas não esperei para explicar, virei-me e desci correndo a escada.

Bati com força na porta do apartamento de uma vizinha no andar de baixo. O nosso telefone estava quebrado havia dias, e eu queria ligar para Papa da casa de alguém. Uma das amigas de Aai abriu a porta de camisola. Pôs-se ao lado da porta e gritou comigo:

— O que foi? Quer quebrar a porta?

— Quero ligar para o meu pai. Aai está fora... — Minha voz se desfez.

— Ah — disse ela, examinando o meu rosto, a voz mais suave. — As linhas telefônicas estão congestionadas; não dá para ligar para ninguém.

Fiz de conta que não ouvi e passei por ela. Entrei na casa e sentei-me ao lado do telefone, discando os números. O telefone na outra ponta não tocou, apenas fez sinal de ocupado. Meus dedos estavam pesados, minha respiração era difícil, mas continuei discando. A mulher me rondava com uma expressão preocupada. Caminhava de um lado para o outro enquanto eu discava de novo e de novo. Resignada, desliguei o telefone.

— Está vendo? Eu avisei — disse ela. — Meu marido também está fora. Tentei falar com ele. Eu...

Eu não estava ouvindo.

Desci a escada correndo, pensando em ir a pé até o trabalho de Papa. Assim eu poderia contar a ele sobre o que havia acontecido. Alguns vizinhos, que haviam chegado cedo do trabalho, estavam reunidos lá embaixo.

— Vamos lá, então. — Eu ouvi um deles dizer.

Anupam *chacha* abriu caminho na multidão e se aproximou de mim.

— Sim, já estou sabendo, talvez a sua Aai esteja lá — disse ele. Por mais calmo que quisesse parecer, pude ouvir o medo na voz e sentir o mar de desânimo nos cercando. Mas ele continuou na mesma toada: — Muitos moradores do nosso prédio estão lá. Seu Papa já foi. Eu o vi enquanto vinha para cá. Vamos encontrar sua Aai, não se preocupe. — A mão dele acariciou o meu ombro de forma tranquilizadora.

— Vou com vocês — insisti.

— *Não*. Quero que fique aqui para o caso da sua Aai voltar. Me escute e fique aqui. Está entendendo?

Sua voz era alta e autoritária o suficiente para me fazer ficar. Devo ter feito que sim com a cabeça, pois ele sorriu para mim e desapareceu na multidão. Percorri o caminho de volta e me sentei nos degraus lá fora, esperando a qualquer momento avistar Aai abrindo o portão, aproximando-se de mim, dizendo que eu me preocupara à toa. Algumas pessoas voltaram cedo do trabalho para casa, mas passaram por mim sem me notar, preocupadas e querendo ver como estavam os próprios familiares. As cenas na TV voltavam à minha cabeça sem parar: uma mulher batendo no próprio peito e chorando, ninando o filho morto para a frente e para trás. À sua volta, corpos ensanguentados no chão. Rostos de choque se arrastavam nas ruas em meio à fumaça e a veículos danificados e sem teto. A confusão e o caos me faziam imaginar se a minha Aai se perdera em alguma parte, carregada pelo rumo dos acontecimentos, tentando voltar para a família, para casa. E eu queria parecer calma quando ela abrisse o portão, para que visse que não tinha nada com que se preocupar. Por mais que quisesse parecer forte, uma lágrima solitária se precipitava dos meus olhos, e eu tinha que enxugá-la o tempo todo. Mukta ficou sentada ao meu lado em silêncio, segurando a minha mão, receosa de que, se pronunciasse uma só palavra, eu me banharia em lágrimas. Fiquei ali sentada e fiz promessas mudas a Deus — eu nunca mais ofenderia Aai nem responderia com falta de educação e, de agora em diante, faria o que ela dissesse. Prometi que iria ao templo sempre que ela insistisse e, nunca, nunca, *nunca* diria não para qualquer tarefa que ela me pedisse para fazer.

PAPA VOLTOU TARDE PARA CASA. ELE ESTAVA COM UM OLHAR EXAUSTO, o cabelo desgrenhado, e a camisa empapada de suor e sangue. Murmurou alguma coisa sobre corpos, sobre como as pessoas eram irresponsáveis. Nunca vira Papa naquele estado. Ver um homem crescido cair no choro, ver o *meu* Papa, que me contara histórias de bravura, daquele jeito era algo que deixava o meu coração apertado. Enxuguei minhas lágrimas, puxei as mangas da camisa dele e perguntei:

— Onde está Aai?

Minha voz saiu abafada. Ele não respondeu, apenas ficou me olhando, sem expressão. Navin falou, baixinho, que Papa e Anupam *chacha* haviam procurado entre os corpos e os reviraram todos, tentando identificar Aai. Navin e eu caminhamos para o apartamento em silêncio, seguindo Papa e Anupam *chacha*. Quando chegamos, Papa se ajoelhou do lado de fora, recostando-se na porta como se não conseguisse entrar em casa. Anupam *chacha* tentou levantar Papa, segurou-o como se fosse um bebê aprendendo a caminhar.

— Tara, você precisa ser forte pelo seu pai — disse Anupam *chacha*.

— O que aconteceu com Aai? — perguntei.

— Ainda não sabemos — respondeu ele enquanto levava Papa para dentro e o fazia se sentar no sofá.

Então Anupam *chacha* saiu, levando Navin e Mukta.

— Eles precisam ficar sozinhos agora — falou Anupam *chacha* enquanto os levava.

Papa e eu ficamos sentados naquele sofá em silêncio por um tempo, um ao lado do outro, ouvindo o tique-taque do relógio da sala de estar, desejando que Aai entrasse pela porta da frente a qualquer minuto. Então, Papa disse que precisava sair.

— Preciso procurar a sua Aai. Ficar sentado aqui não vai resolver nada. Você precisa esperar em casa, Tara... caso... Aai volte — disse ele ao partir.

Fiquei deitada na cama naquela noite, vendo a lua olhar para mim. Perguntei-me como era possível que as coisas mudassem de forma tão abrupta e de forma tão drástica. Na noite anterior, Aai me contara uma história enquanto me colocava na cama. Ainda ontem, ela fizera *jalebis* para mim. Queria acreditar que, se fechasse os meus olhos com força, tudo iria embora e o hoje nunca teria acontecido.

PAPA VOLTOU PARA CASA NA MANHÃ SEGUINTE, ABATIDO. APESAR DE não falarmos em voz alta, era como se nós dois esperássemos pelo pior — Aai estava em algum lugar lá fora, seu corpo deformado entre muitos outros cadáveres. Caminhamos de hospital em hospital naquele dia, procurando pelos restos mortais dela.

— Você devia ter ficado em casa, Tara — comentava Papa de tempos em tempos, mas eu queria estar ali, segurando a mão dele. Não queria virar o rosto quando visse os corpos; estava determinada a ter uma última visão da minha mãe. Queria ter a chance de dizer adeus.

Anupam *chacha* veio conosco e fazia as perguntas quando Papa não conseguia mais formar palavras, quando tudo o que conseguíamos fazer era emitir um grunhido de desespero. Havia multidões em frente aos hospitais e às delegacias, com oficiais da polícia tentando controlá-las. Às vezes, uma enfermeira olhava para uma folha em que nomes haviam se tornado números, balançava a cabeça e dizia:

— Talvez esteja em outro hospital.

E então eu pensava no rosto de Aai na manhã em que ela tentou me persuadir a levar as roupas ao bazar e em como à noite não havia mais traço dela, nem mesmo um corpo.

Em cada hospital, a enfermeira dizia algo parecido, e a cor fugia do rosto de Papa. Ou uma faísca de esperança surgia nos seus olhos sempre que uma enfermeira nos pedia para esperar enquanto ela verificava se Aai tinha dado entrada naquele hospital. Ali, esperando, eu imaginava ver Aai surgir de trás de uma cortina com alguns ferimentos, um arranhão ou dois, sorrindo para nós, dizendo que não era nada, dizendo que Deus era grande e que ela escapara por pouco. No entanto, nada disso aconteceu. Só desânimo e decepção cercando a todos, um turbilhão do qual ninguém sabia como sair. Entrávamos correndo em cada hospital com esperança e saíamos com passos lentos e regulares, o fardo do fracasso fazendo pesar as nossas pernas. Era uma cena estranha — não havia corpos à nossa volta, mas a morte estava por toda parte, o brilho da perda nos olhos de qualquer pessoa.

Quando, dias depois, insisti em saber, Navin me disse que eles haviam procurado por Aai no local onde as bombas explodiram e, enquanto buscavam, tinham ajudado outras pessoas.

— Carregamos corpos e os colocamos em táxis para serem levados até hospitais. A questão é que... — A voz dele sumiu e os olhos se encheram de lágrimas. — A questão, Tara, é que não sei se algum deles ainda estava vivo.

Navin ficou quieto nos dias que se seguiram, tão quieto que me perguntei se algum dia ele voltaria a falar. Só o que restava ao fim de tudo aquilo eram lembranças daqueles rostos tristes, o som do caos e o cheiro da morte que logo envolveria todos nós.

Capítulo 14

Mukta
Março de 1993

DURANTE DIAS SAHIB E TARA SAÍRAM PARA PROCURAR POR MEMSAHIB e então voltavam para casa, os rostos tomados de angústia. Eu não podia fazer nada a não ser observar o desejo de rever Memsahib se transformar em desespero da manhã até a noite. Claro, na ausência dela, eu não tinha alternativa senão tomar conta e cuidar do apartamento sozinha. Certificava-me de manter tudo limpo e o cheiro de comida no ar, e executava as tarefas como uma máquina. Eu não queria que Tara e Sahib pensassem que, assim como a vida deles, o apartamento estava desmoronando.

Tara ficava sentada no sofá assistindo ao noticiário, que reprisava cenas das explosões várias vezes, os olhos buscando pela mãe no meio do tumulto. Implorei várias vezes que parasse de assistir àquilo, que parasse de reviver a agonia, mas ela se recusava a me escutar. Eu sabia o que ela estava tentando fazer — Tara queria entender o que acontecera com a mãe, exatamente como eu continuava evocando na mente a cena da minha Amma morrendo. As cenas na TV eram sanguinolentas — corpos com membros decepados, partes de cadáveres jogadas na rua, estilhaços de vidro espalhados por todos os lados. Eu me perguntava sobre a estranheza da vida — todas aquelas pessoas que haviam morrido ou que foram feridas naquele dia provavelmente não conheciam quem lhes infligira tanta dor.

Apesar do clima de tristeza na casa, Tara não chorava muito e guardava o sentimento para si. Sahib pedia que ela fosse se encontrar com os amigos, mas ela ficava sentada no quarto olhando a rua movimentada pela janela, esperando que a mãe aparecesse. À noite, quando eu servia o jantar, ela insistia que eu colocasse um prato para a mãe, para o caso de ela chegar. Todas as noites esse prato de comida ficava esperando por Memsahib enquanto Sahib e Tara beliscavam a comida. Depois que eles terminavam, eu juntava as sobras para comer e dava o resto a um mendigo em frente ao prédio, esperando que as suas orações estivessem com Tara e Sahib.

FOI NO QUARTO DIA APÓS AS EXPLOSÕES QUE ELES ENCONTRARAM O corpo num necrotério. Sahib o identificou por causa de um colar que Memsahib sempre usava. Eles trouxeram o corpo embrulhado sobre uma padiola e o colocaram no meio do parquinho. Não era possível ver o rosto. Vizinhos e muitas amigas de Memsahib se juntaram em volta, vestidas de branco. Enxugavam lágrimas em silêncio ao lado do corpo, colocavam buquês e guirlandas de flores aos seus pés, e então levaram o corpo diretamente ao crematório. Já que as mulheres eram proibidas de ir ao crematório, muitas das amigas de Memsahib ficaram para trás, esperando ao pé dos degraus, chorando baixinho. Tara e eu assistimos a tudo da sacada. O choro baixo delas me fez lembrar do funeral de Amma. Eu me senti transportada para uma parte da minha vida que nunca conseguiria deixar para trás: eu observando o corpo solitário de Amma ardendo sobre a pira funerária. Então, como se a vida me levasse de volta ao passado, eu estava ao lado de Amma segurando a mão dela enquanto os aldeões a espancavam até a morte. Ela olhou para mim uma última vez, o rosto cheio de medo e então… um suspiro alto.

Uma onda repentina de dor apertou o meu coração e me ouvi choramingando. Meu rosto estava úmido de lágrimas. Pensei em Memsahib morrendo do mesmo jeito, sem saber o que havia feito de errado, temendo nunca ver a filha de novo — exatamente como a minha Amma. Eu queria gritar e gritar com todas as pessoas que haviam nos tirado nossas mães. Olhei para Tara e quis lhe dizer que eu entendia a dor de perder a mãe. Mas, do meu lado, Tara se portava de forma bastante estoica. Eu me maravilhava com a sua força para não permitir que lágrimas caíssem dos seus olhos. Passava o braço ao redor dos ombros dela e a abraçava, mas Tara recusava o toque. Não me importava. Eu entendia. Sabe, como uma tartaruga se recolhe no seu casco em busca de proteção, nós também precisamos construir uma parede em volta de nós. Talvez seja a única forma de continuar.

UM LAR ONDE ALGUÉM MORREU PRECISA SER PURIFICADO, LIMPO. SE estivesse lá, Amma teria me explicado o que fazer. Fiz o que sabia. Acendi *diyas*, lamparinas a óleo, perto da fotografia de Memsahib, e coloquei flores ao lado. Eu sabia que não podia deixar que a lamparina a óleo se apagasse nos primeiros dias depois de alguém morrer, então vigiei aquilo como a minha vida, sempre colocando óleo, como uma sentinela. Contudo, não sabia se era o bastante.

Meena-ji, uma das melhores amigas de Memsahib, veio no dia seguinte, postou-se na sala de estar e perguntou por Sahib. Quando lhe ofereci um copo d'água, ela o derrubou da minha mão.

— Você não sabe que não se deve servir comida ou bebida para as visitas numa casa em que alguém morreu? — gritou.

Não respondi e me ajoelhei para limpar a água que se espalhara pelo chão. Sahib entrou bem naquele momento, o rosto inchado pela falta de sono, a barba por fazer. Ele juntou as mãos num cumprimento a Meena-ji e fez um aceno de cabeça, reconhecendo a presença dela, mas não pronunciou palavra.

— Todas as vizinhas querem ajudar com os rituais do décimo terceiro dia. Podemos preparar tudo: o sacerdote, a comida, o lugar...

— É muito gentil da parte de vocês, mas não creio que seja necessário. Não acredito em nada disso — respondeu Sahib, com educação.

— É o mínimo que podemos fazer por ela. Ela *era* a sua esposa — insistiu Meena-ji, relembrando-o do fato.

Sahib desviou o olhar, respirou fundo e falou:

— Vão em frente com o que acharem que é correto.

Meena-ji deixou o apartamento, sorrindo. O que eu não sabia era que nos dias até o ritual ela faria eu e várias empregadas trabalharmos como cães.

Na verdade, não me importei. Os treze dias de luto observados pelo ritual eram uma obrigação; Meena-ji pensava assim, mesmo que Sahib não concordasse. Todo dia Meena-ji fazia Tara colocar bolas de arroz e *dal* sobre uma folha de bananeira e água no terraço; eu me escondia e observava os corvos virem e bicarem tudo. *Pind-daan*, era como Meena-ji chamava. Ela dizia que era comida para a alma dos mortos na sua jornada para o céu. Meena-ji recitou uma série de instruções que devíamos seguir. Cada empregada tinha uma tarefa específica a desempenhar. Meena-ji também tinha tarefas para mim. Uma das minhas principais obrigações foi limpar a casa toda, e Rajni, outra empregada, foi instruída a me ajudar. Todo dia Rajni chegava depois de terminar as tarefas na casa onde trabalhava; nós limpávamos e espanávamos cada objeto do apartamento. Tara não falava muito nesses dias, e Rajni tinha histórias engraçadas para me contar. Ela imitava pessoas da vizinhança. Quando Tara e Sahib não estavam por perto, Rajni fazia uma imitação perfeita de Meena-ji gritando ou de como o seu rosto se contorcia de raiva quando ralhava conosco. E nossas risadas abafadas quebravam o silêncio daquele lar. Foi Rajni quem me disse que esse ritual do décimo terceiro dia era importante para a jornada do morto — para deixar esta vida, estabelecer-se no céu e voltar ao além em paz.

UM DIA, TARA ESTAVA JUNTO À MESA DA SALA DE ESTAR OLHANDO fotografias emolduradas da mãe. Rajni olhou para ela e me perguntou:

— Ela não chorou ainda, não é mesmo? Que filha não chora no funeral da mãe? — E revirou os olhos.

Fiquei enfurecida. *Cada um tem o seu modo de ficar triste. Também não chorei pela minha mãe. Lembro que fiquei anestesiada*, queria dizer a ela, mas Rajni prosseguiu, sem se abater.

— Devia se considerar sortuda. Têm sorte de terem encontrado o corpo. Muitos ainda não recuperaram o cadáver dos seus entes queridos.

— Psiu… — falei, alto, tentando repreender Rajni, mas ela continuou.

— O que foi? Não acha estranho ela não chorar?

Olhei para Tara com receio de que estivesse ouvindo, mas ela ainda estava ali parada, perdida em pensamentos, olhando para a fotografia da mãe na sala de estar. Eu não queria que ninguém passasse pela mesma dor que eu havia passado há alguns anos. Era como se a minha dor agora estivesse se desenrolando em outra pessoa — alguém que era muito especial para mim. Fui até lá e fiquei ao lado de Tara, dizendo a ela que ficaria tudo bem. Contei que atravessei meu luto graças a ela e que ela também conseguiria enfrentar aquilo porque eu estava ali. Enfrentaríamos aquilo juntas, falei. Mas Tara não estava me ouvindo. Estava perdida em pensamentos e olhando com atenção para a fotografia de Memsahib. Mais tarde, ralhei com Rajni e lhe disse que ela deveria se concentrar mais em limpar o apartamento do que em fazer fofocas. Ela fez uma careta e nunca mais falou comigo.

* * *

NAQUELA MESMA TARDE, MEENA-JI VEIO ATÉ A CASA E SENTOU-SE NO sofá.

— Vá para dentro — ordenou-me ela. — Tenho algo importante para discutir com seu Sahib. E não quero você ouvindo.

Corri para a cozinha e me escondi atrás da porta, esperando ouvir o que a mulher diria. Sahib ofereceu-lhe um lugar no sofá e puxou uma cadeira para si.

— Você já pensou que ela poderia ser a razão de tudo, o mau agouro? — Meena-ji não hesitou em perguntar.

— Quem?

— Essa menina! Quem mais? Qual é o nome dela? Mukta. Desde que veio ficar aqui, veja só a confusão que causou no seu lar feliz.

Sahib se levantou da cadeira.

— Meena-ji — disse ele, com firmeza —, não acredito nesse tipo de superstição. Minha esposa acreditava, mas eu não. Então, apreciaria se você não trouxesse essas crendices ridículas para mim. — Sua voz era severa, mas não rude. Ele cruzou as mãos num gesto de despedida e tratou de voltar para o quarto, deixando Meena-ji nervosa, parecendo pequena no sofá.

Pensei no que ela dissera. Havia uma alta possibilidade de que a minha sombra, minha má sorte tivesse caído sobre Tara. Afinal de contas, como era possível que ela perdesse a mãe, da mesma maneira que eu perdera a minha? Não podia ser coincidência. Fiquei pensando nisso durante dias e me perguntando se havia algo que eu pudesse fazer para expulsar os demônios que me seguiam. Porém, esse pensamento sempre se enrolava como um nó no meu estômago, e eu não sabia o que fazer.

* * *

NO DÉCIMO TERCEIRO DIA, HOUVE UMA ENORME CERIMÔNIA, E TODOS os moradores do prédio se juntaram no apartamento de Tara. As empregadas foram enxotadas e receberam ordens de ficar fora dali, para que as suas sombras não recaíssem sobre algo tão auspicioso. Fiquei junto com elas. Assistimos a tudo de fora. Meena-ji arrumou os cocos, as folhas de bananeira, o arroz, o *jaggery*, o sal e todos os itens necessários para o sacrifício do fogo. Um sacerdote chegou, sentou-se de pernas cruzadas num banco baixo, fechou os olhos e recitou mantras em frente ao fogo sagrado. Uma empregada explicou que aquilo era para a purificação do apartamento e para dar paz às pessoas que Memsahib havia deixado para trás.

Vi Tara se esgueirar para fora e subir as escadas até o terraço; eu sabia que ela queria ficar sozinha, mas a segui. De início, fiquei observando a certa distância e então me sentei ao seu lado. Estava tudo tão silencioso que fiquei com medo de respirar. Ela continuou fitando à distância. Enfim, sussurrei para ela:

— Sabe, sempre que o vento movimenta um galho, acho que é a minha mãe tentando dizer algo para mim. Tenho certeza de que a sua mãe também vai tentar dizer coisas para você. Você vai ver.

Ela olhou de soslaio, sorriu para mim e perguntou:

— Eles fizeram tudo isso, essa cerimônia, esses rituais, para a sua Amma também?

— Não, Amma não teve nada disso.

— Por quê?

— Porque... — Suspirei. — Talvez nossa gente não mereça? Porque não valemos tanto...

Ela pegou na minha mão, apertou e então desviou o olhar. Ficamos sentadas ali, quietas, o vento batendo nas nossas orelhas.

— Você sente muita falta dela? — Ela se virou para mim.

— Todos os dias.

Seus olhos ficaram vermelhos, mas não desceram lágrimas.

— Como consegue sobreviver a esta... esta... esta...

Ela deixou as palavras por dizer, mas eu entendi.

— Não sei. Tenho lembranças dela, boas lembranças, e... tenho você. — Apertei mais forte a mão.

Ela balançou a cabeça sem olhar para mim e ficou em silêncio mais uma vez.

— Queria ter ido quando Memsahib pediu que eu levasse as roupas, em vez de dizer que estava doente. Achei que você queria conversar. Me arrependo — contei a ela. Era algo que eu queria desabafar, algo que pensei que Tara deveria saber.

Ela me olhou por algum tempo, como se estivesse memorizando o meu rosto. A boca se abriu, então se fechou. Então, vociferou:

— Está querendo me dizer que Aai não teria morrido se você tivesse ido, se não tivesse mentido? — Ela empurrou a minha mão para longe.

— Eu não menti, só dei uma desculpa, como você me ensinou a fazer. Achei que queria conversar comigo.

— Mas eu não queria. E não pedi que inventasse desculpa nenhuma. A culpa é sua, não é mesmo? É culpa sua que Aai esteja morta.

A repentina descoberta nos seus olhos e a raiva nascente me deixaram com medo. Ela tinha razão. Enquanto se afastava de mim, limpando as lágrimas, não consegui falar nada. Suas palavras formaram um redemoinho na minha cabeça naquela noite, e, pela manhã, meu coração parecia uma pedra afundada sob o peso do oceano.

Capítulo 15

Tara
2004

RAZA ACHAVA QUE LEVARIA ALGUMAS SEMANAS PARA LOCALIZAR Salim. Então, passei mais um mês da minha vida olhando para o telefone, esperando-o tocar. Eu sempre soubera que procurar uma pessoa sequestrada onze anos antes seria algo demorado, que, independente do afinco com que procurasse, as pistas de onde ela estaria provavelmente tinham sido enterradas havia muito tempo. Contudo, como não sabia onde procurar, passava a maior parte do tempo na delegacia, sentada naquele banco, observando pessoas com expressões atormentadas entrarem correndo para fazer queixas, vendo o burburinho do lugar diminuir durante o dia. De vez em quando, os guardas ficavam com pena de mim e me perguntavam se eu gostaria de tomar algum refresco ou *chai*. Quando o inspetor Pravin Godbole passava por mim, dizia que ainda estava procurando e que eu deveria ir para casa. No entanto, eu ficava sentada naquele banco, esperando ingenuamente ser um lembrete para eles trabalharem no caso.

Algumas noites, eu ia até a sorveteria que Mukta e eu costumávamos frequentar e me sentava no banco do parque, tomando minha casquinha entre mães que observavam os filhos brincando.

Todas as manhãs, antes de ir à delegacia, percorria as longas ruas em que Mukta e eu outrora caminhávamos, ficava parada em frente à minha velha escola e observava as crianças de uniforme marrom se juntarem no pátio para as rezas matinais. Às vezes, eu dormia no chão do quartinho da despensa e observava o céu enquanto o canto dos grilos e o burburinho do tráfego me faziam adormecer. Voltar para a minha cidade deveria ser simples. Se as coisas não tivessem saído como saíram, eu provavelmente estaria feliz só por estar de volta. A familiaridade de tudo — a língua, as pessoas, as ruas, até mesmo as buzinas dos carros — me deixava confortável, mas, mesmo assim, havia em toda parte lugares e coisas que despertavam a memória. E talvez eu não quisesse esquecer alguns desses momentos. Eu tinha tantas lembranças maravilhosas com a minha família e Mukta ali. Pareciam ser as únicas que ofereciam alento nos meus momentos de desespero. Então, eu continuava a visitar todos aqueles lugares a que Mukta e eu íamos. Sentava no terraço e observava os pássaros voarem no céu daqueles fins de tarde quando a polícia não tinha nada para me dizer; visitava a Biblioteca Asiática fim de semana sim, outro não, apenas para ter Papa de novo comigo, apontando para as estátuas de mármore, contando-me sobre elas, explicando que os livros eram importantes para expandir o nosso conhecimento. E eu ouvia Mukta sussurrar: *um templo para livros*. E assim eu ia, meus dias se transformando em semanas e, então, em meses.

ÀS VEZES, TAMBÉM PROCURAVA O DETETIVE PARTICULAR, MAS SEMPRE que eu entrava no acanhado escritório, a secretária começava a remexer em pilhas de papel na escrivaninha, recusando-se a atender qualquer um dos telefones que tocasse. Certas vezes, ela nem mesmo levantava a cabeça para olhar para mim. Então, um dia, quando já estava farta, gritei com ela.

— De que adianta dizer que vai me avisar se não está fazendo nada a respeito?

— O que quer que eu faça? — perguntou ela, olhando-me cabisbaixa, surpresa com a minha explosão.

Eu a deixei ali com os papéis e a pilha de arquivos e disse que nunca mais voltaria. E não voltei. Meses depois, me dei conta de que talvez o detetive tivesse tirado uma boa quantia em dinheiro do meu pai sem trabalhar nem um pouco no caso. Meu pai confiara nele o suficiente para garantir que recebesse um pagamento mensal por muitos anos. E, é claro, ele não tinha feito nada. Talvez me evitar fosse a melhor coisa a fazer para garantir que ficasse com o dinheiro. Fosse como fosse, não era algo que eu estivesse disposta a investigar àquela altura. Meu foco era encontrar Mukta, mas dias se passavam sem eu receber ajuda alguma de ninguém.

EM DIAS SEM ESPERANÇA E CHEIOS DE DESÂNIMO E ESCURIDÃO, EU ME lembrava do momento depois do ritual do décimo terceiro dia de Aai. Demorara até que o luto, como um longo lamento de morte, se instalasse à nossa volta. De repente, fomos deixados sozinhos com o silêncio, e eu ficara surpresa de vê-lo se imiscuir nas nossas vidas tão facilmente. Após a cerimônia, Meena-ji não batia mais na nossa porta para pedir dinheiro de Papa para o ritual; não havia empregadas limpando a casa, colorindo-a com as suas brincadeiras, ninguém entregando itens para a cerimônia. A morte da Aai ferira os nossos corações dias antes, mas só então tomávamos consciência do vazio que havia deixado em nós.

A cada manhã eu acordava surpresa pela campainha estridente do despertador, esperando que as mãos de Aai me balançassem, tirando-me do meu devaneio; esperando ouvir a voz de Aai dizendo para me apressar e me preparar para a escola. Ao levantar, corria até a cozinha, com a expectativa de ver Aai ao lado de Mukta, dizendo a ela como moldar a massa do *chapati* ou quanto leite deveria ser colocado no café. Era estranho como eu fazia isso dia após dia, apesar da ausência dela. Sempre que olhava para Mukta, eu sabia que toda aquela dor era por causa do que ela fizera. Por dias depois que Mukta me contou que fingira estar doente e se recusara a levar as roupas, passava pela minha cabeça a ideia de que, se a menina não tivesse se recusado a ir ao bazar, minha Aai estaria viva. Quanto mais eu pensava nisso, mais entendia o que Meena-ji dissera — que Mukta era um mau augúrio nas nossas vidas. Mesmo que Papa não acreditasse, eu não conseguia negar a possibilidade de que *Mukta* fosse a responsável pela morte de Aai. Depois disso, sempre que olhava para ela, lembrava-me da sua traição, da sua audácia ao tomar uma decisão sem me consultar. Afinal, ela era uma menina do interior e não fazia parte da nossa família. Que preço eu estava pagando por isso!

Quando preparava comida e a colocava na mesa, Mukta tentava arranjá-la do jeito como Aai faria — os *parathas* no canto esquerdo, a tigela de coalhada no meio, o café servido nas nossas canecas exatamente como gostávamos. Era como Aai havia lhe ensinado, como Aai sempre fizera questão de arrumar. Eu tinha vontade de gritar com ela, jogar fora toda a comida e lhe dizer que ela nunca conseguiria cozinhar tão bem quanto a minha Aai. Que nem deveria tentar. E que não merecia estar perto de mim. Por mais que eu quisesse gritar, eu não conseguia, porque sabia que aquilo deixaria Papa chateado. E eu não conseguia fazê-lo.

Naqueles dias, Papa também estava muito deprimido. Mal comia o seu café da manhã ou o ignorava completamente, tomando apenas uma xícara de café. Havia tirado uma licença do trabalho e dormia a maior parte do dia, acordando apenas para mordiscar uma maçã ou beber um copo de leite. Em ocasiões inesperadas, ele me perguntava, exausto, se eu comera alguma coisa ou como estava, então, sem esperar resposta, virava-se e voltava para o quarto. Nas primeiras ocasiões, eu havia respondido com sinceridade, apenas para vê-lo bater a porta atrás de si. Logo aprendi a não responder, e ele aprendeu a não perguntar. Ele batia a porta com força, e aquele barulho alto era a única coisa que rompia o silêncio do nosso lar. Esse se tornou meu único meio de comunicação com o meu Papa.

UM DIA, À TARDINHA, ANUPAM *CHACHA* VEIO À NOSSA CASA. EU ESTAVA sentada na sacada à toa, com a cabeça no parapeito, observando os pedestres caminharem na rua.

— Onde está o seu Papa? — perguntou ele.

Levantei a cabeça, apontei para o quarto e o segui enquanto ele acordava Papa e escancarava as cortinas. A luz do sol varou pelas janelas e incidiu sobre o seu rosto quando ele se sentou, apertou os olhos na minha direção e olhou em volta:

— Feche as janelas. O sol...

— Vamos sair. Pegar um pouco de ar fresco. Chorar não vai adiantar. Você tem que cuidar da sua filha.

Anupam *chacha* ajudou Papa a sair da cama, e eles caminharam lá para fora. Sentaram-se na sacada, nas cadeiras de sempre, mas não havia nada de familiar naquela cena. Eu observava da sala de estar, esperando, desejando que a vida pudesse ser mais parecida com uma fita cassete. Então, eu a rebobinaria e reviveria alguns momentos de novo.

— Talvez eu deva voltar ao trabalho. Vai me manter ocupado — disse Papa, olhando vagamente para o teto.

Anupam *chacha* lhe deu uns tapinhas nas costas e lhe serviu uma cerveja. A bebida ficou ali parada entre eles; fez colarinho, mas não transbordou.

FAZIA DUAS SEMANAS QUE EU NÃO IA À ESCOLA, E, NAQUELA NOITE, Papa me repreendeu durante o jantar.

— Você devia ir para a escola. Vou falar com o diretor amanhã. Os professores vão ajudar com as lições que perdeu — disse ele, beliscando a comida sem interesse.

Durante o restante da refeição, não falamos nada, apenas ouvimos os utensílios raspando nas travessas enquanto Mukta nos servia. Era em horas assim que eu desejava que o meu Papa dissesse que tudo ficaria bem, que ele cuidaria de tudo e que, acontecesse o que acontecesse, nós sobreviveríamos, de algum jeito. No entanto, foi naquele momento — bem ali, sentados na mesa de jantar — que eu devia ter me dado conta de que ficaram para trás os dias em que ele falava comigo, ensinando sobre as engrenagens do mundo, quando eu me sentava ao lado dele enquanto ele contava histórias e lia poemas para mim.

Às vezes, Mukta chegava até mim e dizia:

— Você quer ir até o terraço? Pode ser que se sinta melhor.

— Não. Estou bem — respondia, e ia para o meu quarto a fim de evitá-la.

Quando ela perguntava se eu precisava de algo do bazar, eu fazia de conta que estava lendo um dos livros de Papa, recusava-me a olhar para ela, balançava a cabeça e então a observava ir embora. Quando voltei a frequentar a escola, agarrava a mochila e saía mais cedo do que o previsto para que ela não pudesse me acompanhar. No terceiro dia, ela espiou pela porta do meu quarto, torcendo a barra do vestido:

— Eu não fiz nada de errado, fiz? — perguntou ela, preocupada.

— Não — respondi, colocando de lado o livro e passando por ela quando saí do quarto.

Não ajudou o fato de os professores da minha escola, que sabiam que eu tinha perdido minha mãe, olharem para mim com piedade, de vez em quando me dando tapinhas amigáveis nas costas, tentando me reconfortar. Quanto mais eu os ouvia, mais me tornava consciente do sentimento de desolação que havia no meu peito. Eu não sabia exatamente o que era, mas, se havia alguma coisa que eu sabia, era que o arrependimento estava aos poucos abrindo um buraco no meu coração — arrependimento por não ter conseguido mudar um minuto daquele dia fatídico, arrependimento por ter tentado ser amiga de uma menina como Mukta.

AO FINAL DO MÊS, JÁ NÃO AGUENTAVA MAIS. NÃO SUPORTAVA FICAR perto de Mukta. Decidi que precisava fazer algo a respeito. Mencionei o fato a Navin. Estávamos sentados num banco no pátio do nosso prédio. O lugar era mal iluminado, e era muito comum nós ficarmos sentados ali na penumbra.

— Eu queria que alguém a levasse embora daqui. Não suporto olhar para ela, sabendo que é culpada pela morte da minha Aai. Se eu pudesse encontrar um jeito…

— Não diga isso, Tara.

— Bem, o que quer que eu diga? É a verdade. Acho… acho que devia encontrar alguém para levá-la de volta para a aldeia dela. Ela vai ser feliz lá, e vai me deixar em paz. — Eu sentia o rosto queimar de raiva. Havia surpresa no olhar de Navin. Ele não precisava falar. Dava para ver nos seus olhos. Ele não me julgava capaz de tal pensamento. Aquilo devia ter bastado para me fazer parar, mas tudo tinha mudado. O que não reconhecemos na hora é que a morte não apenas traz consigo uma tristeza sufocante; ela nos muda de muitas maneiras. Com certeza me mudou.

Na noite seguinte, ouvi algumas mulheres fofocando no nosso quintal:

— Estou procurando um bom eletricista para religar os fios do meu apartamento, e o que consigo? Ninguém está disposto a trabalhar, a não ser por uma fortuna. Foi-se o tempo em que as pessoas cobravam preços razoáveis pelos seus serviços — disse Meena-ji, dando um tapa na própria testa.

— *Arre*, todo mundo é ladrão hoje em dia. Só querem dinheiro. Mesmo quando pagamos, ninguém faz o trabalho direito e no tempo certo. Qual a diferença entre eles e os *goondas* das calçadas?

Deixei as mulheres e sua agitação para trás enquanto caminhava para casa, mas isso acendeu uma ideia em mim. Naquele momento insano, eu soube exatamente a quem contatar — ladrões de rua que fariam qualquer coisa por dinheiro. Pensei no assunto por um tempo, pensei que, se eu pudesse entregar parte da mesada que acumulara ao longo dos anos, eles provavelmente a levariam de volta para onde ela pertencia. O que eu queria mais que tudo era que alguém tirasse Mukta de mim e de Papa. Os únicos ladrõezinhos de rua que eu conhecia eram Raza e Salim, e eles sempre ficavam à espreita no canto de uma viela a pouca distância da Station Road. Eu os vira lá várias vezes ao passar com Papa dentro de um táxi. Mas, claro, eu não iria abordar duas pessoas que tinham tentado me fazer mal. Apenas a ideia me assustava. Comecei a suar frio só de pensar. Era impossível, falei para mim mesma. Porém, o pensamento não me deixou nas horas seguintes. Continuava brotando no meu peito, crescendo e se desenvolvendo num plano inteiro, como uma fantasia que eu construía na minha cabeça. Se eu realmente queria Mukta fora da minha vida, abafaria os meus medos e abordaria Salim. Ele parecia ser o mais forte dos dois, alguém que com certeza faria as coisas até o fim. Estava convencida de que não havia outra saída para a minha dor. Salim talvez não estivesse disposto a me ajudar, mas faria o serviço se eu lhe desse dinheiro, sobretudo se eu dissesse que se tratava de ajudar uma menina de casta inferior, alguém que pertencia à mesma classe que ele. Eu mentiria e diria a ele que Mukta queria voltar para a aldeia em que nasceu. Ele não dissera que nunca faria mal a uma menina pobre do interior? Mas logo descartei também essa ideia, e repetia a mim mesma que aqueles eram os meninos de quem Mukta me salvara e que *eu* devia sentir gratidão por ela, isso sim. Na manhã seguinte, eu estava me censurando por pensar algo tão maldoso. E, de certo modo, ficara aliviada por saber que não veria Salim de novo. Mas parece que, às vezes, a gratidão é rapidamente dominada pela raiva e a pessoa não consegue enxergar com clareza.

ERA UMA QUARTA-FEIRA, EU LEMBRO. NAQUELA TARDE, MUKTA CAMI-nhou comigo até a escola.

— Vai ficar tudo bem — disse ela, com palavras suaves e bondosas, enquanto me entregava a mochila. Essas palavras deram uma nova vida aos meus pensamentos. Lembrei-me dos seus olhos brilhantes e da sua expressão esperançosa tentando pôr fim ao meu sofrimento, o que, na verdade, aumentou minha aversão por ela.

Decidi rapidamente. Eu a deixei ali parada, perto das flores vermelhas brilhantes de *gulmohar* em frente à escola e caminhei em direção ao pátio. Não sei o que estava pensando quando trepei no muro e pulei para a viela que ladeava a escola. As pessoas que passavam por aquela rua me olharam estupefatas e murmuraram umas com as outras, e uma delas gritou atrás de mim, perguntando se eu estava em algum tipo de perigo. Eu ignorei todo mundo e continuei caminhando. Pensei nos professores que iriam me procurar na aula e me perguntei se Mukta iria correndo para casa, me dedurar para Papa, contando que eu tinha fugido. Contudo, o medo que sentia de Papa não me parou. Só havia uma coisa na minha mente.

Caminhei de um beco para o outro, passando por banquinhas de comida e mães atormentadas falando com os filhos, carros estacionados e crianças jogando bolinhas de gude no meio da rua, até que os vi ali, Salim e seus companheiros, rindo ruidosamente, conversando na extremidade da rua. Estavam exatamente onde esperava que estivessem. Atrás deles, uma lata de lixo transbordava, mas os garotos não pareciam se incomodar com o cheiro. Fiquei no cruzamento entre as duas ruas e os observei um pouco. Pude sentir as gotas de suor na minha testa. A parede atrás de mim era grafitada — o desenho de uma menina com lágrimas nos olhos e cabelo emaranhado que me encarava com um olhar triste. Acima dela, uma frase: *Ajude a menina*.

Olhei para Salim e vi o mesmo garoto que, com maldade, amarrara minhas mãos para trás. De repente, senti, na minha lembrança, o cheiro amargo de cerveja no seu hálito enquanto ele ria. Eu queria correr, voltar para casa, para Papa. Não tinha coragem de encarar Salim. *É uma péssima ideia*, uma voz dentro da minha cabeça não parava de dizer. Mas eu havia prometido a mim mesma que abafaria os meus medos e abordaria Salim. Era o único jeito de levar Mukta para longe de nós. Apressada, tirei um caderno da minha mochila, ajoelhei na rua — sem me incomodar com as pedrinhas que machucavam os joelhos — e rasguei uma folha em branco. Escrevi rápido o que veio à minha mente, amaldiçoando-me por não ter pensado nisso antes, então dobrei a página e a enfiei num envelope com duzentas rúpias. Fiquei ali, meu uniforme molhado de suor, meus olhos fitando a gangue de Salim de tempos em tempos, perguntando-me como eu poderia fazer o bilhete chegar até ele.

Esperei muito tempo, ouvindo as risadas roucas, observando as pessoas carregando sacolas de comidas e caminhões descarregando cargas diante de estabelecimentos naquela rua. A tarde virou noite, e eu podia ver pessoas voltando do trabalho e o tráfego diminuindo. Os trocados que havia guardado por anos estavam ali na minha mochila, olhando para mim, zombando de mim. Por um momento, pensei no que estaríamos fazendo naquela hora se eu estivesse em casa. Pensei no *chai* que Mukta prepararia para Papa e imaginei-o bebericando. Teria sido uma noite normal se eu não tivesse fugido da escola.

Se o menino mendigo não tivesse se aproximado, eu teria voltado para casa. Mas ele estava diante de mim, os pés descalços e sujos, as roupas esfarrapadas, o rosto marcado de lágrimas. Dei uma olhada nele e soube que aquela era a minha chance. Enfiei a mão na mochila e lhe ofereci cinquenta rúpias. Ele fitou a nota na mão, apalpou-a com a outra e então voltou a me olhar com assombro.

— Pode ficar com o dinheiro se levar o envelope para aquele garoto ali. — Apontei para Salim na outra ponta da rua. O menino pegou o envelope da minha mão e correu. Olhei de uma distância confortável, de forma que, se Salim viesse atrás de mim, eu poderia fugir correndo e me juntar à multidão em alguma rua, onde ele não poderia me fazer mal.

O menino pedinte puxou a manga de Salim, entregou o envelope, apontou para mim, correu pela rua e desapareceu. Salim olhou para o envelope, então para mim, e o abriu. Ele desdobrou o bilhete, e o dinheiro caiu no chão, mas, até então, a brutalidade do que eu estava fazendo não me ocorreu. Meu bilhete tinha três frases; eu não conseguia pensar em mais nada naquele momento: *Leve a menina que vive conosco para a aldeia dela. A vida dela vai ser melhor lá, longe de nós. Estou disposta a pagar mais do que isso, se necessário.*

Salim estourou numa risada e leu o bilhete em voz alta para os amigos, que também riram. Ele se inclinou, pegou o dinheiro e colocou no bolso de trás, então começou a vir na minha direção, gritando:

— Não sigo ordens de menininhas!

Ele amassou o bilhete numa bola de papel e a jogou longe. Ela foi rolando até a sarjeta e entrou num bueiro. Eu me virei e corri tão rápido quanto possível, limpando as lágrimas com a manga do uniforme. Tudo à minha volta se borrou enquanto eu corria.

PAPA ESTAVA CAMINHANDO NERVOSO DO LADO DE FORA DO NOSSO apartamento quando cheguei em casa.

— Onde você estava? — gritou ele. — Liguei para a escola e já ia falar com a polícia. Já não basta eu perder a sua mãe; agora você vai causar problemas também?

Meu coração batia forte; sentia meu hálito quente contra a pele. Ele não esperou que eu respondesse, voltou para o quarto e bateu a porta com força atrás de si. Não saiu para jantar naquela noite.

— Você está bem? — perguntou Mukta.

Eu devia estar desgrenhada. Caíra duas vezes enquanto corria para casa e machucara bastante os joelhos, mas não respondi. Ela me trouxe um copo d'água e limpou os meus machucados com um antisséptico. Naquela noite, ela também me trouxe o jantar e se sentou ao meu lado na cama.

— Sei que você acha que sou culpada, mas não era a minha intenção deixar Memsahib sair sozinha. Entendi errado quando você disse que queria conversar. Entendi que você estava pedindo que eu inventasse uma desculpa. Não foi minha intenção fazer nada sem a sua permissão.

A raiva subiu pela minha garganta, mas a deixei descer junto com o jantar. Eu não queria dar a ela o prazer de reconhecer a sua presença.

DEPOIS QUE ELA APAGOU AS LUZES, FIQUEI DEITADA ACORDADA NA cama, com a cena de Salim amassando o papel e jogando-o fora passando na mente. Ele era a minha última esperança, e não havia funcionado. Então, Mukta veio até o meu quarto.

— Vou dormir aqui, por via das dúvidas. — Ela estendeu um lençol no chão. Antes, eu frequentemente acalentava o desejo de Mukta de dormir ao meu lado no chão. Ela adorava a ideia de abandonar o quartinho sombrio, ao passo que eu adorava tê-la comigo à noite. Claro, Aai não gostava muito da ideia e chamava a minha atenção por isso, o que nunca me dissuadira.

Agora, eu pensava em Aai — queria tanto ter escutado! Hoje ela teria ficado orgulhosa, pois eu não queria Mukta perto de mim. Vociferei. Falei a Mukta que ela não era mais bem-vinda no meu quarto. Virei-me na cama e dei as costas para ela. Ela me ignorou, aninhando-se em posição fetal no chão. Talvez tenha pensado que eu precisava dela, mas me irritava que ignorasse o que eu dissera — mais uma vez. Pulei da cama, fiquei perto da porta, liguei as luzes e a encarei.

— Eu disse que não quero mais você aqui.

Ela deu um tapinha no chão ao seu lado, esperando que eu me sentasse e abrisse o meu coração. A irritação que fervia dentro de mim transbordou:

— Espero que o demônio venha atrás de você hoje à noite, que entre bem por aquela porta. — Apontei para a porta de entrada, caminhei até ela e a destranquei. — Nunca mais quero ver você de novo. Quero que queime no inferno! — Apaguei as luzes, saltei na cama e puxei o cobertor sobre mim.

As palavras flutuaram ao nosso redor, tentando encolher o elo que nos ligava. Na luz oblíqua e fraca da rua, ela ficou ali sentada, me olhando, o desespero tomando conta do seu rosto, mas não me arrependi do que falei, não naquela noite.

MUKTA NÃO FOI EMBORA, APESAR DA MINHA EXPLOSÃO. LEMBRO-ME de me sentir segura tendo-a por perto. Em retrospecto, deveria ter me dado conta do quanto eu precisava dela na minha tristeza. Contudo, na época eu estava ocupada pensando em maneiras de me livrar dela.

Algo me acordou naquela noite, não lembro o quê. Será que foi o uivo repentino do vento pela janela ou o roçar das cortinas? Eu não havia aberto os olhos, mas já farejara o cheiro de perigo no ar. Era um cheiro amargo, de álcool. Pensei que estava tendo um sonho sobre Papa e Anupam *chacha* sentados na sacada, rindo, bebendo uísque nos dias felizes. Porém, quando os meus olhos se abriram, pude vê-lo, o homem que rondava minha cama, cheirando a álcool. A luz da rua mal iluminava o cômodo, mas vi Mukta sentada no chão, as costas contra o armário, encarando-o horrorizada. A sombra dele passeando pelo cômodo parecia mortal e provocou um arrepio em mim. Consegui ver um rosto mascarado com olhos que esquadrinhavam o quarto. É um pesadelo. Ele se ajoelhou no chão ao lado de Mukta, tapou sua boca com uma fita e amarrou as mãos delas para trás. *Acorde*.

No entanto, não era possível acordar, pois não era sonho. Eu estava bem acordada. Mukta se contorceu e tentou empurrar o homem. Lembro-me de tentar me levantar — eu queria ajudá-la —, mas meu corpo não se movia. Minha boca se abriu para gritar, mas se fechou sozinha. Lágrimas escorreram pelo rosto dela, chegaram à fita que cobria sua boca e correram pelo pescoço. Todas as suas tentativas de gritar saíam fracas e abafadas. Então me ocorreu: Salim, era Salim, só podia ser. Ele pegou Mukta nos braços e a jogou por cima do próprio ombro. Quando ela me olhou pela última vez, o rosto sobre o ombro dele, que me dava as costas, pude ver a expressão de medo, dor, confusão. Mas, acima de tudo, eu lembro — não consigo esquecer — da esperança que via nos seus olhos, como se ela acreditasse que eu era corajosa o suficiente para salvá-la, *eu*, que me dera o trabalho de encontrar Salim só para me livrar dela.

Não sei quanto tempo fiquei deitada ali, de olhos fechados, flutuando naquele silêncio congelado no tempo, gotas de suor brotando na minha testa. Quando abri os olhos, o quarto parecia esvaziado de tudo que acontecera. Olhei em volta e examinei ao redor. Tentei me convencer de que Mukta ainda estava dormindo no chão e o que havia acontecido não passava de uma criação da minha imaginação. A sequência de acontecimentos zunia na minha cabeça enquanto eu caminhava até o quartinho da despensa, esperando encontrá-la ali. Estava vazio — tão vazio quanto o meu coração.

Não acordei Papa. Sentei-me no chão do quartinho da despensa, esperando alguém me tirar do meu pesadelo. A porta de entrada devia ter sido deixada aberta pelo invasor, porque, durante toda a noite, pude ouvir seu rangido e sentir a brisa fria que soprava enquanto eu esperava a luz surgir. Olhando para trás, eu podia ter acordado Papa ou ao menos gritado, ambas opções que teriam sido boas escolhas para flagrar um sequestrador. Será que tive medo, ou, na verdade, não tinha sido capaz de me mexer porque *queria* me livrar de Mukta? Durante anos tentei analisar aquela noite no meu coração, mas nunca consegui uma resposta.

Na manhã seguinte, Papa chamou várias vezes o meu nome, que ecoava no nosso apartamento, até que me encontrou sentada no quartinho da despensa. Lembro-me do jeito como ele me olhou, em pé na entrada do quartinho, espiando para dentro, os olhos arregalados de preocupação. Levantei-me e corri para os seus braços. Lembro-me de tentar contar tudo entre soluços enquanto ele me abraçava forte e acariciava o meu cabelo.

— Psiu… está tudo bem, você pode me contar depois.

NA DELEGACIA, PAPA APERTOU AS MINHAS MÃOS TRÊMULAS ENQUANTO esperávamos num banco. A grade na janela fazia a luz manchada do sol cair sobre o meu rosto. Vi a preocupação dele por mim e soube que aquilo era o que estivera faltando. Desde que Aai morrera, não tinha havido um momento como esse entre nós. Lembrei por que eu quisera que Mukta fosse embora da nossa casa. Agora que o mau agouro não estava mais lá para criar problema, eu me senti tranquila de que tudo ficaria bem, de que, embora fosse sentir falta de Aai, as coisas entre mim e Papa voltariam ao normal. A culpa brotou em meu coração, mas decidi que era melhor não contar a ninguém o que de fato acontecera naquela noite. Contar a verdade significaria levar a polícia até Salim e, eventualmente, até mim. E não apenas ficaria em apuros como Papa descobriria. Ele saberia o modo maldoso como a filha dele havia conspirado para fazer com que uma pobre menina do interior desaparecesse das nossas vidas. Então planejei com cuidado o que ia dizer. Eu diria ao policial que não me lembrava de nada. Se ele me pressionasse para obter informações, inventaria alguma coisa.

— Você não deveria estar aqui — disse Papa, segurando as minhas mãos, apertando-as e soltando enquanto permanecíamos ali sentados. Suas mãos estavam frias, embora o verão estivesse no ápice.

Ficamos sentados naquele banco por um longo tempo. O casal diante de nós reclamou sobre alguém que os seguia. O guarda rascunhou alguma coisa no formulário. Quando foi a nossa vez, nos sentamos diante do policial, que perguntou:

— Qual é a sua queixa?

— Alguém entrou no nosso apartamento na noite passada — disse Papa.

O guarda inclinou a cabeça para a frente.

— O homem sequestrou uma menina... a menina que ficava conosco. Ele...

— Quem era ela? — perguntou o guarda.

— Era uma órfã do interior. Vivia conosco.

— Então é uma empregada! Já vi pessoas como vocês, que trazem meninas do interior para transformá-las em empregadas. Agora quer reclamar de um homem que sequestrou uma empregada? O que fez com ela? — O guarda levantou as sobrancelhas.

— Ela não era uma empregada. Apenas fazia algumas tarefas de casa. Ajudava, só isso.

— Sei. Então você a mandava para a mesma escola que a sua filha? E a sua filha fazia tantas tarefas quanto ela? A quem está tentando enganar, senhor?

O rosto de Papa ficou tenso e corado de raiva. A cadeira riscou o chão quando ele se levantou.

— Quero falar com o seu superior — disse Papa. A voz dele ressoou pela delegacia. Por um segundo, o burburinho baixou à nossa volta, como poeira.

Um oficial de polícia surgiu de uma salinha mais no fundo e olhou para o guarda.

— Qual é o problema?

Sua roupa era diferente da dos outros e lhe dava certa autoridade. O guarda sentado diante de nós levantou e se apressou na direção dele.

— Este homem quer reclamar sobre uma menina do interior que foi sequestrada — explicou ele, bem alto.

O oficial de polícia olhou para Papa.

— Sou o inspetor Chavan — disse ele. O homem nos levou até o seu escritório e nos convidou a sentar. — Então, como posso ajudá-los? — perguntou, com um interesse genuíno. A expressão severa do seu rosto me assustava.

Eu estava com medo de não aguentar e narrar toda a sequência dos acontecimentos como haviam ocorrido, mas Papa começou a falar:

— Uma menina foi sequestrada na noite passada do nosso apartamento. Um homem invadiu...

— Hum, ele levou alguma coisa? Roubou vocês?

Papa fez uma pausa.

— Não verifiquei. Mas a menina estava dormindo no quarto da minha filha.

— Você viu o homem?

— Minha filha estava acordada...

— A pergunta era para ela. — O inspetor olhou para mim.

Fiquei alarmada com os olhos dele me fitando.

— Eu... eu... não consegui ver muito bem... — consegui dizer.

— Entendo. Se lembrar de detalhes, como a altura dele, a aparência... qualquer coisa pode ajudar.

Baixei os olhos e balancei a cabeça.

— Minha filha... está em choque. Pode ser que ela se lembre de alguma coisa em um ou dois dias. — Papa olhou para mim como se eu pudesse ter na cabeça uma pista para desemaranhar seus problemas.

— Tudo bem. — O inspetor suspirou. — Vou precisar ir até a casa de vocês nesse tempo para investigar.

Saí do escritório do inspetor segurando a mão de Papa, sem saber onde minha mentira me levaria.

O inspetor bateu na nossa porta dois dias depois. Eu não esperava por aquilo. Entreouvi Meena-ji dizendo no dia anterior que ninguém se interessa pelo desaparecimento de uma criança daquelas. Mas lá estava ele, com um sorriso reluzente quando abri a porta.

— Olá, Tara — disse ele, batendo de leve na porta com o seu *lathi*.

Um guarda vinha atrás dele. Convidei o inspetor para entrar e, por reflexo, gritei para Mukta trazer um pouco de chá. Era a força do hábito. Atrás de mim, a cozinha ecoou, vazia; as colheres penduradas na prateleira tilintaram com a brisa.

— Seu pai está? — perguntou o inspetor.

— Sim, sim, que bom que o senhor veio — disse Papa atrás de mim.

Ele apertou a mão do inspetor, convidou-o para sentar no sofá e me pediu que pegasse um copo d'água para ele. Quando voltei com o copo e o entreguei, o inspetor estava examinando o nosso apartamento. Papa o levou até o meu quarto. Ele ficou em pé na porta, estudando o interior do cômodo.

— Onde ela estava dormindo?

— Ali, com Tara. — Papa apontou para o chão ao lado da minha cama.

O inspetor se voltou para mim.

— Você, menina, *precisa* me contar o que aconteceu.

— Eu agradeceria se o senhor a mantivesse fora disso. Ela perdeu a mãe recentemente, e não sei se está pronta para...

— Entendo, mas não posso deixá-la fora disso. Ela testemunhou o crime.

— Será que podemos... — Papa fez um gesto, chamando o inspetor de lado, para fora do alcance dos meus ouvidos. Eles saíram do cômodo, depois pela porta da casa, e conversaram em sussurros. Quando voltaram, o inspetor caminhou na minha direção.

— Bem, falei com o seu Papa. Ele disse que você é uma menina esperta. Então entende que, se não me contar o que lembra, vai ser difícil encontrar a menina.

Olhei para Papa. Ele balançou a cabeça afirmativamente.

— Diga tudo de que se lembra — falou ele.

O inspetor olhou para mim desconfiado, os olhos penetrantes tentando decifrar o segredo que eu escondia.

— Você estava dormindo ali? — Ele apontou para a cama no meu quarto.

Fiz que sim.

— E não acordou a noite inteira, não ouviu o menor ruído.

Meus olhos se encheram de lágrimas com a pergunta e olhei para Papa, pedindo socorro.

Papa caminhou até mim e apertou o meu ombro.

— Em geral, ela não é assim. Se soubesse, ela lhe contaria. É uma menina corajosa.

O inspetor suspirou e se pôs de pé.

— Faremos o possível. — Ele apertou as mãos de Papa e estava de saída quando estacou. — Vocês trancam a porta todas as noites? — Virou-se para perguntar para Papa.

— Logo antes de eu ir dormir.

O inspetor aquiesceu e franziu os lábios como se estivesse perdido em pensamentos profundos, então foi até a porta e examinou a fechadura.

— A fechadura está intacta. Ninguém invadiu. Com certeza alguém destrancou a porta por dentro e abriu para o invasor.

— Que bobagem — comentou Papa. — Por que alguém faria uma coisa dessas?

Eu faria, tive vontade de dizer. De certa forma, eu havia aberto a porta para um intruso, para Salim, ao falar com ele e pedir que levasse Mukta embora. Eu havia destrancado a porta, mas a fechadura era do tipo que só deixava abrir a porta com a chave do apartamento, mesmo se estivesse destrancada por dentro. Como ele poderia ter entrado na nossa casa sem forçar a porta?

O inspetor ignorou a voz mais alta de Papa e continuou:

— Quem mais tem as chaves?

— Alguns vizinhos — disse Papa, dando-lhe alguns nomes. O inspetor anotou.

— Vamos falar com eles e verificar se, por acaso, alguém perdeu as suas chaves. Devem ter ido parar nas mãos do invasor. — Então sorriu, apertou a mão de Papa e saiu, deixando nossa casa para nós.

DIAS DEPOIS, QUANDO FOMOS ATÉ A DELEGACIA DE POLÍCIA EM BUSCA de notícias, o inspetor disse que estivera ocupado e não encontrara tempo para falar com os vizinhos, muito menos investigar o caso. Papa disse que era o modo do inspetor nos dizer que o sequestro de uma menina do interior não era tão importante, pelo menos enquanto a polícia ainda estivesse ocupada tentando encontrar os culpados das explosões. Depois disso, fomos exatamente quatro vezes à delegacia, embora eu tenha certeza de que Papa tenha feito aquele trajeto várias vezes depois do trabalho. A cada vez o inspetor dizia que estavam investigando, mas que não tinham conseguido nada até então. E, a cada vez que voltávamos para casa, os pés de Papa estavam pesados de desapontamento, minha mente cheia de culpa por fazê-lo procurar uma menina que eu quisera expulsar das nossas vidas. Mas ele provavelmente sabia que algum dia teríamos de parar de procurar por ela, e nós paramos.

Lembro como foram esses últimos dias na Índia — Navin e eu caminhávamos a esmo, em silêncio, como se ele entendesse o que eu tinha feito. Na maior parte dos dias, quando eu tentava falar com ele, dizia-me que precisava resolver alguma coisa ou que ia encontrar outro amigo. Papa chegava em casa cansado do trabalho e apenas grunhia quando eu lhe perguntava alguma coisa. Era assim que ele falava comigo naqueles dias. Às vezes, eu me perguntava se seria assim para sempre — observar famílias felizes perambulando pela rua, relembrando a minha infância antes de tudo aquilo acontecer. Tentei encontrar algum conforto nos ventos no terraço — os ventos dos quais Mukta costumava falar. Eu me perguntava se seria capaz de escutar o que ela quisera que eu ouvisse neles. Eu gostaria de poder voltar atrás e chorar nos braços de Aai e lhe dizer que eu não queria fazer mal a Mukta. Mas até mesmo esse pequeno prazer não estava mais ao meu alcance.

Houve vezes em que, levantando os olhos do meu dever de casa, eu via uma pomba agitando as asas do lado de fora da janela. Mukta teria descoberto uma mensagem escondida naquilo. Nesse tipo de ocasião, eu queria gritar e contar tudo a Papa, contar a ele o que eu havia feito, contar que provavelmente Mukta estava de volta ao lugar de onde viera e que deveríamos ir buscá-la. Era o que eu desejava que Salim tivesse feito: levá-la de volta à sua aldeia. Nos meus momentos mais sãos, isso parecia pouco plausível, mas eu não questionava. Diversas vezes, sentada em silêncio cercada pelas quatro paredes do que uma vez fora o meu lar, perguntava-me se devia falar com Salim, perguntar a ele se Mukta estava bem, mas nem mesmo isso fui capaz de fazer.

Papa chegou em casa certa noite, deixou a valise cair no chão e disse que tinha uma surpresa para mim.

— O quê? — perguntei, agitada.

Fazia meses que o silêncio tomara conta do nosso lar — algo a que eu ainda não estava bem acostumada. Esperei enquanto ele afrouxava a gravata e se sentava no sofá próximo à janela da sala de estar, os braços abertos sobre o encosto.

— Venha cá — disse Papa.

Deixei o dever de casa sobre a mesa e me acomodei no sofá próximo a ele.

— Aceitei um trabalho numa organização internacional, Tara. Desde que consegui o meu diploma de engenharia no IIT, recebi muitas propostas de trabalho de companhias estrangeiras, mas nunca quis deixar a Índia. Eu achava que a sua Aai não ia gostar de morar no exterior. Mas agora acho que vai ser melhor para nós se partirmos.

Ele respirou fundo e olhou pela janela; os braços dele pousaram sobre os meus ombros. Do lado de fora, a noite estava clara, o céu azul e sem nuvens; eu podia ver pássaros voando juntos na forma de um V. Olhei para papai, ansiosa, sabendo que mais estava por vir.

— Tara, você entende o que isso significa, não é? Vamos precisar deixar este apartamento, deixar este país e ir para os Estados Unidos. Isso vai garantir uma boa educação para você. Os sonhos que tenho para você ainda podem se transformar em realidade. Além disso, acho que está na hora de sairmos desta casa, das lembranças amargas que ela nos traz.

Fiquei sentada ali observando o céu por um momento e pensei em Mukta e depois em Aai — duas pessoas que eu havia perdido de maneira tão rápida e inesperada. Nos últimos meses, o vazio deixado por Mukta estava começando a me assombrar, e, de um jeito estranho — já que não conseguia confessar —, eu esperava que a polícia a procurasse, desvendasse o seu paradeiro mais cedo ou mais tarde, nos levasse de volta ao lugar de onde ela viera, e talvez, talvez, pudéssemos trazê-la para casa de novo.

— Tara, você está me ouvindo?

— Mas, Papa, temos que encontrar Mukta.

Papa ficou triste.

— Tem... tem mais uma coisa que preciso contar.

Sua expressão, sua aflição repentina, era perturbadora. Ele piscou os olhos e olhou para longe.

— A polícia telefonou para o meu escritório. Disseram que ela morreu alguns dias atrás.

O silêncio que ressoou pela nossa casa ecoou nos meus ouvidos. A luta surda dela naquela noite, o olhar de angústia nos seus olhos e a esperança no seu rosto, tudo voltou. Aquilo era resultado do que eu fizera. Como eu podia ter feito algo tão absurdo, sem pensar e nem me precaver do que poderia acontecer com ela? Pior, eu fora ingênua o suficiente para pensar que Salim nunca a machucaria. Onde eu estivera com a cabeça? Não consegui sequer perguntar a Papa como Mukta morrera. Ela sentiu dor? Sofreu? Teve um funeral decente? Essas eram perguntas que eu estava temerosa e envergonhada demais para fazer. Elas perdurariam no meu coração por muito tempo ainda.

As lágrimas que eu não havia vertido em todo aquele tempo jorraram livres. Papa sentou-se ao meu lado, alisando o meu cabelo até a luz do sol se apagar à nossa volta.

NO DIA EM QUE EMBARCAMOS, LEMBRO-ME DE OBSERVAR TODAS AS famílias que tinham ido levar seus entes queridos e ficavam acenando para eles. Procurei por rostos que eu conhecesse, mas não havia ninguém lá para nós. Enquanto o avião decolava, lembro-me de observar a cidade mais ou menos iluminada abaixo de nós, perguntando-me se um dia eu voltaria. Meus professores já tinham falado sobre os Estados Unidos. Eles diziam que era uma terra de fartura. Alguns dos meus amigos cujos parentes moravam lá diziam que era uma terra onde os sonhos se realizavam. Lembrando agora, eu tinha muito tempo no voo para me perguntar sobre aquele país, para me entusiasmar com a vida que estava por vir ou até mesmo sentir apreensão por ela. Porém, na época, esses pensamentos não me ocorreram. Não pensei na nova escola, no novo apartamento ou em fazer novos amigos. Minha cabeça girava com lembranças de Mukta, do dia em que eu estupidamente tentara me livrar dela.

— Tara, às vezes, temos que encontrar uma nova vida, um novo sonho, sobretudo quando o antigo não funcionou — disse Papa quando o avião estava prestes a aterrissar.

À nossa volta, as pessoas afivelaram seus cintos de segurança e aguardaram o destino. Papa não sorriu para mim ao dizer aquilo. Continuou olhando para a frente, com um vinco profundo entre as sobrancelhas, e esperei que ele olhasse para mim, que dissesse algo mais. Perguntei-me se ele acreditava no que dizia — que conseguiríamos construir essa nova vida sobre a qual ele falava.

Quando o avião aterrissou nos Estados Unidos, eu soube que o peso do que fiz jamais poderia ser lavado por aquelas águas estrangeiras.

Capítulo 16

Mukta
Kamathipura, Mumbai — 1993

VOCÊ JÁ TEVE A SENSAÇÃO DE ESTAR EM QUEDA LIVRE NUM BURACO fundo e escuro? A pior parte disso não é o medo do que pode acontecer, mas a esperança desenfreada de que alguém vai estar lá na outra ponta, alguém que ama você o suficiente para salvá-la. Acordei com esse sentimento naquele dia. Pensei que me afogaria na escuridão — ela estava ao meu redor. Quando acordei, meus pulsos e tornozelos doíam por terem estado amarrados. O chão estava úmido. Eu podia ouvir um ruído estável de água, então um soluço — o soluço de uma menina, ou talvez fosse o choro de um bebê abandonado ao meu lado. Tentei sentir o chão com as mãos, alcançar o bebê, mas os choros apenas ficavam cada vez mais altos. Eu não conseguia falar, então comecei a murmurar uma velha canção hindi, esperando que o bebê se aquietasse, esperando ouvir logo seu riso doce. Mas em vez disso foi a voz de uma menina, e ela estava dizendo algo. Tentei ouvir.

— Você está...

Agucei os ouvidos para ouvir melhor.

— Você está acordada? — sussurrou a voz para mim entre um soluço e outro.

Gemi, minha tentativa de responder.

— Não se preocupe. Você está se sentindo assim por causa das drogas que lhe deram. — Era outra voz atrás de mim.

Quantas pessoas estavam ali, chafurdando naquela escuridão comigo? O rosto assustado de Tara surgiu diante dos meus olhos, enquanto ela continuava deitada na cama, assistindo eu ser levada para longe. Então, as imagens da nossa infância juntas — sentadas no terraço, observando pássaros, lendo livros, rindo sem preocupação, as caminhadas até a escola, os momentos roubados para tomar sorvete. Esses momentos não pareciam mais reais; era como se eu tivesse sonhado. Senti que sabia o que estava por vir. Lembranças daquele homem na aldeia tentando me agarrar quando eu tinha oito anos. Eu podia sentir o hálito de alho, a fumaça de cigarro no meu rosto. Podia ouvir o espelho caindo e se quebrando em pedacinhos. Então as mãos dele sobre mim... eu não suportaria que acontecesse de novo. Mas talvez, dizia uma voz dentro de mim, talvez ali fosse o meu lugar — o lugar do qual eu estivera tentando escapar nos últimos cinco anos. E não havia escapatória. Tentei me arrancar das minhas terríveis lembranças e forcei o meu corpo a se mexer. Eu estava algemada, porém, e minhas pernas estavam amarradas, e não havia muito o que eu pudesse fazer. Estava escuro e não conseguia ver nada. Tentei olhar para os rostos, as formas flutuando ao meu redor, chorando baixinho.

As vozes flutuavam à minha volta, sussurrando, cantarolando para a minha sonolência. Eu caía no sono e acordava, fazendo força para voltar à realidade. Quando saí daquele torpor, pude ouvir as meninas à minha volta soluçando, falando de maneira quase inaudível.

— Onde estamos? — perguntei.

— Não sei — disse uma voz de garota. — Estão nos mantendo aqui há pelo menos dois dias. Sou Jasmine. Estou neste bordel há dez anos. Todo ano tento fugir, e eles me prendem aqui. É o que fazem quando qualquer pessoa tenta fugir. Já estou acostumada às drogas agora. Nenhuma das garotas novas consegue aguentar como eu.

Pensei ouvir um cansaço na voz. E tinha certeza de que ela iria chorar, mas, em vez disso, ela riu. O som da risada ecoou pelo recinto por um tempo. Então o lugar ficou silencioso; talvez todo mundo ali estivesse tão assustado quanto eu.

— Não se preocupe. É a última vez que vou rir. Não vão me manter viva por muito tempo — continuou Jasmine com um riso abafado. — É por isso que me colocam aqui com vocês, as meninas novas, para que todas saibam o que acontece com quem tenta fugir. Vão me matar na frente de todas vocês como uma lição. Esperem e vejam.

Alguém soluçou baixinho, e então outra pessoa se juntou. Logo, os soluços se ergueram em lamentos.

— Calma, calma — disse Jasmine. — Isso não significa que não possam escapar. É isso que quero dizer a vocês. Não abandonem a esperança. Às vezes, um ato de bravura é melhor do que uma vida inteira vivida como uma covarde, como uma escrava.

Os soluços continuaram. Mas aquelas palavras ecoaram nos meus ouvidos. Em meio ao medo, a força dela penetrou em mim como uma planta moribunda que tivesse sido regada, e eu disse a mim mesma que me lembraria do que ela dissera, lembraria da força na sua voz, do jeito como o dissera.

DE MANHÃ, RAIOS DE LUZ ENTRAVAM PELAS ABERTURAS DAS JANELAS tapadas por papel preto, atravessando as rachaduras nas paredes. Podíamos ver umas às outras agora. À minha volta, havia muitas meninas parecendo cansadas, famintas — algumas algemadas num cano, outras presas às grades de uma janela. Apenas uma menina tinha as mãos livres. Ela estava sentada com os braços em torno dos joelhos, enrolada num sári de seda vermelha, o rosto pintado com uma grossa camada de maquiagem, *kajal* escorrendo pelos olhos.

No momento em que ela sorriu para mim, soube que aquela era a menina que havia falado comigo na escuridão. Era Jasmine, cujo rosto, como uma flor, cheirava a esperança.

— Não tenho as chaves das suas algemas, senão eu ajudaria — disse ela. Sorriu de novo, e eu sabia que era uma tentativa de esconder a dor que cavava fundo nos seus olhos. Uma das meninas estreitou os olhos à luz. Seus pulsos estavam algemados como os meus, e ela chorava de dor ou de desespero. A fome dera o ar da graça, e, mesmo agora com o recinto mais iluminado, tudo parecia sombrio.

— Está machucada? — perguntou Jasmine a ela.

Ela fez que não. Havia duas meninas sentadas ao lado de Jasmine. Uma delas tinha um corte na testa com sangue seco que escorrera numa linha reta por um lado do rosto. Nenhuma delas devia ter mais de 12 anos, cerca de três anos mais novas que eu. Para mim, pareciam idênticas.

— São irmãs. O pai as vendeu. Somos como legumes, todas nós, prontas para sermos vendidas desde o dia em que nascemos. Vocês já viram batatas sendo vendidas no mercado, cinco rúpias por dois quilos? Somos como aquelas batatas, somos... — As palavras de Jasmine romperam numa risada de novo. Ela não terminou o que estava dizendo, apenas ficou rindo, nervosa.

— *Bas*, fique quieta! — gritou outra menina para Jasmine. — Está assustando todo mundo. Fique calma. Há uma saída. Vamos pensar. Minha mãe me dizia: "Neerja, sempre podemos encontrar uma saída nas situações difíceis." A gente pode conseguir fugir.

— Sim, sim, tentar e tentar... e continuar tentando e tentando. — Jasmine rompeu em soluços mais uma vez.

As garotas gêmeas se aninharam no canto, mantendo-se próximas uma da outra, lágrimas correndo dos olhos. Apesar do meu medo, queria tranquilizá-las e distraí-las da sua agonia. Eu estava prestes a abrir a boca quando a faixa de luz sob a porta foi ficando mais larga à medida que a porta era aberta. Pude distinguir a silhueta de uma mulher sendo seguida por dois homens. Ela ficou por um tempo no recinto parcamente iluminado, piscando os olhos várias vezes para se acostumar à escuridão, então olhou em volta para todas nós, sorrindo, orgulhosa de ter conquistado os nossos espíritos.

— Jasmine é inútil para mim. Podem levá-la embora — disse a mulher aos dois homens atrás dela.

Jasmine deu risadinhas delirantes.

A mulher se abaixou para olhar para as duas meninas de 12 anos, segurou os seus queixos e disse:

— As virgens curam muitas doenças. Vocês serão muito úteis para mim.

As duas meninas gemeram e começaram a soluçar.

Ela caminhou até mim e aproximou o rosto do meu. Eu me afastei para trás, as algemas deixando uma marca na minha carne.

— Lembra de mim?

Seus olhos tinham a mesma amargura, o mesmo veneno que eu vira anos antes. Há muito tempo, ela sentara na nossa sala de estar, bebericando o chá que Amma lhe servira. *"Você sabe quanto dinheiro pode ganhar se vier comigo para Bombaim?"*, perguntara ela. Estremeci diante de tudo que viria depois disso. O suor fazia os meus olhos arderem. Pisquei para limpá-los. Nos últimos cinco anos, eu tivera pesadelos nos quais encontrava essa mulher de novo. Por meses depois de chegar a Bombaim, soluçava dormindo por causa dela. Mas então, à medida que os anos se passaram, eu me convencera de que ela era parte do passado.

— Você não achou que aquela cerimônia no templo de Yellamma seria de graça, achou? Ou pensou que a sua dívida podia ser paga tão rápido, com apenas uma noite com um zamindar? Pensou que ia escapar? — Ela olhou para mim.

Madame estava mais velha agora, mas o sorriso ainda era malicioso. Eu podia sentir o odor das flores de jasmim misturadas com o cheiro doce de *supari*, exatamente como anos antes. Lembrava-me de quando Amma ainda era viva, quando eu pulava atrás dela até a aldeia, de quando Amma e eu cozinhávamos juntas, de quando a vida era simples. Até ela levar embora todos aqueles prazeres simples. Queria ser forte o suficiente para olhar aquela mulher nos olhos e dizer que ela não podia continuar destruindo mais vidas. Eu me virei e foquei o olhar em Jasmine. Os homens obrigaram-na a ficar em pé e ainda estavam ali com ela.

— O que estão esperando? Levem-na embora — ordenou-lhes Madame.

Eles se apressaram e arrastaram ela de lá. Jasmine se virou para olhar para mim e me deu um sorriso como se não temesse o que estava por vir. Sempre vou me lembrar daquele sorriso, dos seus olhos que não conheciam medo, e por anos me perguntei se eu conseguiria ter a coragem que ela teve.

Madame se pôs de pé, dirigindo-se a todas nós:

— Vejam, esta é uma lição que quero que todas aprendam. Ninguém nunca vai fugir deste lugar. Vejam Jasmine: ou vivem aqui, ou morrem aqui.

NÃO DEMOROU ATÉ ELES JOGAREM O CORPO DE JASMINE AO NOSSO lado. Eu poderia imaginar que, depois de ver minha própria mãe morta, seria mais fácil ver um cadáver. Mas não foi. Fui a primeira a engatinhar até o corpo. Queria pensar que ela estava num sono profundo, que acordaria a qualquer momento e começaria a dar risadinhas de novo. Minhas mãos ainda estavam amarradas, mas chacoalhei o corpo dela. Seus olhos estavam abertos, encarando o teto, mas não havia vida neles. Inclinei-me para trás com um grito e escorreguei na água que havia no chão. Esfolei o cotovelo, e minha cabeça bateu contra o piso úmido; minhas lágrimas surgiram abundantes e fortes. Mais cedo ou mais tarde, aquele seria o nosso destino. Neerja, que antes mostrara-se tão destemida quanto à nossa situação e falava tão bravamente sobre encontrar uma maneira de fugir, foi quem chorou mais alto. Trancadas naquele recinto aquela noite, na escuridão, com o corpo de Jasmine ao nosso lado, não lembro o quanto choramos... ou vomitamos.

Na manhã seguinte, um homem seguiu Madame, obediente, e deixou cair um prato diante de nós — alguns *rotis* e pedaços de batatas — e colocou um jarro de água ao lado. Devíamos ter perdido contato com a realidade porque todas nós enfiamos as mãos naquele prato e agarramos a comida que conseguimos. Era minha primeira refeição em dias. Naquele momento, não pensamos no que vinha no nosso caminho, não temíamos nem nos preocupávamos com o nosso destino ou com as nossas vidas, apenas comemos. Apenas depois me dei conta de que não parei para olhar quando levaram embora o corpo de Jasmine. Enquanto enchia a boca de comida, nem sequer me dei ao trabalho de me despedir dela. Continuei mastigando até mesmo quando levaram à força as duas meninas de 12 anos. O que aconteceria comigo? Não estremeci com as lágrimas delas nem temi por elas. De repente, para mim, a vida de alguém se tornara menos valiosa que a minha.

— VOCÊS TÊM ATÉ AMANHÃ PARA SE LIMPAR — ANUNCIOU MADAME para todas. — Dei muito dinheiro à pessoa que as vendeu. Agora está na hora de pagarem as dívidas. Quanto a você, Mukta, só me dei conta de que Ashok Sahib havia a levado da aldeia quando era tarde demais. Mas não aceito a derrota. Ninguém escapa de mim. Depois de cinco anos de procura, um dos meus homens viu você entrando naquele prédio em Dadar um dia desses. E pensar que estava em Bombaim todo esse tempo, bem debaixo do meu nariz. Finalmente!

E saiu, fechando a porta atrás de si.

Eu me dei conta de que lutava para manter os olhos abertos. Todas as outras meninas deviam estar tontas também, pois ninguém falou nada. Haviam drogado a gente de novo. Caí no sono. Naquela noite, sonhei com Tara.

Estamos de mãos dadas caminhando na areia macia. É uma praia. Ela está sentada ao meu lado na areia quente, nós duas olhando para o mar calmo à nossa frente, o vento soprando nos nossos rostos. Penso comigo, deve ser a presença dela ao meu lado que está fazendo tudo parecer tão radiante. Ela sorri para mim, diz que vai me levar onde quer que vá. E, quando me viro para olhar, não há ninguém ao meu lado. Tara está se afastando. "Foi por sua causa que minha Aai morreu, não foi?", ela pergunta para mim. Suas palavras ecoam ao meu redor.

Outro sonho: *Meu pai, meu Appa, me puxa para o colo e me conta histórias. Estamos sentados em frente à minha casa na aldeia; ao longe, a floresta olha para nós. Amma está alimentando as galinhas no nosso quintal e nos observa com um sorriso no rosto. É seguro ali, nada de mal jamais vai acontecer comigo. Sakubai me entrega um copo de leite — parece tão puro, entre as minhas mãos, bem diferente de mim. "Lembre-se, ela aponta para mim, "você sempre estará suja; não conseguiu nem mesmo salvar a sua mãe".*

— Acorde — disse a voz ríspida de um homem. Eu me sentia como se tivesse sido chutada. Minhas costas doíam. Talvez eu estivesse em outro sonho. — Levante-se. — Era a voz de novo. Abri os olhos para ver os rostos curiosos de dois homens. — Não pode dormir o dia todo. Vá ganhar algum dinheiro para nós — disse um, e o outro riu atrás dele.

O quarto fedia a vômito, aos nossos dejetos — o que mais poderíamos fazer, amarradas? Eles nos levaram para fora do recinto, para o terraço. Havia seis de nós, tentando abrir os olhos e enxergar umas às outras. Depois de tanto tempo naquele quarto escuro, o sol parecia escaldante e incômodo. Fizeram-nos caminhar um pouco no sol para passar a tontura.

Eu ainda estava zonza quando me levaram para um quarto. Ouvi alguém dizer:

— Este aqui não tem janela, nenhuma saída.

Meus olhos ainda estavam se fechando sozinhos quando uma garota chegou caminhando, esfregou o meu corpo com uma toalha morna perfumada de *nem*, trocou minhas roupas, pintou meu rosto e me deixou no quarto. Um ventilador de teto girava devagar, e uma lâmpada piscava perto da porta, deixando-me nauseada. Logo havia um homem em pé na porta, fumando um *bidi* e soprando anéis de fumaça para dentro do quarto. Até mesmo naquele estado de torpor, pude sentir os olhos dele sobre o meu corpo, olhando-me de cima a baixo.

— Você é mais bonita do que disseram — falou, jogando cinzas no ar e caminhando até mim.

Lembro-me de começar a suar frio, levantar-me e dar alguns passos para trás enquanto ele avançava, mas havia uma parede atrás de mim e nenhum lugar para onde ir. Ele se aproximou, tão perto que eu podia sentir o cheiro de fumaça no seu hálito. Sem hesitar, agarrou o meu cabelo e o puxou com tanta força que a minha cabeça bateu na parede. Ele me imobilizou contra a parede com uma das mãos. Gritei e estremeci enquanto a outra mão descia pelas minhas costas, cada vez mais baixo até começar a puxar minha saia.

— Não, não — arfei, mas a mão dele estava na minha coxa agora.

Ele afrouxou as tiras do pijama e o deixou cair em torno dos pés. Seu corpo fez pressão contra o meu enquanto se enfiava dentro de mim. A dor era intensa. Minha voz se tornou um grunhido quando agarrei os seus ombros, minhas unhas cravando na carne, mas ele não parou. Até mesmo no meu estado, drogada, eu podia sentir seu rosto sem barbear pressionado contra o meu, a respiração rápida e doentia. Fechei os olhos e vaguei por lembranças de tempos mais felizes: sentada no terraço com Tara, ouvindo as histórias que ela me contava, cozinhando com Amma, saltitando atrás dela até a aldeia.

Quando terminou, ele se deixou cair ao meu lado. Por um tempo, pude ouvir as nossas respirações se desacelerando, meu coração ainda batendo rápido. Então, ele puxou meu cabelo de novo e bateu a minha cabeça na parede repetidas vezes. Só o que eu conseguia ouvir era o repetido baque surdo; os gemidos que subiam da minha garganta pareciam o choro distante de alguma outra menina.

    Quando o homem soltou o meu cabelo, afundei contra a parede. Ele deu uma risada gutural quando passei a mão na parte de trás da minha cabeça e fiquei com os dedos ensanguentados.

    — Todas vocês merecem isso, suas putas — disse ele.

    Ele desapareceu, deixando-me para trás naquele quarto esfumaçado. Não lembro como o homem era. Perguntei-me como seriam os olhos dele — permaneceram calmos e serenos enquanto me machucava? Mas agora há homens demais para lembrar, rostos que vêm e vão, que se misturam com outros.

Capítulo 17

Tara
2004

NAQUELA NOITE, VOLTANDO PARA CASA A PÉ, FUI SURPREENDIDA AO ver a porta do apartamento vizinho aberta.

— Tara? — chamou um homem dentro do apartamento. Ele examinou o meu rosto.

Era Navin. Seus olhos ainda tinham um toque brincalhão. O cabelo na altura dos ombros cobria as amplas maçãs do rosto, e uma barbicha um pouco ridícula exibia-se no seu queixo.

— Navin! Como está diferente! — Sorri para ele.

— E você? — Ele também abriu um sorriso. — Está tão parecida com sua mãe. Quase pude jurar que era ela.

Sorri de novo. Lembranças da minha mãe me inundaram.

— Venha, entre — disse ele, gesticulando. — Os vizinhos me contaram que você estava de volta dos Estados Unidos. Papa e eu acabamos de voltar hoje da nossa aldeia, depois de mais de seis meses longe. Minha esposa e meu filho ainda estão lá — falou. — Papa queria ficar em Ganipur, onde cresceu. Só por um tempo. Ar fresco, boa comida, sabe? — Navin riu. — Há quanto tempo você está aqui?

— Uns quatro meses — falei.

Haviam de fato se passado quatro meses — *quatro* meses de espera sem fim na delegacia de polícia e no escritório do detetive, *quatro meses* esquecendo que o restante do mundo existia.

— Então, o que a traz aqui? — Ele puxou uma cadeira e insistiu para que eu sentasse.

— Papa morreu... há alguns meses.

— Ah, eu...

— Ele... cometeu suicídio... se enforcou — falei. Não sabia por que estava contando aquilo para ele.

— Ah. — Ele pareceu assustado. — Por quê? O que aconteceu?

Dei de ombros, baixando os olhos.

— Eu bem que gostaria de saber — respondi. — Quando estava deitado lá... sabe, no funeral... me perguntei o que devia estar passando pela cabeça dele para fazer isso. — Pisquei para afastar as lágrimas. Era boa a sensação de contar aquilo para alguém.

Navin deixou escapar um suspiro:

— Eu... não sei nem o que dizer, mas sinto muito de ouvir isso, sinto muito saber que você teve que passar por tudo isso. Que Bhagwan cuide da alma dele.

— Obrigada. — Assenti com a cabeça. — Então vim aqui para espalhar as cinzas dele e... voltei para procurar por Mukta. Ela está viva, sabe, ou ao menos acho que está.

— Aquela menina que o seu pai trouxe para casa? Sua amiga? Ela... está viva? — Ele pareceu nervoso e limpou as mãos na camisa.

— Como... como sabe?

— É uma longa história. Algum dia, conto para você... Você se lembra de Raza?

— O *goonda* da rua?

— Sim. Ele gerencia uma ONG agora. Parece ter mudado. Diz que pode me ajudar a encontrar Mukta.

Navin parecia imperturbável:

— Você confia nele? Não sei como um menino daqueles pode se tornar um homem bom, sabe que hoje em dia...

— Não tenho escolha, Navin — interrompi. — Não tenho alternativa senão confiar nele. Preciso encontrar Mukta! — Minha voz era dura.

Ele pareceu surpreso.

— Então, como vai Anupam *chacha*? — perguntei, querendo mudar de assunto.

— Ele está... você sabe... — Ele engoliu em seco. — Está dormindo agora, mas realmente gostaria de ver você. Deixe-me preparar algo para você comer. — Navin desapareceu lá dentro.

Olhei em volta. Aquele apartamento me levou de volta à época em que éramos crianças, Navin e eu tagarelando e correndo atrás um do outro no apartamento. Eu amava vê-lo tocar cítara.

— Você ainda canta, toca cítara? — perguntei a Navin quando ele me trouxe um prato de aperitivos.

— Não, deixei isso há muito tempo. — Ele sorriu timidamente, os olhos parecendo se lembrar da amizade que outrora partilhávamos.

— OLÁ, *BETA*, AÍ ESTÁ VOCÊ.

Na porta, Anupam *chacha* acenou para mim de uma cadeira de rodas. Eu não poderia imaginar o homem que outrora conhecera, o melhor amigo de Papa, o homem que corria oito quilômetros por dia, naquela condição.

— Olhe só para você, Tara — disse ele, a respiração barulhenta e difícil —, como cresceu. Era tão jovem quando foi embora. — Fez uma pausa e tossiu muito.

Fiquei observando aquele rosto cansado, pálido, que fora roubado da sua juventude. O couro cabeludo era visível entre tufos de cabelo; os olhos pareciam afundar sob o próprio peso.

— Câncer... é um assassino lento — explicou ele, dando-me um sorriso débil. — Todo mundo olha para mim assim.

— Sinto muito. Não era a minha intenção.

— Papa, quer água? — perguntou Navin enquanto servia uma xícara de chá para todos.

Anupam *chacha* lhe respondeu com um gesto.

— *Arre*, só porque estou doente vocês me tratam como se eu fosse criança.

Navin foi para a área íntima. Eu me sentei ao lado de Anupam *chacha*, a xícara aquecendo as minhas mãos.

— Não se preocupe com ele. Vocês podem terminar de colocar os assuntos em dia depois que eu me for. — Ele riu engasgado, como se fosse uma piada. — Tenho sorte, meu filho e minha nora cuidam de mim. Tara, me conte tudo sobre os Estados Unidos. É verdade o que dizem sobre o país, que... todo mundo... é rico... que... todo mundo tem... carro? — Sua respiração estava mais errática agora, a fala parando em intervalos.

Eu me senti culpada por não ter mantido contato, por não saber que ele sofria tanto.

— Desculpe por Papa e eu não termos podido ligar quando estávamos lá. Desculpe por... — A xícara de chá na minha mão se agitou sobre o pires.

— Todo mundo tem suas razões. — Ele se interrompeu de novo e me fez um gesto e um meneio de cabeça. — Esqueça isso e me diga, você é casada? — Falava entre uma tosse e outra agora. — Ouvi dizer que não tem problema... ter namorado... sem se... casar. — Ele tentou rir. Uma imagem de Brian passou pela minha mente, dedilhando o violão, uma nova namorada preenchendo o espaço deixado por mim.

— Não. Não me casei — respondi e tentei tomar um gole do chá.

— Então, não casou, *haan*? Se sua... Aai estivesse aqui... ela teria um ataque. — Ele riu. — Claro... seu pai deve... ter apoiado tudo que você fez. Você era... a menina dos olhos dele.

Fiz um esforço para sorrir, para esconder o desânimo que sentia à menção dos meus pais, ambos mortos.

— Navin acabou de me contar sobre o seu pai. Nunca imaginei que ele cometeria suicídio. Que a alma dele descanse em paz! Fiquei muito triste em saber.

— Realmente não sei por que ele fez isso. Eu sabia que ele se sentia solitário e talvez... perdido desde que fomos para os Estados Unidos... — Calei-me.

— Às vezes, nosso fardo na vida simplesmente se torna pesado demais. Quem pode julgar quando uma pessoa decide que não consegue mais carregá-lo? Hum...

Assenti, sem querer prolongar o assunto.

— Então... não vamos mais falar disso, se você não quiser. Você já... foi para a sua aldeia? — perguntou Anupam *chacha*.

— O que eu faria lá? — disse, feliz em mudar de assunto. — Aai dizia que, se eu pusesse os pés na aldeia, me matariam. Não sei se é verdade, mas com certeza não quero descobrir. E os meus avós dos dois lados já morreram. Papa me contou quando eles morreram. Não tem mais ninguém lá para mim agora.

Anupam *chacha* suspirou.

— O que a sua Aai dizia... sobre os aldeões tentarem matá-la... é verdade... era assim. Não acho... que alguém ainda dê bola para isso. Os pais dela estão mortos, afinal. Além disso... eles veneram seu... pai demais... na aldeia, para fazer... qualquer mal a você. Você não deveria se preocupar com isso. E... a mãe do seu pai... ela está viva. Tenho certeza... que ela adoraria... conhecer você.

— Não, não — falei, engasgada —, não pode ser. Papa não mentiria sobre isso. Quero dizer, foi diferente quando ele me disse que Mukta estava morta. Ele queria que eu conseguisse escapar da tristeza do que aconteceu, que eu tivesse uma vida diferente nos Estados Unidos. Ele...

— Tem uma razão... para ele ter mentido. Aquela menina, Mukta... ela era a filha de uma prostituta... da aldeia.

— Filha de uma prostituta?

Ele fez que sim.

— Você deve ir à aldeia... e falar com a sua avó. Como eu gostaria... que ele estivesse vivo... o seu pai. Ele... ia querer que você... soubesse que ele... sempre quis muito ajudar... aquela menina. Nunca tive oportunidade... de conversar com ele depois... daquele telefonema que ele deu dos Estados Unidos. Nunca tive uma chance... de contar a ele...

Um ataque de tosse o dominou. Ele segurou uma toalha à boca e o rosto ficou vermelho. Antes que eu me desse conta, Navin correu para o lado dele, lhe trouxe um copo d'água e levou o copo até a boca, fazendo-o bebericar a água, e, em seguida, limpou o seu queixo.

— Está bem, papai? — perguntou Navin.

Anupam *chacha* fez que sim.

— Acho que você devia ir agora — falou Navin para mim.

— Claro — respondi, então me levantei e coloquei a xícara sobre a mesa.

— Não, não, não vá — disse Anupam *chacha*, depois de se recuperar. — Tem tantas coisas... sobre as quais precisamos falar... tanto que preciso lhe dizer...

— Agora não, pai. Talvez outra hora — advertiu Navin.

Eu sabia que talvez Anupam *chacha* quisesse conversar sobre Papa e sobre o tempo deles juntos, e eu teria adorado ouvir e conversar sobre aquelas lembranças, mas ele não estava em condições naquele momento.

— Preciso ir a um lugar — falei —, então acho melhor ir embora. Mas vou voltar. — Apanhei a bolsa, passando a alça sobre o ombro.

— Vai mesmo? — perguntou Anupam *chacha*, olhando para mim com atenção. — Vou adorar... se voltar. Eu adoraria... ouvir você ler... para mim, alguma hora... as mesmas histórias que eu... contava para você. — Ele deu uma risadinha.

— Claro — respondi.

— Vou acompanhá-la até a porta — disse Navin. Percorremos o corredor até a escada. Eu me segurei no corrimão e olhei para Navin.

— Quanto tempo ele tem? — perguntei.

— Não muito. Alguns meses, talvez um ano. Dois, se tivermos sorte. Tivemos Rohan porque papai queria, sabe, ver o neto antes de morrer. Então não tem muito tempo... não muito... — Ele balançou a cabeça, lágrimas brilhando nos olhos.

— Talvez eu possa vir uns dias e ler para ele, se não for problema?

— Claro, ele adoraria.

Coloquei a mão amigavelmente no seu ombro.

— Cuide-se. — Sussurrei e voltei caminhando para casa.

NAQUELA NOITE, AO DORMIR, A CONVERSA COM ANUPAM *CHACHA* SE repetia na minha mente. Mukta era filha de uma prostituta? E como a minha avó podia estar viva? Por que Papa mentiria para mim sobre uma coisa dessas? Simplesmente não era possível. Papa sabia como eu quisera conhecer os meus avós toda a minha vida. Ele não mentiria sobre esse assunto. Talvez Anupam *chacha* estivesse confuso. Com o câncer e os remédios para dor que estava tomando, decerto confundira os fatos. Minha conversa com Anupam *chacha* não saía da minha cabeça, e fiquei pensando na sua amizade com Papa, na minha infância, no pouco de tempo que lhe sobrava, no filho de Navin, que nunca conheceria o avô, exatamente como eu nunca conhecera o meu. Mas do que Anupam *chacha* se lamentava? Algum assunto em que ele e Papa haviam discordado? Foi por isso que Papa parou de ligar para eles quando estávamos nos Estados Unidos?

MEUS PENSAMENTOS VAGARAM ATÉ OS ESTADOS UNIDOS. PARA O quão rápido Papa e eu havíamos deixado este país, naquela época.

Quão rápido tentáramos escapar da dor, como se tentássemos fugir dela, como se sair da Índia nos permitisse o luxo de deixar para trás as lembranças.

Nos primeiros três meses, ficamos numa quitinete que pertencia a um dos colegas de Papa, que fora gentil a ponto de nos oferecer o lugar de graça até que alugássemos um apartamento na cidade que se tornaria o meu lar por onze anos. Lembro quando Papa me levou ao apartamento pela primeira vez. O ar estava tomado de bolor quando ele abriu as portas e me conduziu à sala de estar. O carpete estava sujo e cheio de pelos de gato. Papa pareceu não perceber nada disso; ele vagava diante da janela e apontava para um prédio distante, escondido à sombra de outros.

— Ali, na esquina daquela rua, está a sua escola. Está vendo, agora você pode ir a pé.

Há apenas alguns meses, ele teria me perguntado: "Você gostou?" Antes de Aai se tornar uma lembrança nas nossas vidas, ele me pegaria nos braços e diria que poderíamos nos mudar se eu não tivesse gostado do apartamento. Mas agora tudo que ele fazia era ficar junto à janela e apontar para a escola como se aquele fosse o lugar onde eu poderia encontrar alívio para as minhas lembranças.

Naquela tarde, me tranquei no meu quarto. Sabia que Papa iria bater na porta e me perguntar o que havia de errado. Sentei-me na cama e esperei, afiando os ouvidos para captar o menor som do outro lado da porta. Ele não precisaria bater na porta, de modo algum — eu pularia da cama e abriria a porta de uma vez só de ouvi-lo lá fora. No entanto, não houve tal som. Quando abri a porta horas depois, vi a figura alta de Papa sentada no sofá, um livro nas mãos, a sombra na parede virando a página. Ele ergueu os olhos para mim, sorriu e perguntou:

— Vamos jantar aqui? Ou quer sair?

Estudei o seu rosto, vendo como ele retratava a tristeza que havia se insinuado profundamente no meu coração. Uma lembrança me veio de como tínhamos permanecido confortáveis enquanto Mukta soluçava por noites a fio, muitos anos antes, e não havíamos entendido quão solitária ela se sentia. Naquela época, eu não sabia como era a sensação de ter a mãe arrancada de você. Talvez, se eu tivesse conhecido um pouco que fosse dessa dor, não teria deixado Mukta sofrer sozinha naquelas primeiras noites. Teria ficado com ela, teria ajudado quando Aai gritava ou a forçava a dar duro na cozinha. Era irônico que eu agora estivesse na mesma situação de Mukta alguns anos antes — nós duas havíamos deixado a nossa casa para trás e tínhamos chegado a um lugar estranho onde não havia ninguém, nem uma alma para nos entender. Se ao menos eu tivesse me dado conta disso antes, como poderia ter pensado em me livrar da minha única amiga?

AO LONGO DAQUELES PRIMEIROS DIAS, ARRUMEI O APARTAMENTO DA melhor maneira possível, do jeito que Aai teria feito se estivesse lá. Cobri as paredes cor de creme com tintas baratas compradas no supermercado; cortinas extravagantes da loja indiana adornavam as janelas, e a toalha estendida sobre a mesa de jantar fora um presente que minha avó dera a Aai antes da fuga com Papa. Aai gostava muito dessa toalha, que cobria a mesa do nosso apartamento em Bombaim, e eu a carregara na minha mala para aquela terra estrangeira. Tinha medo de que Papa não gostasse, mas ele parecia não notar, ou ao menos não comentou a respeito.

No meu armário havia um lugar especial para as coisas de Aai, objetos que eu trouxera comigo que me faziam me sentir mais próxima dela — uma garrafa meio vazia de óleo de coco e uma garrafa com água de rosas que eu aspergia no meu travesseiro para poder imaginá-la me ninando, como fazia quando estávamos em Bombaim. Em algumas noites, eu saía da cama, sentava no chão do meu quarto e olhava para as estrelas através da janela, fingindo que Mukta estava ao meu lado, rindo comigo como se nada jamais tivesse acontecido.

Havia dias em que a perda de uma mãe parecia insondável para mim. Como no dia em que me levantei para ler um capítulo em voz alta durante a aula de inglês. Uma menina apontou para o sangue na minha saia, e comecei a soluçar, pensando que tinha pegado alguma doença terrível depois de chegar àquele país estrangeiro. A professora me chamou de lado enquanto as meninas me olhavam de canto, rindo pelo fato de eu não saber de nada, e me explicou que se tratava só do início da minha vida de mulher adulta. Olhei para o rosto da professora, perguntando-me se seria aquilo que Aai queria dizer quando me lembrava de que eu era uma menina e que não tinha que ficar brincando com meninos.

Lembro-me dos primeiros dias naquele país estrangeiro, quando eu tentava aprender os costumes locais, querendo que meu sotaque fosse diferente. Queria que tudo sobre mim fosse diferente. Eu havia passado horas vendo televisão, ouvindo os diálogos com cuidado, o jeito como os personagens pronunciavam as falas no cinema, repetindo depois deles na esperança de decifrar aquela terra na qual havia aterrissado. Ao olhar pela minha janela, não havia mulheres usando *shalwar kameez* ou sáris, e eu ansiava por aquela familiaridade. Carros seguiam obedientes as regras de trânsito e se mantinham nas suas faixas. Atravessar as ruas sem prestar qualquer atenção era contra as regras. Homens e mulheres se beijavam e ninguém ficava olhando! As pessoas sorriam mesmo se não conhecessem você. "Olá", diziam, cumprimentando com a cabeça, saudando-me. Eu demorava para devolver os sorrisos, para entender que aquela era a norma deles.

Desejava voltar para Bombaim, onde tudo era tão mais confortável, onde eu podia correr pelas ruas e acenar para os donos dos estabelecimentos, onde havia sempre um vizinho em algum lugar vigiando você. E, claro, nos Estados Unidos, a coisa que eu achava mais surpreendente eram aqueles enormes lugares onde as pessoas levavam bichos de estimação para tomar banho e serem tosados. Eu não podia acreditar naquilo. Era estranho para mim que as pessoas tivessem tanto carinho por seus bichos de estimação. Era mais do que jamais havíamos dedicado a Mukta.

PAPA ME LEVAVA PARA CONHECER ALGUNS DOS SEUS AMIGOS QUE haviam deixado a Índia para trás e se estabeleceram nos Estados Unidos. *Como nós*, dizia Papa.

— Preciso ir mesmo? — Toda vez eu perguntava, e toda vez Papa me olhava feio, respirava fundo e dizia:

— Ora, não precisa cozinhar para nós esta noite. Além disso, você vai se animar. Encontrar pessoas do nosso país!

Certa vez, lembro-me de ir arrastada até um jantar. Eu estava usando camiseta e jeans, sentei-me num sofá, cercada por um bando de mulheres barulhentas vestidas em sáris ou *shalwar kameezes*, exatamente como naqueles momentos em que Aai nos permitia sentar com as suas amigas. Deveria ser algo tranquilizador, mas eu me sentia deslocada. Atrás delas, crianças pequenas corriam de uma ponta do cômodo para outra. Se havia outros adolescentes ali, eu não tinha nada em comum com eles. Quando os pais não estavam ouvindo, os jovens falavam em segredo sobre namoros ou festas depois da escola ou sobre como já haviam provado cerveja. Adolescentes não namoravam na Índia, e com certeza não bebiam cerveja!

Eu queria sentar em silêncio, mas os meus pensamentos foram interrompidos por uma mulher com *sindoor* no cabelo e um sári vermelho combinando.

— O que está usando? Só porque está nos Estados Unidos não significa que precisa usar jeans o tempo todo. Também pode usar vestidos indianos — disse para mim, brincando, cutucando-me enquanto ria do próprio senso de humor, o corpo inteiro chacoalhando com a risada.

— *Arre*, deixe ela em paz. Não sabe que acabou de perder a mãe? — Outra mulher olhou para mim, com olhos grandes de *kajal* e braços tão finos quanto um lápis, e acariciou a minha cabeça. — Sou Smita — disse, enquanto se deixava cair no sofá ao meu lado. — Então, deve sentir falta de casa, *haan*? Não se preocupe — ela deu um tapinha no meu ombro —, você vai se habituar aos Estados Unidos e à sua cultura. Logo, eu prometo. Venha, vamos comer. — Ela me levou até a mesa carregada de comida: *parathas, samosas, dahi wadas*.

Aquilo trazia lembranças de Aai na cozinha, Mukta tentando ajudá-la; um cheiro parecido havia flutuado no nosso apartamento em Bombaim não fazia muito tempo. Enquanto fiquei ali com o prato na mão, lágrimas arderam nos meus olhos. Tudo ao meu redor parecia confuso enquanto eu procurava por Papa naquela multidão de gente. As pessoas à minha volta pareciam não notar, engoliam o jantar, discutiam os acontecimentos da Índia, falavam sem fim sobre voltar para lá. Então vi Papa, em pé entre eles, parecendo tão perdido quanto eu. Soube então que, naquele mar de pessoas, estávamos completamente sozinhos. Olhamos um para o outro como se, naquele único olhar, nós dois soubéssemos que nunca partilharíamos os sonhos que esses imigrantes tinham — o sonho da prosperidade ao se estabelecer ali. A promessa dos Estados Unidos sempre seria diferente para nós dois: conseguir esquecer tudo o que havia acontecido.

NA MAIOR PARTE DAS VEZES, PAPA ME LEVAVA PARA A ESCOLA NO SEU Camry usado. Ele me deixava perto do portão, dizendo:

— Vejo você em casa. Tome cuidado ao voltar.

Eu sempre queria perguntar se ele podia me buscar, mas só assentia, fechava a porta do carro atrás de mim e ficava ali olhando o carro desaparecer na esquina.

Enquanto eu observava outras crianças carregando as suas mochilas em direção à escola, me lembrava do que Mukta certa vez me perguntara: *Você gosta da escola?* Eu não sabia agora qual seria minha resposta se ela fizesse a pergunta de novo.

Um dia, do lado de fora da escola, a voz de uma garota veio por trás de mim.

— Você é nova! — O sotaque era estranho, algo com que eu ainda estava me acostumando. — Ei, você é a garota nova! — repetiu ela enquanto eu me virava para vê-la.

Seu cabelo era como fios de ouro; os olhos brilhavam como a esperança. Assenti.

— Eu me chamo Elisa. — Ela sorriu.

Caminhou comigo até a sala de aula, e, no dia seguinte, estava parada próximo ao portão, procurando por mim. Logo começou a se sentar ao meu lado na aula, perguntando-me se o vestido que usava estava bonito ou então questionando em voz alta se a mãe tinha arrumado o cabelo dela direito naquele dia. À medida que os dias transcorriam, passamos a caminhar juntas até os nossos armários, a nos sentar na mesma mesa para comer o almoço na cantina e a ir juntas para casa. Em geral, ela falava sem parar sobre algum acontecimento em casa, reclamando que a irmã mais velha se aproveitava dela, quando eu nem estava prestando atenção. Todo mundo na escola pensava que ela era a minha melhor amiga. Eu não tinha certeza; ela não sabia nada sobre mim. Mas eu não tinha energia para esclarecer as coisas para ninguém — sobretudo para dizer a Elisa que ela não era minha amiga. Admito que seu falatório vazio me dava um descanso dos sons da minha mente, da mistura de lembranças que me eram infligidas pelo menor odor de comida indiana de um restaurante pelo qual passávamos ou das provocações e dos risinhos das alunas à nossa frente, que me lembravam das minhas caminhadas com Mukta.

Certa tarde, quando estávamos comprando comida na cantina da escola, abri a minha carteira e ela olhou dentro.

— Quem é? — perguntou ela. — Que menina bonita, quem é?

Era uma fotografia minha e de Mukta juntas, paradas em frente à Biblioteca Asiática, que eu havia enfiado na carteira antes de deixar a Índia. Olhei para o rosto cansado de Mukta ao lado do meu próprio rosto feliz, para os seus belos olhos verdes que haviam me ensinado a ver tantas coisas de forma tão diferente, e senti uma culpa e uma tristeza repentinas, como o amargor de uma pílula descendo pela garganta.

— Não é da sua conta! — reagi e todo mundo à volta olhou para nós.

Porém, Elisa não se importou com o meu tom ou com a minha voz alta. Ela me seguiu até a mesa enquanto eu levava a bandeja de comida e a deixava cair sobre a mesa. A mesa estremeceu.

— Bem, ela deve ter sido a sua melhor amiga. — Elisa deu de ombros enquanto sentava e começava a comer um biscoito.

Tentei engolir a comida. Eu não podia contar a Elisa sobre Mukta, porque então teria que contar o que havia acontecido com ela. E isso era algo que ninguém podia saber, pois descobririam como a minha natureza era perversa e maldosa. Assustava-me pensar no que eu era capaz de fazer, no que Elisa acharia de mim, no que Papa acharia de mim — que eu era a responsável pela minha boa amiga ter perdido a vida, que eu planejara tudo! Eu sabia que não havia amizade ou perdão no mundo que pudesse retificar aquilo.

— Ela era uma amiga… uma boa amiga — sussurrei para Elisa depois, já mais calma.

— Hum… — disse Elisa. — Sabe, você é estranha. Qual é o seu problema?

ÀS VEZES, EU PENSAVA NO *RAGA* QUE NAVIN CANTAVA DE MANHÃ cedo — a música que costumava flutuar no ar e me acordar em Bombaim. Não havia nada parecido ali; de vez em quando, caminhões de lixo me acordavam, ou um zunido distante do tráfego da autoestrada. Perguntei a Papa por que não ligávamos para Navin ou para Anupam *chacha* para conversar com eles; afinal, Anupam *chacha* era o seu melhor amigo. Papa franziu a testa, sua expressão endureceu, e ele desviou o olhar como se estivesse escondendo algo de mim antes de dizer:

— Bem, falei com ele algumas vezes. Também falei com Navin na última vez. Mas sabe, Tara, é... — Ele olhou em volta, procurando uma desculpa. — É caro. É caro ligar para a Índia.

Deixei por isso mesmo.

Papa havia tentado me apresentar a várias garotas indianas da minha idade, garotas que tinham se mudado para os Estados Unidos como eu, tentando fincar raízes naquele país. No entanto, sempre que uma delas ligava, eu dizia que tinha outra coisa para fazer, algo mais importante, e logo elas paravam de ligar.

— O que aconteceu? — perguntava Papa quando me ouvia inventando uma desculpa ao telefone. — Você tinha tantos amigos em Bombaim. Sempre correndo, fazendo *masti*. Os vizinhos até vinham reclamar de você, lembra?

— Papa, eu tenho mesmo uma coisa importante para fazer — falava enquanto colocava o fone no gancho.

O que eu poderia dizer? Que aquelas meninas me faziam lembrar demais da vida que eu tinha em Bombaim e tudo o que vinha com ela? Como poderia dizer a Papa que queria desesperadamente deixar para trás a garota que eu fora?

CERTO DIA, QUANDO ESTAVA CAMINHANDO POR UM CORREDOR SIlencioso após a aula, esbarrei no que achei ser o lugar mais silencioso do mundo. Dei uma olhada lá dentro para as fileiras e fileiras de livros, e a moça no caixa levantou os olhos de um livro que estava lendo, ajustou os óculos e sorriu. Eu sabia que estava em um lugar que podia me dar algumas respostas. Caminhei até a prateleira e apanhei um livro. *As mil e uma noites*.

— Ah, esse é dos bons, querida; você já leu? — perguntou a bibliotecária atrás do balcão, suavemente.

Não deixei que soubesse que Papa costumava me contar essas histórias. Quando eu tinha oito anos, queria ser Sherazade — sábia e corajosa. Quando contei isso a Mukta certa vez, ela ouviu estupefata.

— Você é igualzinha a ela — dissera. — Muito corajosa. As coisas que faz eu não conseguiria nem pensar em fazer.

Levei o livro para casa naquela noite, sentei no meu quarto e observei o céu, com o exemplar nas mãos. A chuva caía silenciosa lá fora, a garoa tímida demais para acordar qualquer pessoa. Imaginei Mukta ao meu lado, ouvi-a rindo, então a imaginei olhando para o céu com um ar solene, dizendo-me que a chuva tinha vida própria, fazendo sua jornada do céu à terra — uma jornada longa, cansativa. Abri o livro. Deveria ter lido esse livro muitos anos atrás, falei para mim mesma. Teria entendido Sherazade melhor e entendido então que eu não era nem um pouco como ela.

Capítulo 18

Tara
Estados Unidos — 1998-2004

QUANDO EU TINHA 18 ANOS E ESTAVA QUASE TERMINANDO O ENSINO médio, aprendi a fugir das minhas lembranças mergulhando nos livros. Li Eudora Welty, Patti Smith, Mark Twain, Jane Austen, os trabalhos de Rumi, e acabei concordando com o que Mukta uma vez me dissera: os livros são melhores que o mundo em que vivemos. Elisa não gostava do fato de a biblioteca ter virado o meu santuário. Ela ficava me rondando por lá, dizendo que precisávamos fazer algo mais interessante com as nossas vidas. Ela vinha com ideias e as desfiava para mim, uma depois da outra, até que as pessoas à nossa volta fizessem *psiu* para ela se calar.

— Você tem 18 anos. Deveria estar com um rapaz, olhando nos olhos dele. O que encontra nesses malditos livros, afinal? — sussurrou para mim certa tarde, espiando sobre o meu ombro o livro nas minhas mãos.

Eu ri.

— Sabe, fiz essa mesma pergunta a alguém anos atrás — disse para ela. — Vai ver estou apenas tentando encontrar a resposta.

— Hum — murmurou ela. — Sei de quem está falando. Esse é o olhar que você faz quando fala nela. É aquela garota da fotografia, não é?

Desviei o olhar e fechei o livro com força.

— O que você quer, Elisa? — Minha voz era alta, meu tom, ríspido, e as pessoas à nossa volta fizeram sinal para pararmos de falar, mas não me importei.

Ficamos em silêncio por uns segundos, até as pessoas pararem de olhar e voltarem para as suas leituras.

— Ah, não é nada, é só que você nunca me conta o que aconteceu com ela, com a sua melhor amiga.

Olhei para ela.

— O que você quer? — repeti.

Elisa nunca parecia se importar com o tom no qual eu falava quando estava irritada com ela. Ao longo dos anos, ela se acomodou com a minha exasperação tanto quanto eu me acostumei com a sua tagarelice.

— Bem, tem uma festa hoje na casa do Frank. Pode ser que conheça alguém interessante.

Frank era o namorado dela. Elisa trocava de namorado o tempo todo, e eu não via problema nenhum nisso. O que me incomodava era que ela estava sempre determinada a me arranjar alguém de quem eu não gostava. Por duas vezes ela havia tentado me empurrar caras com os quais eu não tinha nada em comum, garotos sem graça que queriam se exibir de um jeito totalmente desnecessário.

— Tenho zero interesse — respondi, abrindo o livro e levando os olhos para ele.

— Você nunca vai. Desta vez não vou aceitar desculpas. Pego você às sete. — Quando levantei a cabeça, ela já estava saindo.

FOI NA FESTA DA ELISA QUE CONHECI BRIAN. TODO MUNDO DIZIA QUE a festa estava demais. Lembro que a mesa tinha aperitivos — queijo, biscoitos, pepperoni, salame, asinhas de frango, molhos, chips. Caminhei em direção à vasilha de ponche evitando as pessoas. Algumas dançavam ao som da música, derrubando drinques em si mesmas, enquanto outras conversavam sem parar como se não se vissem havia muito tempo.

— Você não parece estar gostando muito da festa — disse ele. Foram as primeiras palavras dele para mim.

Os olhos azuis me pegaram de surpresa quando me virei — manchas marrons flutuando na água, tão hipnótico quanto o mar. Ele sorriu e ergueu as sobrancelhas enquanto me olhava, a testa franzindo sob as mechas desgrenhadas do cabelo cor de bronze.

— Ah, não quis ser indelicada... eu...

— Tudo bem — respondeu ele, bem-humorado. — Meu nome é Brian, aliás.

Ele me parecia um ano mais velho, se tanto.

— Tara.

— Tara. Belo nome. Sempre acho essas festas chatas. Você veio com alguém?

— Elisa... Com Elisa, minha amiga.

— Ah, eu conheço a Elisa. Ela disse que ia trazer uma amiga; foi ela quem insistiu que eu viesse...

— Ah, aí estão vocês — interrompeu Elisa. — Estou vendo que já se conheceram. Tara, Brian é meu vizinho. O pai dele é um dos melhores advogados de Los Angeles. Brian toca violão muito bem. Você deveria pedir para ele tocar para você. Faz tanto tempo que eu queria... Aproveitem.

Observamos ela flutuar para longe de nós, dançando ao som dos Backstreet Boys.

— Bem, esta festa está ficando chata, na verdade. Quer dar uma volta? — perguntou Brian.

Fiz que sim. Eu nunca tinha feito nada daquilo antes, sair só com um garoto, com um estranho. Mas naquele momento senti como se o conhecesse, como tivesse algo em comum com ele. E queria confiar naquele sentimento.

Enquanto ele dirigia, o vento frio soprando nos nossos rostos, fez perguntas sobre mim. Contei de onde era, há quanto tempo estava naquele país, o mínimo essencial que havia ensaiado para quando as pessoas perguntassem.

— Por que você saiu da Índia?

— Meu pai conseguiu um emprego aqui... e minha mãe... ela morreu. — Olhei pela janela. Depois de tantos anos, ainda era difícil de dizer.

— Sinto muito.

Não falamos por um tempo. Ele pisou no acelerador, fez voltas e curvas, subiu estradas sinuosas. Pude ver o vale de San Fernando lá embaixo — era de tirar o fôlego, iluminado à noite. Paramos num estacionamento. Enquanto eu saía do carro, ele abriu o porta-malas e tirou duas latas de cerveja. Eu me sentei num banco próximo da clareira. Era como ficar no topo de uma montanha observando a cidade iluminada abaixo da gente. Depois de viver ali por tantos anos, ainda não tinha estado lá nem uma vez para ver a cidade em ação à noite.

— Eu não bebo — falei quando me ofereceu uma das latas.

— Gosto de vir aqui — disse ele, abrindo sua lata de cerveja e tomando um gole. — Milhões de pessoas por aí, cuidando das suas próprias vidas, das suas desilusões, dos seus problemas. Eu me pergunto se a tristeza também pesa tanto em todas as outras pessoas.

As folhas farfalhavam ao vento enquanto eu olhava para o rosto dele, e soube que era *aquilo* que tínhamos comum.

— Rá. Não ligue para mim. — Ele acendeu um cigarro. — Você não é muito de falar, não é? — disse, olhando para mim de lado.

— Não, não... eu achei linda a vista! — falei, olhando para a cidade abaixo.

Ele deu uma risada.

— Eu sei... eu sei... — disse ele. — Sei como é. Como os animais que sentem o cheiro do medo de longe, eu sinto cheiro de tristeza nos outros. Não sei o que aconteceu com você, mas tem mais do que a morte da sua mãe. — E deu um peteleco na cinza do cigarro, tomando outro gole de cerveja.

Será que era isso — tristeza? Pelo que eu fiz? Ou era arrependimento? Culpa? Talvez tudo junto.

Brian suspirou.

— Tem uma coisa que precisa saber sobre mim. Há seis meses eu estava dirigindo, não estava bêbado nem nada, estava como um adolescente normal, *só* dirigindo. Minha mãe estava no banco da frente; minha irmãzinha, Tessa, no de trás. Ela... tinha seis anos, sabe.

Ele parou com o olhar fixo ao longe. A luz do poste no final da rua em que estávamos tremeluzia; lágrimas brilhavam nos seus olhos.

— Eu furei um sinal vermelho. Estava com pressa, achando que dirigir até a loja era um castigo imposto pela minha mãe. Ela tinha machucado o braço naquele dia, sabe. — Ele engoliu em seco. — Ela... Ela não podia dirigir. Tudo aconteceu em questão de segundos. Havia estilhaços de vidro por toda parte, todo mundo gritando, a dor insuportável e, então, a escuridão, a *maldita* escuridão. Acordei no hospital dois dias depois. Eles me disseram que a minha mãe e a minha irmã tinham morrido. Assim, como se fosse algo simples. — Ele suspirou, então tragou o cigarro com tanta força que fez os olhos marejarem. — Sabe, às vezes, eu penso que não parei no sinal e bati o carro de propósito porque estava *muito bravo*. Só que eu não esperava perder ninguém, entende? — Ele esfregou os olhos, riu de si mesmo e me ofereceu o cigarro. Não recusei. Levei-o à boca e me engasguei, tossi.

Ele riu, me deu um tapinha nas costas e disse:

— Seu primeiro cigarro!

Em meio à fumaça que nos cercava, eu conseguia ver claramente a noite em que poderia ter evitado o sequestro. *Sou exatamente como você, talvez pior*, eu quis dizer a ele, mas a fumaça se dispersou no ar e as palavras morreram na minha boca.

Ele sorriu para mim, como se entendesse.

— Hoje em dia — disse ele baixinho —, fico me virando para trás no carro, para ver se elas ainda estão ali e se foi só um pesadelo idiota. Preciso conviver com isso agora, entende? Já teve essa sensação de ter deixado alguém para trás?

Suspirei e olhei para o céu escuro. Eu sabia exatamente o que ele queria dizer.

BRIAN ERA UM GAROTO RICO. ELE ME LEVOU A JANTARES SUNTUOSOS pagos com a própria mesada e comprava vestidos caros e perfumes que eu guardava escondidos dos olhos de Papa. Ele me levava para longos passeios em carros caros que pegava emprestados do pai. Eu adorava aqueles passeios. Fazíamos curvas rápidas na estrada, subíamos trechos sinuosos. Ficávamos sentados olhando para a cidade por muito tempo — era como se não precisássemos de palavras para dizer como nos sentíamos. Naquelas noites quentes de verão, quando ele tocava violão e cantava para mim, o tom doce da voz dele fazendo meu coração derreter, eu considerava a possibilidade de contar o que acontecera a Mukta, ou como acontecera, tirar aquilo do meu peito, mas até o último minuto a história permaneceu um segredo trancado no meu coração.

LEMBRO QUANDO, DIAS ANTES DA MINHA FORMATURA DO ENSINO médio, Brian e eu estávamos sentados do lado de fora de um café, bebericando nossas bebidas, quando ele perguntou, casualmente:

— Que tal morarmos juntos?

Aquilo me tomou de surpresa. Pousei meu café sobre a mesa.

— Nós nos conhecemos há quanto tempo? Dez meses?

Ele riu e deu de ombros.

— E daí? Eu levo a gente muito a sério.

Pensei no assunto, pensei em Papa, então em Aai, e me perguntei o que ela diria sobre aquilo tudo.

— O que acha?

— O que está acontecendo com você, Brian?

Ele desviou o olhar.

— Meu pai... ele quer que eu vá para a mesma faculdade que ele para terminar o curso de direito e ser advogado. Eu não quero fazer isso... Quero ser músico, quero fugir do meu pai, quero ser diferente dele. Sabe, ele não derramou uma lágrima quando a minha mãe e a minha irmã morreram. Simplesmente foi para o escritório mais cedo e chegou ainda mais tarde. É o mesmo porco egoísta que sempre foi. Quero mostrar que consigo me virar sem ele e ter uma família. Depois da minha mãe e da minha irmã, você é a única pessoa que amo, Tara. Eu realmente... te amo e quero que venha morar comigo.

— Eu também te amo, Brian, mas não sei se devemos morar juntos. Papa gosta de você, mas, se a minha Aai estivesse viva, ela ficaria horrorizada. Ir morar com alguém não é exatamente o que uma moça faria na Índia. Não moramos com um homem a não ser que sejamos casadas com ele.

— Mas você não está mais na Índia, está aqui, nos Estados Unidos.

— Sim, mas, de certo modo, eu... eu ainda sou parte de lá.

Brian ficou em silêncio. Seus olhos vagaram de mim até a rua. Por mais que quisesse segurar a mão dele e dizer o quanto o amava, não consegui. Disse a mim mesma que eu queria chegar até a formatura sem tomar decisões importantes e precipitadas. Eu estivera esperando por aquele dia, esperando finalmente fazer uma coisa certa, de que Papa ficaria orgulhoso, o que faria cair o pano sobre tudo que havíamos passado.

* * *

BRIAN NÃO VOLTOU A MENCIONAR O ASSUNTO DE MORARMOS JUNTOS até o dia da formatura. Enquanto a nossa oradora terminava o discurso e eu estava na fila para receber o meu diploma, meus olhos percorreram a multidão, tentando localizar Papa. Ele não estava à vista. Finalmente, segundos depois de o meu nome ser anunciado, ele entrou correndo, arrumando a gravata, limpando o suor das sobrancelhas, e procurou um lugar para sentar. Observei com atenção o rosto dele enquanto eu subia ao palco. Mas, enquanto passava a minha borla da direita para a esquerda, ele não olhava para mim. Ficou sentado ali, parecendo perdido e sozinho entre aqueles rostos desconhecidos que vibravam e batiam palmas pelos seus entes queridos. Papa demorou um pouco até me encontrar, sorrir para mim, e eu vi os anos de tristeza ainda em seu rosto enquanto ele batia palmas.

Eu sabia que não haveria nenhuma foto da minha cerimônia de formatura do ensino médio. Queria que Aai estivesse viva. Se ela estivesse ali, teria insistido para que ele pegasse uma câmera e batesse ao menos uma foto. Não tive tempo de remoer esse pensamento porque Brian chegou inesperadamente, plantou um beijo na minha bochecha, entregou-me uma câmera e mostrou as fotos que tinha tirado — da minha formatura, de mim parada na fila, acenando para Papa, tentando chamar a atenção dele, de mim aceitando o diploma. Observei Brian, seus olhos reluzindo de felicidade, com o orgulho que eu desejava encontrar nos olhos do meu pai.

Antes que me desse conta, ele estava ajoelhado diante de mim, estendendo um anel. Olhei na direção de Papa, que ia embora em direção ao carro, onde ficou parado me esperando impaciente. E eu sabia que, se quisesse ser feliz, tinha que deixar para trás qualquer ideia de pertencimento à terra onde eu nascera. Precisava deixar para trás toda pessoa ou tudo que me lembrasse daquele passado. Naquele momento, minha resposta me pareceu cristalina.

— Sim — falei, e Brian me beijou. Nos braços dele, senti o calor e a afeição que me faltaram aquela noite, algo que talvez estivesse faltando desde que Aai morrera.

— VOU ME MUDAR — ANUNCIEI A PAPA NO DIA SEGUINTE.

Lembro dele sentado ali, no sofá, levantando os olhos do livro que estava lendo, com uma expressão confusa.

— Como assim?

— Brian me pediu em casamento. Ele me deu um anel, olhe.

Naquela noite quente, eu tinha 19 anos; parada na nossa sala, girava o anel no dedo, esperando Papa se inflamar, dizer que aquilo era contra a nossa cultura, *somos indianos e não fazemos as coisas assim*. Mas, é claro, não era do feitio dele dizer qualquer coisa do tipo. Aai diria algo assim. Papa ficou sentado ali e suspirou, tirou os óculos e olhou para mim como se fosse a primeira vez.

— E a faculdade?

— Bem, posso trabalhar por algum tempo e depois voltar para a faculdade. Não estamos com pressa de casar. Só vamos morar juntos.

Ele suspirou de novo, tentando absorver tudo. De repente, queria poder retirar tudo que falei para ficar a seu lado.

Papa respirou fundo.

— Aai não teria gostado disso. — Ele balançou a cabeça. — Mas, sabe, eu não me preocupo com o que a sociedade acha. Me casei cedo, contra o desejo dos meus pais e contra todas as regras de casta. Então acho que perdi o direito de dizer a você o que é certo ou errado nesse quesito, mas...

Fiquei esperando.

— Você é jovem, Tara. Faça o que fizer. Espero que prossiga na busca por um curso superior. A educação é mais importante do que imagina.

Fiquei ali, esperando que ele tivesse mais a dizer, mas ele colocou os óculos e voltou ao livro. Olhei para aquele homem abatido sentado diante de mim. Papa havia mudado drasticamente desde que aterrissáramos nos Estados Unidos. Ele se tornara mais introspectivo a cada ano; às vezes, achava que parecia tão apático que eu até pedia que consultasse um terapeuta. Mas ele sequer considerava a sugestão. Queria que ele tivesse me pedido para ficar. Eu tivera esperanças de que ele me proibisse de tomar um passo tão radical e me garantiria que estava orgulhoso de mim e que eu sempre poderia contar com ele. Mas não era para ser.

QUANDO BRIAN E EU FOMOS MORAR JUNTOS, ESTÁVAMOS AMBOS felicíssimos de entrar na Universidade da Califórnia em Los Angeles. Eu havia entrado em jornalismo, como Papa queria. Brian havia escolhido música como ênfase principal. O que ele não tinha dito era que o pai o expulsara de casa porque ele não concordara em cursar direito. E, com isso, ele também perdeu acesso ao dinheiro do seu fundo de investimento. Porém, quando descobri, não me importei. Eu queria que construíssemos um lar no minúsculo apartamento que tínhamos descoberto na zona leste de LA. Aquilo era suficiente, pensei. Nós dois trabalhávamos parte do dia para pagar o aluguel, Brian num café e eu no McDonald's, servindo hambúrgueres.

— Por que vocês querem tanto trabalhar? Termine a faculdade. Posso dar o dinheiro — dissera Papa.

Eu devia ter dado ouvidos a ele. Mas estivera — estava — determinada a, uma única vez na minha vida, não desistir, perseverar, fazer aquilo sozinha. Eu poderia enfim provar a Papa que ele tinha uma filha de quem poderia se orgulhar. Eu me arrependi daquela decisão assim que Brian largou a faculdade para entrar numa banda.

— É só o começo... Espere só... Minha banda vai ser famosa um dia — dizia ele.

Não perguntei a ele como pagaríamos o aluguel. Sem alarde, larguei a faculdade logo depois e peguei três empregos para nos sustentar. Num deles eu trabalhava meio período na redação de um jornal local onde eu basicamente separava a correspondência, mas era um trabalho que me permitia mentir a Papa e dizer que estava escrevendo matérias. Às vezes, quando ouvia Brian cantar, eu imaginava Papa me perguntando: "Qual o objetivo disso tudo? Ficar olhando para o futuro e lutando para escrever músicas?" Mas ele nunca chegou a fazer mesmo essas perguntas.

O rosto de Papa se fechava sempre que eu mencionava o nome de Brian. Ele se incomodava com o fato de eu ter largado a faculdade por ele, e eu sabia que Papa achava que Brian não era o cara certo para mim. Eu não estava disposta a concordar. Brian tinha qualidades que eu adorava. Ele pertencia a uma vida diferente da minha, uma vida que ele ousava viver de acordo com os próprios termos, seguir os seus sonhos. Entendi que Papa nunca o veria como uma pessoa realizada. Se ele assinasse um contrato para gravar um álbum, nunca seria o intelectual com quem Papa gostaria que eu casasse. Às vezes, ficava tentada a questionar por que me apaixonara por Brian. Fora pelos momentos idílicos que tivéramos sentados na areia, na praia, olhando para o céu à noite, contando as estrelas como fiz na infância, pelos poemas que ele lia para mim ou pelo jeito como seu nariz fazia uma ruguinha quando ele falava sobre momentos líricos como os que eu, certa vez, partilhara com Mukta? Sua música me fazia lembrar de Navin cantando *ragas* e, mais que tudo, lembrava--me da infância que eu tinha deixado para trás.

E HAVIA OUTRAS COISAS EM BRIAN QUE AS PESSOAS NÃO ENTENDIAM. Ele carregava uma espécie de ingenuidade: seu comportamento fácil, seu jeito casual o tornava mais carismático para mim. Ele era muito tranquilo em relação a várias coisas — tinha feito da música uma válvula de escape e não parecia carregar o mesmo fardo que eu. Não era fácil se livrar da culpa, enterrá-la sob alguma outra paixão. Na música, porém, Brian parecia conseguir fazer isso, enquanto eu carregava a culpa e a vergonha comigo para onde quer que fosse. A lembrança de estar ajoelhada na rua, rascunhando um bilhete na tentativa de destruir a vida de Mukta, me assombrava todos os dias, mas, com Brian, eu conseguia esquecer aquilo por alguns minutos, até mesmo por algumas horas. Ao lado dele eu conseguia respirar, conseguia ser eu mesma. Eu fumava muito naqueles dias e me permitia devanear nos momentos inebriantes de prazer sexual. Não me sentia puxada para baixo, ligada a qualquer expectativa que eu tivesse de mim mesma. Eu me sentia... livre.

Ao longo dos cinco anos em que moramos juntos, Elisa perguntou muitas vezes: "Vocês vão se casar?", como se encontrar um novo namorado, Peter, tivesse lhe dado a liberdade de inquirir sobre o nosso relacionamento. De tempos em tempos, ela dizia: "Ah, vocês foram feitos um para o outro", ou: "Vocês formam um belo casal!", como se isso justificasse a nossa união. Ela tinha orgulho de levar o crédito por ter apresentado a gente.

Então, veio o dia em que nos encontramos com ela e Peter para jantar. Fiquei surpresa quando nos contaram que iriam se casar. Brian e eu demos os parabéns, mas mal podíamos esperar para sair de lá.

Não sei por quê, eu não suportava a ideia de que a minha melhor amiga estivesse se casando. Já havia ido a muitos casamentos — aqueles para os quais os amigos de Papa me convidavam. Acho que, no círculo de amigos de Papa, ele era o único homem cuja filha não era casada, a única moça que não fora à faculdade. Tantos casamentos, tantos rostos extasiados, e ainda assim eu nunca me sentia tão sozinha como quando ia a um casamento. Sempre observava a noiva e o noivo no palco enquanto o sacerdote cantava um mantra, o fogo sagrado queimando feroz quando eles jogavam uma colherada de *ghee* nele, e me perguntava se aquela seria eu algum dia, ao lado de Brian, a *henna* tecendo seus padrões na minha mão, o *payal* nos meus pés tilintando enquanto eu fazia sete *pheras* com o homem que eu amava.

Pensei em tudo isso enquanto voltávamos de carro para casa depois do jantar aquela noite. *Nós estamos juntos há mais tempo que eles, Brian,* eu poderia ter dito, mas, ao vê-lo dormindo ao meu lado no carro, enquanto eu dirigia pela rua esburacada até o nosso apartamento, sabia que não fazia sentido. Ele não estava ganhando dinheiro algum e, a essa altura, para ser honesta, eu não tinha mais certeza de querer apostar minhas fichas num músico que não tinha onde cair morto. De repente, me dei conta de que me casar com Brian havia sido uma fantasia desde o início. Naquele momento, vi que estivera enganando a mim mesma, mas, de alguma forma, mesmo naquele momento, me convenci a não desistir de nós. As coisas parecerimam melhores se insistíssemos um pouco mais, pensei. Olhando em retrospecto, é difícil dizer quando começamos a nos distanciar. Não lembro quando deixei de estar apaixonada por ele e passei a estar com ele pela conveniência de fugir da minha dor.

Pergunto-me se teríamos sido levados ao casamento se aquela noite específica não tivesse acontecido. Papa nos convidara para jantar. Durante todo o dia no trabalho, preocupei-me com a conversa que ele teria com Brian. Eles não pareciam se dar muito bem, sobretudo desde a última vez, quando Papa lhe perguntara:

— Então, o que você pretende fazer da vida?

— Sou músico — insistira Brian enquanto Papa o fitava.

Naquela noite fatídica, eu apanhara Brian cedo no ensaio da banda, com o objetivo de chegar meia hora antes. Lembro-me de estar em frente ao apartamento de Papa, olhando o relógio, vasculhando a bolsa para encontrar as chaves.

— Ah, vamos entrar — disse Brian, e apertou a campainha.

Ninguém apareceu na porta. Brian apertou a campainha de novo e de novo.

— Pare, Brian. Talvez Papa tenha saído. Ele vai voltar logo. Chegamos cedo, afinal.

Brian fez cara feia, voltou a caminhar até a escada e se sentou. Deixei minhas costas descansarem contra a parede e continuei olhando para o relógio. Quando quinze minutos haviam se passado, comecei a ficar preocupada.

— Tem alguma coisa errada — falei.

— Não diga! — respondeu Brian. — O cara deve ter esquecido que nos convidou.

Desci as escadas, peguei as minhas coisas e subi pela escada de incêndio. Brian me seguiu e ficou me observando subir. Quando cheguei perto da janela do apartamento, lá estava Papa pendurado no ventilador de teto, os olhos parecendo prestes a cair das órbitas.

QUANDO A POLÍCIA CHEGOU, MEU RÍMEL JÁ HAVIA ESCORRIDO PELO rosto. Brian ficou o tempo todo com o braço em torno dos meus ombros, parecendo um menino perdido, confuso e com medo. Os paramédicos chegaram. Luzes vermelhas e azuis refletiam nas paredes do prédio. As pessoas olhavam das janelas. O policial que desceu a escada parecia suspeitar de algo, como o inspetor que certa vez me interrogara em Bombaim.

— Você disse que é filha dele?

— Sim.

— E não tem uma cópia das chaves?

— Esqueci. Em casa.

— Hum — disse ele —, não se preocupe. Os paramédicos chegaram.

Não demorou muito para declararem que Papa estava morto e o enrolarem num cobertor.

— Sinto muito — falaram todos eles enquanto o levavam embora.

Tudo que aconteceu depois disso está borrado. A investigação revelou que se tratava de um suicídio. Um inspetor veio em casa e me deu o bilhete de suicídio que Papa deixara — um pequeno pedaço de papel que encontraram na sua escrivaninha. Parecia mais uma confissão de um diário do que um bilhete de suicídio.

Não aguento mais. Como se morar neste lugar estranho sem a Aai de Tara não fosse tortura suficiente, o pensamento de não conseguir encontrá-la é insuportável. Continuo procurando por ela.
Eu era responsável por ela. Como pude? Não consigo

E só. Aquelas eram as últimas palavras de Papa para mim. Li mais uma vez. Não havia um ponto depois da última palavra. O *o* da última palavra parecia se mexer, talvez prestes a se fundir em outra letra, como se não pudesse mais esperar. De quem ele estava falando? Por qual "ela" meu Papa estava procurando? Ele havia perdido o juízo? Eu devia tê-lo levado a algum terapeuta havia muito tempo, quando pensei que estava deprimido. Devia tê-lo forçado a ir.

Num momento temos tudo, e, no seguinte, tudo desaparece. Todo mundo me deu tapinhas amigáveis nas costas enquanto depunham o corpo de Papa para os últimos ritos e o cremavam. Os amigos de Papa ficaram parados diante de mim, agora desprovidos de entusiasmo, seus rostos sombrios e solenes como as roupas que usavam. Brian ficou atrás de mim falando ao celular enquanto colocavam o corpo de Papa na câmara e fechavam a porta, deixando-o preso entre os tijolos na fornalha. Era um crematório moderno, diferente do que teríamos usado na Índia, do tipo que Papa teria preferido. Essas lembranças são curtas e fragmentadas, apenas um profundo sentimento de angústia as acompanha.

ENTÃO, UM DIA, EU ESTAVA LIMPANDO AS GAVETAS NO QUARTO DE Papa e me deparei com uma pilha de papéis. A gaveta rangeu quando a abri. Da sala eu podia ouvir Elisa empacotando algumas coisas enquanto conversava com Peter no telefone. Havia extratos bancários, documentos e uma lista manuscrita de telefonemas feitos para Bombaim ao longo dos últimos dez anos. O extrato bancário mostrava cheques passados para uma agência de detetives. Eu os li com atenção, sem saber o que pensar, vasculhei o restante dos papéis — alguns papéis de fax da mesma agência. A linha de assunto nessas folhas dizia: "Busca por Mukta".

Li de novo e de novo. Devia ser um engano. Sentei-me na cama olhando pela janela, o fax na minha mão, pensando. Eu podia ouvir Elisa gritar:

— Tara, onde quer que coloque isso?

Ela continuou me perguntando, chamando o meu nome, então veio me procurar.

— Ah, aí está você. Não conseguiu me ouvir? — perguntou ela. — Onde quer que eu coloque isso?

Eu não consegui responder; só fiquei ali, olhando pela janela.

— Você está bem? — insistiu ela, então caminhou até onde eu estava, sentou ao meu lado e puxou o papel da minha mão. — Mukta... é a mesma menina, não? A da fotografia que você leva na carteira.

Fiz que sim, as lágrimas nos meus olhos ameaçando cair.

— Não pode ser. Devem ser um engano. Não pode ser. Ela *não pode* estar viva, pode? — perguntei.

Elisa olhou de mim para o papel, os olhos arregalados.

— Não sei, querida.

Durante todo aquele tempo, Papa havia escondido uma coisa de mim. E durante todo o tempo eu havia me angustiado pensando que *eu* escondera coisas dele. Aquela era a pessoa por quem Papa estivera procurando. Ele se achava responsável pelo sequestro de Mukta. Mas por que havia mentido para mim? Por que dissera que ela estava morta? Tirei o papel das mãos de Elisa, procurei o telefone nele e disquei o número da agência de detetive. O telefone do outro lado tocou, ecoando no meu ouvido, mas ninguém atendeu.

* * *

NÃO DEMOREI PARA DECIDIR. CONVERSEI COM UM AGENTE IMOBILI-ário, coloquei o apartamento à venda e dei a Elisa a procuração para cuidar daquilo. Vendi o carro de Papa e transferi todo o dinheiro que ele me deixara para uma nova conta bancária na Índia. Mesmo se eu não arrumasse um emprego lá, era uma quantia significativa, o suficiente para eu viver durante vários anos.

— Você é louca! Ir procurar uma menina que desapareceu há onze anos? — Elisa implorou que eu não fosse. — Onde você vai ficar?

— Papa manteve o apartamento de Bombaim. Todos esses anos eu me perguntei por quê. Mas pelo menos posso voltar agora. Vou ficar lá.

— Você... vai voltar algum dia? — perguntou Elisa devagar, cedendo.

— Não sei. — Dei de ombros. — Talvez, se encontrar Mukta, então posso voltar... não sei — repeti.

Nós nos abraçamos. Eu estava decidida a ir embora, a voltar para Bombaim, o lugar onde tudo havia começado. Queria pensar que iria à cidade para entender por que Papa mentira, por que ele estivera procurando por Mukta depois de me dizer que ela estava morta, mas essa não era a razão pela qual eu decidira voltar. A verdade era que eu tinha convivido com as minhas ações por tempo demais.

— Preciso espalhar as cinzas de Papa no rio sagrado, o Ganges. De acordo com os ritos hindus — expliquei para Brian.

— Quanto tempo vai demorar para resolver tudo isso? — perguntou ele.

— Uns dois, três meses, e depois eu volto. — Tentei soar convincente. Eu sabia que desejava nunca mais voltar para o caos da nossa relação.

Enquanto juntava as malas para partir, a urna com as cinzas de Papa na mão, deixei meu anel de noivado numa caixa dentro de uma das gavetas ao lado da cama. Eu não tinha coragem suficiente para dizer a Brian que tínhamos terminado, que tínhamos terminado havia muito tempo. Eu não tinha coragem de ver nos olhos dele que eu estava abandonando a nossa relação como eu abandonara Mukta anos antes. Então, mandei um e-mail do aeroporto, disse a ele que o problema não era ele, que sempre fora eu.

Capítulo 19

Mukta
1994-1996

O QUARTO ONDE EU ERA MANTIDA NÃO TINHA JANELAS. ERA UM CÔmodo pequeno — dava para esticar os braços e tocar as paredes opostas. Só havia lugar para uma cama estreita. Minha única companhia era uma lâmpada solitária que me vigiava do teto. Eu conversava com ela, chorava para ela. Era o único jeito de não ficar louca. Conversar com algo, qualquer coisa, ajudava. Na maior parte do tempo eu simplesmente ficava ali sentada e esperava que Tara e o Papa dela pudessem me encontrar de alguma forma. Eles eram os únicos que procurariam por mim, os únicos que poderiam encontrar uma saída de tudo aquilo. Não demorou até eu começar a esperar pelos homens com ansiedade, expectativa, esperar que chegassem e levassem a minha solidão embora. Era estranho — eu me sentia culpada por receber um homem, mas era um alívio muito grande ver um rosto humano.

Alguns dias eu apertava meu rosto contra a parede tentando ouvir os sons lá fora. Não havia jeito de saber se era manhã ou noite. No entanto, se escutasse com atenção, eu sabia que era manhã quando ouvia o som de alguém lavando roupas, a conversa das mulheres, crianças rindo no fundo — quando as mulheres descansavam dos seus trabalhos noturnos. Ao ouvir a fala bêbada dos homens, o ritmo de músicas dos filmes indianos soando alto, eu sabia que era noite e que não demoraria até um homem aparecer na porta mais uma vez.

CERTO DIA, ESTAVA CAMINHANDO NAQUELE QUARTO MINÚSCULO, minhas mãos sentindo as rachaduras nas paredes, quando um pequeno pedaço de tijolo se soltou e caiu na minha mão. Pensei em escrever com aquilo na parede. Pensei em desenhar papagaios, pombas, águias — pássaros com asas abertas alçando voo —, ou quem sabe até escrever um poema. O poema em que eu mais pensava era um bem ruim que tinha escrito para Tara. Não sei por que as palavras não paravam de girar na minha cabeça; elas flutuavam ao redor de mim e se acomodavam no meu coração.

Não importa quão ruim o tempo,
Quão difícil a estrada,
Sempre estaremos juntas,
Subindo a colina,
Atravessando águas turbulentas,
Sempre juntas.

Tara rira quando eu o lera para ela.
— Isso não é um poema, sua boba! — dissera ela. Mas eram palavras que vinham do meu coração.

Eu podia espalhar as palavras pelas paredes, podia tê-las escrito bem forte, para que as pessoas vissem que eu não era frágil. Mas eu tinha tanto medo que tudo que fiz foi ficar sentada no canto observando a tinta das paredes descascar e cair. Dia após dia foi o que fiz, o ventilador de teto rangendo sobre mim, lembrando-me que um mundo lá fora ainda existia.

Certos dias, eu podia ouvir os pedidos suplicantes de outra garota, pés correndo, um cinto golpeando a carne, o constante barulho de uma cabeça sendo batida contra a parede, e ficava presa naquilo. Meu único contato com o mundo exterior era com uma menina que me trazia comida duas vezes por dia e me ajudava a limpar a latrina do quarto.

Logo descobri que seu nome era Aaheli, que significa "pura" em hindi. Na primeira vez que ela me disse o nome, eu a fitei e nós rimos juntas à ironia do significado. Eu ansiava pelo tilintar das chaves, pelo ranger da fechadura, quando ela surgia todos os dias do lado de fora do quarto trazendo comida quente.

— Não se preocupe, eles só mantêm as recém-chegadas aqui para se acostumarem a esta vida. Sabe, você é uma das que teve sorte. Como não causou nenhum problema e não resistiu, a Madame está permitindo essa comida. Algumas das outras nem recebem alimentos. — Ela suspirou. — Fazer o quê? Todas nós temos que trabalhar até pagar as dívidas. Mas não vão manter você aqui por muito tempo. Logo vai ter um quarto com janelas. Ouvi uma coisa assim hoje. — Ela piscou o olho para mim.

Naquela tarde, quando as portas se abriram, eu esperara ver o rosto de Aaheli, mas quem estava ali em pé era Madame. Eu me perguntei o que havia feito de errado. Com certeza, um dos homens fizera alguma reclamação sobre mim. Ouvira de Aaheli que Madame quase nunca visitava uma menina a menos que tivesse uma lição importante para lhe ensinar. Então me encolhi no canto, colocando a mão contra o rosto para o caso de ela decidir me chicotear. Mas Madame só ficou ali e riu.

— O que acha que vou fazer? Você ganhou um bom dinheiro para mim nas últimas semanas, e *não* deu nenhum problema. Vou mudá-la para outro quarto. Mas, se tentar qualquer coisa, volta para cá, entendido?

Fiz que sim.

— Além disso, você é bonita. Se eu cuidar bem de você, vai me fazer ganhar mais dinheiro aqui do que as outras meninas. — Ela acariciou meu rosto. Então se virou e saiu, deixando as portas do quarto abertas pela primeira vez. Fazia tanto tempo que eu não via a luz do sol. Lembro que fiquei sentada ali, observando a luz entrar pela porta, desenhando sombras no chão. Lembro que engatinhei até ela, senti o chão, senti o calor nas mãos.

O QUARTO QUE RECEBI TINHA BARRAS NAS JANELAS. HAVIA UMA CA-mada de poeira sobre as janelas e pombas sentadas no peitoril, abrindo as asas, e luz dançava no teto. O céu era tão azul como sempre. Naquele dia, o sol delineava as nuvens para mim. Que lindo tudo parecia. A cada manhã eu observava o *paan* e as lojas de cigarro, os bares *daru*, os restaurantes, até os boticários do outro lado da rua fecharem, e a cada noite, quando o bordel começava a funcionar, eu os observava abrindo as portas para receber os clientes. Via homens bêbados, nus, com barrigas cheias de cerveja, caírem nas ruas, os bondes passando rente a eles, os vendedores ambulantes gritando para as pessoas comprarem comida.

Toda tarde, os filhos das mulheres que viviam nesses bordéis corriam soltos nas ruas, jogando bolinhas de gude entre latas de lixo que transbordavam, enquanto suas mães se juntavam lá embaixo para lavar roupas numa torneira pública. Olhando para eles entre as barras da minha janela, eu frequentemente me perguntava se era por isso que o meu pai me abandonara, porque sabia o que eu me tornaria.

LOGO ME JUNTEI AO BARULHO DALI E FIZ AMIZADE COM MUITAS DAS meninas e mulheres que moravam no bordel. Eu gostava das tardes, quando todas nós nos juntávamos e costurávamos nossas roupas rasgadas ou fazíamos roupas novas para as crianças. Lembravam aqueles momentos reconfortantes quando Amma estava ao meu lado, costurando ou cozinhando. Aquelas mulheres pareciam saber exatamente pelo que eu estava passando. Quando me perguntaram por que eu me envolvera naquele trabalho, eu lhes disse, sem hesitar:

— Sou uma devadasi, uma escrava do templo. É o que estava no meu destino.

Não precisei explicar. Elas entenderam. Cada uma de nós tinha uma ferida similar, uma tristeza similar, uma esperança similar se levantando nos nossos corações. Também era mais fácil aceitar que eu era uma devadasi. Como Sakubai costumava dizer, era o nosso destino, então não fazia sentido lutar contra ele. Lutar contra o destino só causaria mais sofrimento, pensei.

— Eu também nasci nessa profissão — disse Aaheli. — Sou a filha mais velha da família, pertenço à comunidade Bachara. Já ouviram falar?

Fiz que não.

— Para nós, para as mulheres da nossa família, os motoristas de caminhão que passam na estrada são meios de se ganhar um sustento. Nossas casas ficam ao longo de rodovias para que os caminhoneiros possam utilizar nossos serviços com facilidade. Mas eu cometi um erro: me apaixonei, pensando que poderia ter uma família. Nós fugimos. Ele... me trouxe para cá, me vendeu. Eu não sabia então que, quando o bordel nos compra, o dinheiro que dão para os nossos sequestradores se torna a nossa dívida. Já faz dois anos, e ainda não paguei a minha.

Outra menina começou a soluçar:

— Eu queria não ter aceitado o suco de manga daquele estranho na minha aldeia. Estava tão faminta aquele dia quando o homem se ofereceu para me comprar comida. Fazia dois dias que eu não comia. Agarrei a oportunidade e não pensei. Ele tinha colocado droga no suco e me trouxe para Bombaim...

Outras meninas falaram das vidas que tinham antes de chegarem ali, vidas que haviam se tornado meras histórias agora. Muitas das meninas mais novas como eu brincávamos umas com as outras, animadas, tecendo histórias sobre aventuras noturnas com estranhos; ríamos quando uma de nós dizia que era gostoso. Nós nos forçávamos a reinventar as histórias, a incutir nelas um pouco de felicidade, adorná-las com cores de esperança. Cada uma das nossas histórias era traçada com cuidado, até compor um manto de deleite a fim de afugentar as dores daquelas noites. Ignorávamos as feridas nos nossos corpos: o corte na testa, um olho inchado ocasional. Era melhor assim — nos regozijarmos com histórias de fantasia — do que encarar a realidade. Isso nos ajudava a sobreviver.

No entanto, havia algumas mulheres mais velhas, mais experientes, que nos alertavam contra os riscos de acreditar nessas fantasias.

— Não acredito no amor — dizia Rani, rindo alto. — Todos só usam uns aos outros. Dá para chamar de amor, esperança... chamem do que quiser. Nada disso é verdade.

— É melhor encarar a realidade — dizia Sylvie — do que inventar histórias idiotas. Só vão ficar mais decepcionadas depois.

Rani era o que costumávamos chamar de *moophat* — alguém que continuava falando demais, não importava em quanta confusão se metesse. Ela se metia quando alguma das meninas mais novas era espancada, e então ela mesma era espancada. Todas nós sabíamos que tinha um bom coração — era a primeira a limpar as feridas das meninas mais novas e a consolá-las. Mas nunca demonstrava em palavras, com receio de que algo escapasse da sua língua e a traísse, mostrando como era sensível. Fofocas diziam que seu amante de três anos prometera se casar com ela, mas que um dia ele simplesmente desapareceu.

Sylvie era uma mulher prática e sensata. Falava quando via oportunidade. Bebia e fumava, em pé com uma das mãos no quadril, a outra segurando um cigarro, dizendo-nos:

— Estou aqui há mais tempo que vocês.

Ela nos fazia sorrir. Era esperta. Diferente das outras meninas, pedia aos homens — seus clientes — alguns favores, como cigarros importados, um rádio ou joias, que ela mantinha escondidos num lugar secreto. Ninguém conhecia esse lugar, e ninguém dava um pio a respeito. Usava sapatos bonitos de saltos tão altos que forçosamente anunciavam a sua chegada. Fazia-me lembrar de um gato com um guizo. Eu gostava da sua *chalaki* — sua esperteza. Ela sabia conseguir o que queria.

Às vezes, eu contava histórias às meninas mais novas, histórias que eu tinha lido, e elas me ouviam, enfeitiçadas. Eu lhes contava histórias de amor de Nala e Damayanti, do senhor Krishna e Radha — histórias que eu lera em livros que Tara conseguira para mim na biblioteca. Lembro-me de como as menininhas de rostos pintados riam. Esperava que as histórias as acalentassem à noite; afinal, desejávamos que o amor dessas histórias se tornasse realidade para nós.

Eu não resistia nem lutava, como muitas das meninas que eram compradas pelo bordel. Sabia que muitas gerações de mulheres na minha família tinham tido aquele trabalho, e eu não confrontava aquilo. Então, era poupada da brutalidade que muitas das meninas recebiam. Mesmo assim, devo admitir que a ideia de fugir passava pela minha cabeça. Quando a rua estava quieta, quando todas as meninas no bordel estavam dormindo e os seguranças baixavam a guarda e roncavam diante das portas, eu pensava que aquela era a hora para fugir. Pensava na força de Tara, e isso me infundia muita energia. Esforçava-me para imaginar uma saída. Até chegava a pensar que era corajosa o suficiente para tentar fugir — uma estranha bravura surgia em mim. Apanhava minhas coisas, enrolava tudo numa trouxa e então ficava deitada na cama, imaginando aquele passo ousado que estava prestes a dar. Não sei por que não fugi. Talvez eu precisasse de respostas para algumas perguntas. *Para onde vou? Como vou me sustentar? E se me encontrarem e me espancarem até a morte?* Quando a minha cabeça terminava de procurar por respostas, o barulho do bordel já havia começado e a oportunidade de fugir tinha passado. Eu me sentia como um rato burro que imaginava que poderia enfrentar um gato.

Em outros dias, lembrava-me do que Amma costumava me dizer — as cores do nosso céu vão ser claras de novo, então eu não deveria perder as esperanças. Porém, ver aquelas meninas mais novas, sobretudo as que eram novas demais para entender o que era aquilo tudo ou para saber no que estavam metidas, me enchia de uma tristeza profunda. Por muito tempo pensei que não havia nada que pudesse fazer, que não havia escapatória. Então um simples encontro com uma menina me fez mudar de ideia.

Era uma tarde abrasante de verão, e eu estava deitada no meu catre, tentando tirar uma soneca depois do almoço. Do lado de fora, as vozes eram distantes, abafadas. O calor estava no seu ápice, e eu tinha esticado o braço em busca de um pano para limpar o suor do pescoço quando uma garota entrou correndo no meu quarto. Ela, que não tinha mais do que 12 anos, sentou-se ao meu lado.

— Me esconda, me esconda — pediu ela, os olhos me fitando da porta, esperando que eu encontrasse uma saída para ela. Eu me sentei e abri os meus braços. Ela correu para mim, soluçando na minha roupa. — Não deixe eles me levarem embora — sussurrou ela.

Ela não sabia que o abraço que eu estava dando era tudo que tinha a lhe oferecer, um consolo temporário para o que estava por vir. Não demorou até os homens chegarem e a arrancarem dos meus braços, deixando-me com as lágrimas dela na minha roupa. Como ela pareceu minúscula quando a levaram. Eu podia ouvi-la gritando toda a noite. Entre um grito e outro, alguns homens riam. Nunca a vi de novo.

— O que acha que aconteceu? — perguntei a Sylvie no dia seguinte, quando estávamos lavando roupas.

— Como saber? Ela deve ter morrido. Provavelmente jogaram o corpo fora. Uma menina pequena como ela não consegue aguentar muito.

Eu sabia que a casualidade da sua voz era só uma máscara. E falei a Sylvie que eu não queria pensar daquele jeito. Eu *não* iria pensar que a menina que estivera nos meus braços estava morta. Mas Sylvie não respondeu e só sorriu para mim como se eu não soubesse de nada. Ela tinha razão. Aquela menininha foi a primeira que eu vi. Houve muitas depois dela, e, sempre que meninas vinham e iam embora, podia sentir o cheiro da tristeza roubando a força de cada uma delas, pouco a pouco.

Entendi então que não conseguia mais viver daquele jeito. Tinha que pensar num jeito de fugir, mas não seria fácil. Eu precisava ser paciente, esperar pela oportunidade certa. E esse dia *chegaria*, falei a mim mesma. Meu único consolo era pensar no tempo que passei com Tara, desejando que a vida dela fosse muitas vezes melhor que aquilo. Queria acreditar que ela pensava o mesmo sobre mim, mas não sabia se ela me perdoara. Se eu pudesse vê-la uma só vez, poderia explicar que eu não fora responsável pela morte da mãe dela. Sabia que Tara entenderia. Ou, pelo menos, esperava que entendesse. Talvez algum dia eu juntaria coragem suficiente para fugir daquele lugar e vê-la de novo. Não importava o que havia acontecido, não importava onde estivéssemos, eu queria pensar que Tara e eu morávamos no coração uma da outra.

Capítulo 20

Tara
2005

O CENÁRIO MUDOU RAPIDAMENTE DO BURBURINHO DA CIDADE DE Mumbai, dos guetos e dos arranha-céus para o verde do interior enquanto o trem passava pelos Gates Ocidentais. Por um minuto pensei que já podia enxergar a aldeia de Ganipur sob a agradável luz do dia — a aldeia onde Papa crescera.

Pensei com afinco por muitos meses antes de finalmente decidir viajar até lá. A conversa com Anupam *chacha* havia me persuadido a ir a um lugar sobre o qual eu só ouvira falar nas histórias dele. Então pedi o endereço da minha vó a Anupam *chacha* e parti naquele final de semana. Raza disse que conhecia uma pessoa na aldeia que poderia me servir de guia. Assim, ele ajudou a mim e a Navin a organizar tudo — as passagens de trem, alguém para me apanhar na estação e um lugar para ficar na aldeia caso eu não conseguisse encontrar a minha avó. Eu estava cheia de expectativa, na esperança de que a aldeia fosse do jeito como Papa descrevera. De algum modo, eu tinha certeza de que Salim não havia levado Mukta para lá. Mas e se houvesse uma chance mínima de conseguir alguma informação sobre ela?

A estação era mais um barraco com telhado corrugado, bem diferente daquela que deixáramos para trás em Mumbai. Não era coberta, era só um monte quadrado de terra que servia de plataforma com um trilho correndo ao lado. Passageiros desciam, caminhavam pela plataforma e desapareciam de vista. Eu era a única ali que não sabia para que lado ir. Ao longe, vi um homem acenando para mim.

— Tara Memsahib — gritou ele, enquanto caminhava na minha direção. — Desculpe, estou atrasado. Meu nome é Chandru — disse ele à guisa de apresentação, então me ajudou a carregar a mala da plataforma para uma *tanga* que esperava do lado de fora da estação.

Chandru continuou a conversar comigo num inglês alquebrado até mesmo depois de eu começar a falar com ele em marathi. Tinha me esquecido de como as pessoas na Índia podiam ficar entusiasmadas ao falar inglês; continuavam falando mesmo se o que diziam às vezes não fazia sentido algum. Isso me lembrava de algo que Papa costumava me dizer: *Foi isso que os britânicos nos deixaram, nosso fascínio pela língua inglesa.* Se Papa estivesse lá, teria incentivado Chandru a falar inglês, para avaliar o seu domínio da língua. Eu gostaria que Papa estivesse ali comigo naquele dia.

Observei Ganipur — a aldeia de Papa — passar por mim. Mulheres carregando panelas pesadas de água caminhavam ao lado da *tanga* sobre a trilha poeirenta em que nos encontrávamos. Os sinos do templo dobravam ruidosamente, e mulheres cozinhavam do lado de fora de casas com telhado de sapê enquanto os filhos brincavam de amarelinha sob o sol da tarde. A luz solar refletia na água da lagoa da aldeia, onde mulheres lavavam roupas e sussurravam umas para as outras quando passávamos. Vacas pastavam nos campos verdes e ondulantes das lavouras enquanto eu respirava o ar da aldeia. Crianças seminuas corriam ao lado da minha carroça puxada a cavalo, animadas, e Chandru, meu motorista, fez uma tentativa vã de afastá-las. O mundo da minha imaginação se abriu diante de mim, como se a minha infância tivesse voltado e Papa estivesse sussurrando as histórias da sua vida nos meus ouvidos de novo.

Era tão distante da correria de uma cidade como Bombaim, exatamente como Papa costumava descrevê-la, calma e pacífica. Respirei fundo. *Um inspirar e, ah, o ar era puro... tão fresco* — as palavras de Papa chegaram até mim. Chandru me disse que as castas mais baixas ficavam bem longe da praça da aldeia. Eu percebera suas cabanas um pouco antes nos dois lados da estrada de terra. Cada uma delas decerto era um cômodo com um telhado feito de feno. Era onde os varredores e os coletores de lixo moravam, disse ele.

À medida que nos aproximávamos da praça da cidade, as casas iam ficando maiores — barracos de concreto com telhados de folhas de amianto, seus minúsculos quintais abrigando camas de palha, gado, bicicletas. Era aqui que os tecelões, ferreiros, carpinteiros e barbeiros moravam, fui informada. Chandru disse que, quanto mais alta a casta, melhor a casa. Aquelas eram as casas ao longe, agrupadas num canto — casas enormes com telhados vermelhos, algumas com jardins. Precisávamos passar pela praça da aldeia para chegar lá.

Assim que chegamos à praça da aldeia e vi aquela figueira-de--bengala no meio, soube que era a árvore sobre a qual Aai tanto falava. Pedi a Chandru que parasse junto a ela por um tempo. Fora ali que Aai encontrara Papa pela primeira vez. Levantei os olhos e vi o sol espiando entre os galhos. Perguntei-me como teria sido passar minhas férias naquela aldeia, encontrar os meus avós a cada verão como minhas amigas faziam. Não muito longe dali, dava para ver o bazar. Montes de vegetais estavam dispostos numa profusão de cores — cenouras frescas, tomates, beringelas, batatas, cebolas. Vendedores de frutas estavam sentados no canto com pilhas de vermelho, laranja e amarelo que enxameavam de moscas. Era disso que eu sentira falta na minha infância.

Foi ali que Mukta nasceu e viveu a infância dela. Por que ela nunca me contou sobre sua vida nessa aldeia? Passamos por crianças sentadas num espaço aberto na sombra de uma árvore repetindo o alfabeto sob a orientação de uma professora, e me perguntei se aquela era a escola a que Mukta se referia quando disse que não tinha autorização para ir à aula.

— Desculpe-me dizer — Chandru interrompeu meus pensamentos —, mas você se parece muito com uma menina da nossa aldeia. Karuna, era o nome dela... Ela fugiu com o filho do zamindar anos atrás.

— Era a minha mãe.

Ele olhou para trás, para mim, atônito, com o chicote parado no ar, os cavalos diminuindo o passo.

— Você é filha de Ashok Sahib? Então é por isso que vai ficar na casa do zamindar? Malkin é sua avó?

— Sim.

— Malkin vai ficar muito feliz de vê-la. — Na sua excitação, ele chicoteou os cavalos, fazendo-os ir mais rápido.

Talvez as coisas tivessem mudado com o tempo, ou talvez Aai estivesse errada sobre a própria aldeia. Talvez não levassem tão a sério como ela imaginara esses casos de fuga de namorados ou casamentos intercastas.

— Minha Aai dizia que, se ela ou eu nos atrevêssemos a vir aqui, seríamos mortas só porque ela e Papa haviam se casado — falei a Chandru.

— Sim, ainda acontece aqui. Aldeões matam mulheres quando casam com homens da casta errada. Mas acho que os aldeões já esqueceram do seu caso. De todo jeito, melhor não falar para ninguém. Nem todo mundo é leal a Malkin, sabe. E também acho que não deve ficar aqui por muito tempo.

Suspirei. Os tempos não haviam mudado tanto quanto eu gostaria, mas estava feliz por estar de volta, mesmo que isso significasse que por pouco tempo.

Chandru parou em frente ao portão de uma mansão espraiada. Os muros de tijolos que contornavam a casa pareciam não ter fim. Eu não conseguia ver direito a casa; apenas o telhado espiava na nossa direção. Desci da carroça e fiquei parada lá fora, sem ter certeza do que estava prestes a fazer, do que ia dizer à minha avó, que eu nunca havia conhecido. De repente, eu queria muito encontrar a mãe do meu Papa, entender por que ele mentira para mim sobre tantas coisas.

— Espere. Vou chamar um criado lá de dentro — disse ele ao bater na porta.

Ninguém respondeu.

— Malkin deve ter ido até o mercado com a empregada — comentou Chandru —, senão o servente teria aberto a porta. Ela vai voltar logo.

Eu sentei à sombra de uma figueira-de-bengala ali perto, esperando. Ao longe, vi um carro parar. Uma mulher saiu de lá, o rosto quase todo escondido pela porta do carro. O empregado dela desceu pelo outro lado e a seguiu, carregando sacolas de vegetais em ambas as mãos. Observei-a pedir ao motorista que fizesse mais alguma coisa e o carro se distanciar. Ela colocou a chave na fechadura e destrancou o portão.

Eu podia vê-la bem agora, parada diante do portão. Seu rosto lembrava o de Papa, e seus olhos eram exatamente como os dele — gentis e cálidos.

— Esta... — Chandru fez sinal para eu me aproximar. — Esta é Tara Bitiya, a filha de Ashok Sahib.

Ela apertou os olhos à luz do sol e me fitou enquanto eu me aproximava. Seu cabelo branco e crespo estava preso num coque, e as rugas na testa se juntaram quando ela ergueu as sobrancelhas.

— Oi... eu sou... Tara — cumprimentei, olhando para a idosa, a insegurança se revirando no meu estômago. Passei a minha mala de uma das mãos para a outra. Por um segundo, tudo parou, todos nós cravados no mesmo lugar sem saber o que dizer.

Então, ela sorriu docemente.

— Sim, sim. Eu sei. É que... nunca achei que iria conhecer você — disse ela, abrindo os braços, os olhos marejados. Deixei a mala cair no chão e permiti que ela me tomasse nos braços. — Seu pai... ele me mandava fotografias de quando você era criança. Eu ficava esperando pela carta dele só para ver uma foto sua. A cada foto você parecia tão diferente, crescendo longe de mim, numa cidade estranha. — Sua voz se reduziu a um soluço. — Seja como for, temos muito a conversar, não é? Entre, entre. Pode me chamar de Ajji. Quanto tempo esperei para ouvir essa palavra — falou, apertando meus ombros.

Conhecer a minha avó foi perturbador, como um sonho que de repente se torna real. Ela me levou até a casa — uma mansão. O pátio era tão grande quanto o prédio de apartamentos em Bombaim. O jardim parecia bem-cuidado. Rosas — brancas, vermelhas e amarelas — floresciam em todos os cantos. Uma figueira-dos-pagodes ficava no meio do jardim. Era ali que Papa passara a infância. Em todas as suas histórias, nunca imaginei uma casa tão grande. De repente, me senti traída. Papa havia roubado uma parte da minha infância.

— VENHA, VAMOS PARA A SALA — DISSE AJJI.

O empregado entrou trazendo chá e o colocou sobre a mesa. Ela deu um tapinha no seu ombro, e ele cruzou os dedos num cumprimento para mim.

— Este é Shyam. Ele trabalha para mim desde que o pai dele morreu. O pai era um servo leal; fez Shyam prometer que cuidaria de mim na velhice. Não temos mais tantos servos quanto antes. Seu avô esteve doente muito tempo. O sistema de zamindari nesta aldeia sofreu naquela época. Tenho outros dois filhos, mas eles também fugiram, não aguentaram o seu avô por muito tempo. Seu Papa, ele era o mais velho e sempre manteve contato. Escrevia uma carta todos os meses. Então, alguns meses atrás, as cartas pararam de chegar. Algo aconteceu com ele, não foi? — perguntou ela, os olhos se enchendo de preocupação.

— Papa... ele morreu.

Ela olhou para o chão, lutando contra as lágrimas, então balançando a cabeça afirmativamente enquanto esfregava os joelhos.

— É o pior pesadelo de uma mãe, sabe? Não saber se o filho está vivo ou não. O que aconteceu?

— Ele... se suicidou... se enforcou.

Ela desviou o olhar, os olhos marejados, mas logo os limpou.

— Como não previ isso? Depois de tudo que aconteceu. Ele estava sofrendo muito. Eu... sempre soube... que algo assim... — Sua voz cedeu, e ela correu para dentro.

Fiquei sentada em silêncio, sem saber se deveria correr até ela e consolá-la. Shyam trouxe uma bandeja de biscoitos e a colocou sobre a mesa. Eu lhe dei um sorriso preocupado, e ele correu para dentro. Olhei em volta. O pé-direito era alto naquela velha casa aristocrática. O candelabro era como uma peça de iluminação da era colonial. Havia muitas fotografias nas paredes de homens e mulheres usando suas tradicionais vestimentas de zamindar. Havia um homem que era a cara de Papa. Tinha um bigode farto, e os olhos pareciam faiscar de raiva até mesmo na fotografia.

— Este é o seu avô. — Ajji apontou para a grande fotografia do homem que se parecia muito com Papa. Eu não tinha percebido, mas agora ela estava ao meu lado. — E todas essas fotografias, são seus ancestrais. Não é mais como antigamente. — Ela suspirou. — Fico feliz que pelo menos você tenha voltado. Sempre quis conhecer você.

— Eu teria vindo há muito tempo, mas Papa me disse que você estava...

— Morta. Sim, eu falei a ele que era melhor assim. Seu avô era muito... digamos que poucas pessoas se davam bem com ele. Era rígido e meticuloso quanto a todas as regras. Ele não teria permitido que você ou sua mãe colocassem os pés na aldeia. E, se colocassem... não é a mesma coisa para as mulheres, entende? Nesta aldeia, quando uma mulher foge com um homem, ela e os filhos são mortos.

— Aai me dizia isso. Nunca quis que eu viesse para cá.

— Eu entendo. — Ajji assentiu e suspirou.

— Bem, na verdade, vim a Mumbai para procurar por uma pessoa.

— Quem?

— Não sei se você sabe, Ajji, mas Papa trouxe uma menina, Mukta, com ele para Bombaim anos atrás.

— Ah, Mukta. Sim, claro. Ela não falava na época, com tudo que aconteceu. Fui eu que convenci o seu pai a levá-la. Você devia ter uns oito anos, não é? Ela era a filha de uma prostituta local. A mãe dela era uma mulher linda, carinhosa, de verdade. Mas, quando se nasce onde ela nasceu, filha de uma prostituta, seu destino está praticamente escrito no dia em que vem ao mundo. Elas são conhecidas como devadasis aqui, prostitutas do templo. É um flagelo em aldeias como esta.

— Prostitutas do templo?

— Sim. Essas meninas são tradicionalmente casadas com a deusa e funcionam como prostitutas para os zamindares. Seu avô e o pai dele, meu sogro, ajudaram a perpetuar esse mito, o encorajaram, por que não? Enquanto isso, eles se aproveitavam das mulheres. Mas eu frequentemente me perguntava o que acontecia às meninas, garotinhas de oito, nove anos, que eram consagradas ao templo e devoradas por essa tradição. — Ela balançou a cabeça e suspirou.

— Oito ou nove anos? Elas se tornam prostitutas? Há uma tradição assim?

— Sim, até hoje. Mukta era uma menina curiosa. Quando eu a via, pensava em você. A mãe dela dizia por aí que Ashok era o pai de Mukta. Você já deve saber disso tudo agora. É por isso que veio procurar por ela, mas...

De repente, as palavras sumiram nos seus lábios, alquebradas e exaustas.

— Claro, nunca poderíamos saber de verdade se ela era sua meia-irmã. Não havia maneira de saber isso na época. Às vezes, eu não conseguia deixar de me perguntar se ela era minha neta. — Ela parou e observou meu rosto com atenção. — Você não sabia — sussurrou.

Caminhei até a janela. Lá fora, a figueira-de-bengala se impunha majestosa, observando tudo o que acontecia. Levantei os olhos para ver o sol brilhando no céu. Ocorreu-me então — aquele lugar era o lugar de que Mukta falara? O lugar onde ela esperara com a mãe a noite inteira, esperara pelo seu pai — *meu* Papa — aparecer entre os portões *daquela* mansão? Observei a luz do sol refulgindo por trás das árvores lá fora, nuvens intermitentes surgindo — brincando de pique-esconde comigo. Deixei-me cair no sofá. Sentia-me paralisada.

— NÃO FOI CULPA DO SEU PAPA, SABE... — AJJI SE SENTOU AO MEU lado. — Quando jovem, ele se apaixonou pela mãe de Mukta. A tentação da beleza. Não era para ser nada, ele me disse depois, mas, como um espinho, esse romance perfurou a consciência dele. Então, conheceu a sua Aai e, sem qualquer aviso prévio, disse que estava apaixonado e que fugiria com ela. Seu avô só soube no dia seguinte à fuga. Ele ficou louco de raiva e me disse que eu nunca mais poderia vê-lo. Por anos implorei e implorei que meu marido me deixasse ver meu filho e, seis anos depois, ele concordou. Ele veio me ver algumas vezes depois disso, sempre trazendo histórias da cidade, fotografias da família, de você, e eu esperava...

— Papa sabia que Mukta era filha dele? — interrompi, impaciente por saber mais sobre ela.

Ajji suspirou.

— Ele não achava que ela fosse filha dele. Esse era o problema. Ele sempre soube que a mãe de Mukta esperava por ele, que ela dizia por aí que Mukta era filha dele. Seu Papa se recusava a acreditar nisso. *Mukta não pode ser minha filha*, ele dizia. Além disso, ele não sentia pela mãe de Mukta o que sentia pela sua Aai. Seu Papa era loucamente apaixonado pela sua Aai. Se tentasse ajudar Mukta, teria que contar a verdade para ela. E ele não queria ferir a sua Aai contando para ela sobre o tempo que passara com uma prostituta do templo. Como poderia fazer isso com ela? — Suspirou. — E, quanto a Mukta, ela sofreu muito. Fizeram com ela o que fazem com todas as outras meninas, casaram-na com o templo num ritual e então estupraram a menina. Aqueles malditos, eles a estupraram. Foi tarde demais, só fiquei sabendo tarde demais. Quando cheguei lá, o estrago estava feito e tive que chamar seu pai de Bombaim. Ele estava num dilema. Disse-me que não tinha certeza de que ela fosse filha dele. "Como vou saber se a filha de uma prostituta é minha? O pai pode ser outro. A mãe de Mukta pode ter mentido", ele falou. Não dei ouvidos a nenhum dos argumentos. Convenci-o a levá-la de qualquer jeito. Não havia outra maneira de salvar Mukta.

— Nenhuma outra maneira senão deixá-la viver como qualquer outra criança de rua na nossa casa? Ela morou conosco por cinco anos, fazendo o serviço de casa. Se Papa sentisse, mesmo que só por um minuto, que ela era filha dele, será que ela não teria merecido pelo menos uma educação? Ela poderia ter estudado, ter conseguido um diploma, uma vida melhor.

Ajji levantou o olhar, pressentindo a raiva das minhas palavras.

— Você precisa entender, Tara, que seu Papa não teve escolha. Teria destruído sua família se a possibilidade de ela ser a sua irmã vazasse. Ele estava... confuso. Queria proteger Mukta e mantê-la em casa, mas, ao mesmo tempo, não podia dar a ela uma educação e tratá-la como filha, porque sua Aai não queria saber do assunto.

Lembranças esparsas da minha infância vieram: Mukta me seguindo, carregando minha mochila, esperando do lado de fora da escola, dizendo-me que queria estudar e compartilhando comigo a esperança de ver o pai um dia. Tudo isso poderia ter sido possível para ela.

— Papa disse que não tinha certeza de que Mukta fosse filha dele. E se a mãe de Mukta não estivesse mentindo? E se Mukta fosse... mesmo filha dele? *Você sabe com certeza se ela é minha meia-irmã?* — perguntei.

— Tara, quando você *quer* enxergar uma coisa, você vê todos os sinais, sejam eles verdadeiros ou não. E quando não quer... — Ela deu de ombros, cansada.

— Então você não tem certeza?

— Não, não sei, mas me diga uma coisa: importa se ela é sua irmã?

— Sim, claro que sim.

— Não, quero dizer, você vai parar de procurá-la se ela não for sua irmã? Deve ter existido uma amizade muito forte entre vocês duas para que continue procurando por ela. Até agora, você não fazia ideia de que ela poderia ser sua irmã. E, no entanto, veio dos Estados Unidos até aqui, deixando tudo para trás. Pense nisso. — Ela riu. — Eu conheci irmãs de verdade, irmãs de sangue, que empurrariam uma à outra do penhasco se tivessem a oportunidade. — Ela sorriu com tristeza, como se procurasse uma lembrança da sua própria vida. — Então, pergunto de novo, você pararia de procurar por ela se descobrisse que ela não era sua irmã?

As palavras de Ajji fizeram minha mente acelerar e viajar para aqueles momentos que Mukta e eu tínhamos partilhado. As palavras que saíram de mim me surpreenderam.

— Não — respondi —, eu não pararia... eu... não posso parar de procurar. Mas acho que preciso saber se ela é minha meia-irmã.

Ela sorriu.

— Tenho algo para você. Algo que o seu pai deixou comigo.

Ela correu para dentro e voltou com uma carta, segurou a minha mão e deixou a carta cair nela.

— Esta foi a última carta que ele escreveu. Você deve ficar com ela. — Ajji sorriu e se retirou para dentro.

Brinquei com a carta na mão, sentindo sua textura. A caligrafia de Papa. As impressões digitais de Papa sobre ela; era como se ele estivesse de volta comigo só por mais um momento. Abri a carta.

Querida Aai,
Pranaam,

Espero que você esteja bem. Tanto Tara quanto eu estamos indo bem nos Estados Unidos. Tara quer se casar com um músico chamado Brian, e, embora eu saiba que ela está planejando se casar só para preencher um vazio em sua vida, não há nada que eu possa fazer a respeito. Ela é uma adulta agora. E quem sou eu, de todo modo, para dizer como ela deve viver a própria vida? Sobretudo quando nunca deixei de viver como quis.

Sempre vai haver uma dor no meu coração — por não ter aceitado Mukta como filha. Isso e o fato de ter mentido para Tara, ter dito a ela que Mukta estava morta. Mas você sabe disso, não sabe? Sempre digo a mim mesmo que eu não tinha outro jeito de ajudar Tara a esquecer tudo o que acontecera, principalmente depois que a mãe dela morreu. Quanto tempo poderíamos ficar na Índia, procurando um alívio para as nossas lembranças? Eu gostaria de poder contar à minha querida Tara, contar tudo a ela, mas temo perdê-la; vou perder a crença que ela tem em mim; o respeito, o orgulho que ela tem por mim vão evaporar. E o que sobrará para ela? Meu fardo?

Sempre me inspirei em Rakesh mama para fazer a coisa certa, para não machucar ninguém, garantir que todo mundo tivesse uma segunda chance na vida. E tentei tanto viver de acordo com isso. Quando você me convenceu a levar Mukta para Bombaim, não sabia o que fazer. Queria ter a consciência tranquila, ter a certeza de que ela não era minha filha, embora, às vezes, eu tenha sentido que era — o jeito como ria, os olhos verdes herdados de mim, o jeito de sempre pensar nos outros antes de pensar em si mesma. Mas então minhas dúvidas voltavam, e eu sabia que ela não podia ser minha filha. Pensei que o melhor a fazer por ela era deixá-la viver no meu apartamento, com a minha família, e fazer alguns pequenos serviços. Disse a mim mesmo que era muitas vezes melhor do que aquilo que a vida apresentara para ela. Pensei que era a coisa certa a fazer. Nunca soube, nunca poderia imaginar nos meus sonhos mais profundos que minha Tara e ela iriam crescer dividindo tudo como irmãs, que seriam inseparáveis, melhores amigas. Quando eu as via fazendo coisas juntas, lendo os mesmos livros ou rindo juntas, eu podia ver que já era a hora de aceitar Mukta como filha. Contudo, sempre me perguntava como uma prostituta poderia saber quem é o verdadeiro pai de sua filha. Talvez, se eu tivesse realmente perguntado a mim mesmo, teria entendido que tinha vergonha de ser o pai da filha de uma prostituta. Talvez eu nunca vá saber se Mukta é minha filha, mas eu poderia ter sido um pai para ela mesmo assim.

Todo o tempo perdido com esses pensamentos infantis na minha cabeça — que desperdício! Eu me pergunto por que passei tanto tempo debatendo se ela tinha o mesmo sangue que eu ou não, quando tudo o que deveria ter feito era tomá-la pela criança que ela era... só isso — uma criança! Eu deveria tê-la tratado como tratava a minha Tara. Eu me pergunto se vou morrer sem encontrar o perdão.

Espero que você continue tão gentil quanto sempre foi comigo.

Seu filho querido,
Ashok

Dobrei a carta, caminhei até o jardim e me sentei num banco. Flores desabrochadas balançavam ao vento; o céu azul olhava para mim, o sol brilhando nessa hora do dia. *Todos nós escondemos coisas das pessoas que amamos? Nós nos preocupamos que, se descobrirem o que fizemos, quem somos de verdade, vão parar de nos amar?* Li a carta de novo, repassei as palavras de Papa vezes sem conta e o imaginei sentado ao meu lado, lendo-a para mim. Chorei pelo seu espírito intranquilo, sempre dividido entre aceitar uma filha como sua e a felicidade de Aai. Olhei para o céu e gritei com ele, com raiva, por não ter escolhido dar a Mukta uma vida melhor. Confessei para o vazio ao meu redor, disse que, não fosse pela minha escolha tola de fazer Mukta ser sequestrada, nossas vidas teriam sido diferentes, a vida de Mukta teria sido diferente. E eu esperava, para o bem de ambas, que eu fosse capaz de encontrá-la.

Capítulo 21

Mukta
1997

— ACHA QUE PODE ME AJUDAR? VOCÊ TEM SIDO TÃO BOM PARA MIM — perguntei a um cliente. — Pode me ajudar a fugir ou a dizer a alguém que preciso sair daqui? — Eu tinha pensado que era a oportunidade certa de apelar à sua bondade, mas os olhos dele se encheram de medo.

— Não é da minha conta... o que acontece aqui. Não quero problemas.

Ele juntou as roupas e foi embora. Nunca mais o vi depois daquilo.

Eu havia tentado pedir ajuda a alguns bons clientes, homens gentis, que eu pensava que nunca diriam uma palavra a Madame, mas talvez tenha sido um risco confiar neles. Se Madame soubesse o que se passava na minha cabeça, ela me trancaria de novo naquele quarto sem janelas. Então, parei por um tempo de pedir ajuda e fiquei esperando algum dia conhecer alguém que me tiraria dali.

EU HAVIA ENTENDIDO QUE A MAIORIA DOS HOMENS QUE IAM ATÉ LÁ estavam ou tentando escapar de algo ou procurando algo. Alguns não falam nada; eles vêm aqui e se vão como se estivessem realizando uma tarefa. Muitos falam sobre suas vidas, suas esposas, seus filhos, lembranças que deixam para trás ao me visitar. Mostram-me fotografias dos filhos e de belas mulheres e murmuram: *Você é a única que entende*. Aprendi a sorrir e a acenar, mas sempre me pergunto por que homens aparentemente tão felizes precisam procurar o prazer em outro local. Talvez todos nós tenhamos alguma coisa a esconder, alguma coisa misteriosa, profunda, disfarçada atrás do nosso eu feliz.

Teve um homem a quem amei muito, Sanjiv. Juntos, planejamos a minha fuga.

EU TINHA 19 ANOS QUANDO SANJIV ENTROU NO MEU QUARTO E NA minha vida. Pensei que ele era como um dos homens que sentavam ao meu lado, me mostravam fotografias e compartilhavam histórias de suas vidas. Bem no início, achei que ele poderia ser um bom candidato para me tirar daquele lugar. Mas isso foi antes de eu me apaixonar por ele. Quando foi pela primeira vez ao meu quarto, ele ficou junto à porta me observando, como se eu fosse um mistério que tentava solucionar. Alto e de boa constituição, com vinte e poucos anos, ele estava ali, sorrindo para mim. Eu me preocupei com a minha aparência. Na noite anterior, um homem havia batido em mim e talvez o meu rosto estivesse inchado. Mas ele pareceu não se importar. Caminhou na minha direção e colocou um toca-fitas ao meu lado. Sentou-se no chão perto de mim e gentilmente ergueu uma mecha de cabelo da minha testa e a acomodou atrás da minha orelha.

— Quem fez isto com você?

Meus olhos marejaram. Fazia muito tempo que ninguém me tratava de forma tão amável, com tanto cuidado.

— Não faz mal se não quiser me contar. Sabe o que é isso? — Ele apontou para o toca-fitas.

— Sim, um toca-fitas. — Eu tinha visto um aparelho daqueles no apartamento de Tara. Seu pai gostava de ouvi-lo.

— Hum... — Ele sorriu e todo o seu rosto se acendeu. Isso me fez sorrir também. — Sou um artista, um artista pobre, na verdade. Faço música e pensei que poderíamos ouvir um pouco de boa música juntos. Meu nome é Sanjiv.

Sanjiv, pensei, *como a vida, vasta e expansiva, misteriosa.*

Ele apertou um botão no toca-fitas e a música começou a fluir pelo cômodo — nós dois absorvendo-a com tanta ânsia, tanta sede. Por um minuto, voltei no tempo, para quando eu era uma criança de seis anos e a música reverberava na nossa casa na aldeia e Amma dançava como a dançarina que era, e eu dançava com ela, meus passos tímidos e canhestros, incomparáveis aos seus passos perfeitos.

— Pode dançar para mim? — pediu Sanjiv.

Seus olhos escuros refulgiam de afeto. Não era uma ordem, diferente de quando outros homens me forçavam a fazer o que queriam. O modo como ele pedia era como se eu tivesse uma escolha, como se tal coisa pudesse existir para alguém como eu. Eu podia ser ousada e dizer a ele não, e sabia que ele aceitaria, talvez até risse. Mas, naquele momento, estava pronta para fazer qualquer coisa por ele. Fiquei de pé, deixei o corpo se embalar com a música; meus pés encontravam o ritmo como que por milagre, os passos delicados que eu havia aprendido com Amma tão cuidadosamente enquanto ela tomava conta de mim. Ele se levantou, pegou a minha mão e dançou comigo, nossos corpos se moldando um no outro. Meus pés pareciam estar longe do chão, flutuando no ar, e, pela primeira vez em muito tempo, eu me sentia tão leve que não havia força no mundo que pudesse me trazer para baixo.

— Hum... você entende o ritmo. Poucas pessoas têm esse dom — disse ele, e sorriu.

Não fizemos amor naquela noite; ele disse que não queria. Queria me conhecer primeiro, conhecer a artista escondida em mim, porque era isso que era belo, falou. Quando ele foi embora, senti que as quatro horas tinham se passado muito rápido. Eu desejava e esperava que ele pudesse ficar um pouco mais, mas não falei nada. Fiquei com medo de que, se demonstrasse muito interesse, isso o assustaria, e ele poderia nunca mais voltar.

Vivi com esse medo por vários dias, esperando que Sanjiv voltasse. Na maior parte das noites, quando outros homens contavam as suas histórias, minha mente flutuava para longe deles, perdida naquele momento em que Sanjiv e eu havíamos dançado, o ritmo correndo em uníssono através de nós do jeito mais natural da Terra. Ele voltou três dias depois, com o toca-fitas pendurado no braço direito. Eu estava deliciada em vê-lo e me levantei e corri na sua direção. Ele não sorriu — ele riu. Senti-me como uma criança correndo atrás de um brinquedo pelo qual ansiara. Quando me dei conta do que estava fazendo, me forcei a parar e observei como a risada dele enchia de felicidade o cômodo vazio, expulsando a solidão.

— Você estava esperando por mim? — perguntou ele, maroto.

— Não, de forma alguma.

Dançamos mais uma vez naquela noite, com a música enchendo as nossas almas, nos unindo de um jeito que ninguém podia entender ou imaginar. Eu tinha sorte de viver algo único e cheio de alegria, de estar com alguém que compartilhava isso comigo. Ele me contou mais sobre si mesmo, que havia fugido de casa quando tinha 18 anos porque os pais dele tinham a cabeça voltada demais para o dinheiro para entender a sua mente criativa. Eles queriam que ele se tornasse um empresário e assumisse os negócios do pai.

— E para fazer o quê? Ficar sentado no escritório, fazer o mesmo trabalho entediante dia após dia? Prefiro morrer. Eu componho num pequeno estúdio que aluguei no estúdio de filmagem Goregaon. Não ganho muito, mas algumas das minhas fitas de música vendem bem, sabe? Não é algo que dê uma boa grana, mas estou contente... feliz.

Sorri e me ofereci para lhe fazer chá.

— E você?

— E eu? — perguntei.

— Qual é a sua história?

— Não é muito diferente de nenhuma dessas moças. Quer duas colheres de chá de açúcar ou uma?

Vi a decepção nos seus olhos quando mudei de assunto.

— Uma — disse ele e pegou a xícara da minha mão. Sorriu, e a decepção de pouco antes se fora. Minha mão tremia quando ele a tomou, instando-me a sentar perto dele, meu coração batendo tão forte que eu podia ouvi-lo. — Bem, qualquer que seja a sua história — sussurrou ele no meu ouvido —, você ainda será a mesma para mim. E, se não quiser contar, está bem também.

Pensei por algum tempo enquanto ele olhava nos meus olhos.

— Minha amiga Sylvie, ela me chama de Docinho. Mas me chamam de qualquer nome aqui, docinho, *chameli*, *chanda*, o que o cliente preferir. Meu... meu nome de verdade é... Mukta — sussurrei. O nome pareceu estranho à minha língua, como se eu estivesse falando de outra pessoa, uma menininha que tivesse conhecido havia muito tempo em lembranças deixadas para trás.

Contei a ele sobre Amma, sobre quanto eu sentia falta dela, sobre a casa na aldeia, e que eu jamais poderia perdoar Sakubai pelo que ela tinha feito. Contei sobre o meu pai, o homem que eu estava certa de que iria conhecer e que, eu esperava, algum dia viria procurar por mim. Mas, acima de tudo, falei sobre Tara, a única amiga que tivera, que me ensinara a ler, me deixara ter o pequeno prazer de caminhar com ela até a escola, de ler poemas para ela, de tomar sorvete.

— Amma me chamou de Mukta, sabe. — Eu ri. — Já que significa liberdade, talvez ela tenha pensado que eu seria livre um dia.

— Você é minha liberdade neste mundo, minha Mukta — sussurrou ele, e me deu um beijo na testa.

Quando as mãos de Sanjiv tocaram nas minhas, seu corpo me envolveu. Eu sabia que não havia nenhum outro lugar no mundo onde eu preferisse estar. Havia passado muitas noites nos braços de homens, mas aquela era a minha primeira noite fazendo amor com o homem que eu amava. Eu não sabia até então que o amor poderia me surpreender, derreter o meu coração e reacender a minha fé na humanidade.

DEPOIS DAQUELA NOITE, EU NÃO GOSTAVA — NA VERDADE, ODIAVA quando outro homem me tocava. O toque de Sanjiv havia acendido uma nova esperança, um novo entusiasmo pela vida, e, não importava quanto eu dissesse a mim mesma que não podia ter o amor da minha vida, eu, de repente, começara a imaginar uma vida nova, uma vida bem longe daquele lugar. A esperança de ter família e filhos ressurgiu dentro de mim. Porém, se eu recusasse um homem, seria espancada, e seria forçada, de todo jeito. Então aguentei, até não conseguir suportar mais.

Eu fazia confidências a Sylvie e a Rani enquanto lavávamos roupas perto da bica de água. Sylvie me repreendeu:

— Não fique sonhando com essas coisas. Isso aqui não é só um trabalho, é a sua vida agora. Quanto mais rápido enfiar isso na cabeça, melhor para você. Você não sabe o que aconteceu com Rani?

A história de Rani, desprezada por um amante, era amplamente usada como exemplo no nosso bordel. Quando *isso* não evitava que uma moça se apaixonasse, todas as mulheres contavam a história de Suhana e o amante dela. Seus corpos inchados foram encontrados flutuando no mar próximo do Portal da Índia, só porque Suhana fugira. Ela havia se casado com um cliente e estava morando na própria casa havia quase três meses quando os *goondas* de Madame os encontraram. Ninguém sabia se a história era de fato verdadeira, mas ressoava pelo bordel, assustando qualquer moça que ousasse sonhar.

— Quando você é nova, você se apaixona; quando fica mais velha, se dá conta de que é só mais uma ilusão estúpida — disse Rani. — Eu também tinha alguém. Ajay, era o nome dele, meu primeiro amor. Isso foi há quinze anos, quando eu tinha 16. Ele era um homem solteiro de trinta anos, ou pelo menos foi o que me disse. Eu não podia acreditar na minha sorte. Ele me trouxe flores e chocolates, até me levava para tomar sorvete na rua, pedindo permissão de Madame. Eu estava nas nuvens. Ah, eu pensava que era diferente de todas as moças. Especial, sabe? Meu destino seria diferente, eu sabia. Ele me fez promessas: um belo lar, uma família. Queria ter dois filhos, dizia. Então, um dia, ele me disse que ia se casar com uma boa moça de uma boa família, uma moça que poderia cuidar da casa. *E eu?*, perguntei. *O que tem você?*, ele falou. *Nós nos divertimos. O que uma prostituta como você esperava?* Ele me enganara por quatro anos. Depois disso, não derramei mais nenhuma lágrima por homem algum.

Rani continuou:

— Pergunte a qualquer uma aqui. — Ela se voltou para as outras moças que estavam torcendo roupas e esticando-as no varal. — Meninas, digam a Mukta, não é verdade que todas vocês se apaixonaram uma vez? E de que isso adiantou? — Então, ela se voltou para mim: — Pergunte a Leena sobre Vikram, ou pergunte a Chiki sobre Sohail. Quer que eu vá em frente? Esses homens, eles usam os nossos sentimentos, especialmente se você é jovem. Depois nos jogam fora como se fôssemos roupas sujas.

Outras concordaram, como se soubessem de mim e de Sanjiv. Talvez eu tenha parecido confusa. Elas riram.

— Claro que sabemos! Está na cara! É o brilho do amor no seu rosto sempre que ele vem visitá-la — disse Leena.

Fiquei horrorizada que soubessem. Será que Madame sabia? Perguntei a elas, e deram de ombros. Se ela sabia, eu teria que ser muito cautelosa. Teria que dizer a Sanjiv que parasse de me visitar. Dizer que ele poderia ficar em apuros. Decidi falar com ele na próxima vez que me visitasse, mas, sempre que ele vinha para o meu quarto, eu me dizia que o deixaria ficar, só mais esta vez. A culpa é do amor. Ele me fez esquecer a cautela.

* * *

SANJIV DISSE QUE NÃO TINHA DINHEIRO PARA VIR TODOS OS DIAS; não ganhava tanto assim para gastar comigo. Ele vinha todas as noites de quarta-feira, me trazia uma rosa vermelha, e tínhamos seis maravilhosas horas juntos. Ele me deu de presente o *Gitanjali*, poemas de Rabindranath Tagore. Todas as noites que passávamos juntos ele lia um poema para mim, e, depois que ele ia embora, eu guardava a rosa na página que Sanjiv lera como uma lembrança. Não precisávamos declarar o nosso amor; nós o sentíamos no sangue correndo no corpo, na felicidade que embebia os nossos espíritos. Durante vinte semanas fizemos isso — compartilhamos nosso gosto pela música, pela poesia e pelo silêncio. Então um dia, depois de termos ouvido uma bela música, ele disse que gostaria de poder me mostrar o mundo lá fora, um mundo diferente daquele. Eu disse para ele não se preocupar.

— Já o vi. Tara mostrou para mim. Mas agora, depois de quatro anos aqui, só parece um sonho.

— Ainda assim, quero levá-la lá para fora. Venha comigo, vamos fugir — sussurrou ele, os olhos cheios de afeto por mim.

Era um pensamento perigoso, e eu não queria que ele pensasse daquele jeito. Podia colocar em risco a vida de nós dois e o mundo que tínhamos construído juntos naquele quartinho isolado. Mas devo ter desejado aquilo também, pois não o avisei, não coloquei em palavras o meu temor. Não que ele não soubesse. Eu tinha certeza de que Sanjiv ouvira falar de todas aquelas mulheres que haviam sido espancadas ou morrido ao tentar fugir. Contei sobre Suhana, e ele sorriu, como se não se importasse, e, quando olhei nos seus olhos, parei de me importar também. Não importava o risco que corrêssemos, desde que estivéssemos seguros naquela ilusão de felicidade que havíamos construído para nós.

Fizemos um plano. Eu não colocava os pés para fora daquele quarto havia anos, a não ser uma vez por mês, quando era autorizada a ir ao mercado com Madame e algumas outras moças. No entanto, estávamos sempre acompanhadas por seguranças. Lembro-me do que fizeram com Jasmine, Maya e diversas outras moças quando elas tentaram fugir.

Agora lá estava eu, planejando uma grande fuga. Quando olhei para mim mesma no espelho, vi o mesmo olhar que Jasmine tinha quando foi levada para fora, para ser morta. O que ela disse naquela noite ecoava nos meus ouvidos. *Às vezes, um ato de bravura é melhor do que uma vida inteira vivida como uma covarde, como uma escrava.* Foi então que me dei conta de que era o *amor* — é o amor que faz você abandonar o medo, permite que flutue na vida, jogando toda a precaução ao vento. Pela primeira vez, não tive medo da morte.

Sanjiv fez um acordo com Madame.

— Quero levá-la para sair comigo sexta à noite, para o *mela*.

A feira. Foi corajoso da parte dele, pensei, enquanto espiava do alto da escada, vendo Madame colocar um *paan* na boca, mastigá-lo e olhá-lo detidamente.

— Sanjiv Babu — disse ela —, seu pai é um homem rico, e é por isso que permito que venha aqui. Eu sei que, mesmo que não pague, ele vai pagar, para impedir que o seu nome apareça nos jornais. Imagine o que as pessoas diriam se soubessem que o filho de um homem de negócios de respeito está chafurdando nesta sujeira. Mas isto, pedir para sair com Mukta, é demais.

— Por quê? Estou pedindo uma noite. Trarei ela de volta na manhã seguinte, e você sabe que sempre pago adiantado. Pode cobrar dobrado, se quiser. — Sanjiv parecia desesperado.

Madame olhou para ele por muito tempo e eu pensei que era isso — Sanjiv estava em maus lençóis. Mas, por incrível que pareça, ela concordou e disse que dois seguranças iriam nos acompanhar. Madame veio até o meu quarto depois que Sanjiv partiu, apertou o meu rosto com força entre as mãos sujas, fitou-me nos olhos e disse:

— Olhe, eu confio em você. Ao contrário das outras meninas, você não luta. Além disso, está comigo há alguns anos. Sabe qual vai ser o seu destino se tentar alguma coisa.

Enquanto falava, eu imaginava a nossa vida juntos — Sanjiv e eu. Eu podia ver com clareza a beleza do lar que teríamos juntos, os nossos filhos. Havia uma voz na minha cabeça dizendo que eu não deveria confiar nele. Ele era exatamente como qualquer outro homem. *O brilho do amor é vão e desaparece depois de algum tempo*, dissera-me Sylvie. Porém, não lhe dei ouvidos.

O amor que eu tão desesperadamente buscara estava ao meu alcance agora, eu tinha certeza.

— Está ouvindo? Não tente nada — trovejou a voz de Madame.

Fiz que sim. Eu não estava ouvindo, afinal.

Planejamos tudo com cuidado, esboçamos os mínimos detalhes — como fugir dos seguranças e nos certificar de que não nos seguiriam. A noite veio como uma tempestade de areia e todos os detalhes se borraram para mim. Ondas de medo corriam pela minha mente.

Sanjiv colocou os braços em torno dos meus ombros e falou:

— Se você parecer preocupada, vão saber que estamos aprontando alguma coisa.

Aquiesci solenemente, e caminhamos para fora do bordel, com os dois seguranças nos seguindo. No parque de diversões, tentei parecer relaxada e aproveitar o passeio, vendo as crianças no carrossel dando gritinhos de animação. Quando olhei para baixo de nós na roda-gigante, pude ver os seguranças parados entre pais cujos olhos brilhavam, deliciados ao ver os filhos girando. Estava tudo correndo como planejado. O truque era fazer os homens verem que estávamos nos divertindo nos brinquedos, então fazê-los relaxar e desviar a atenção deles para outra coisa. Assim, quando tivéssemos a oportunidade, poderíamos fugir bem debaixo dos seus narizes.

O plano era ir à casa de um amigo de Sanjiv depois que escapássemos e ficar quietos por um tempo. Ninguém nos procuraria ali, e, depois de alguns dias, nos mudaríamos para Déli. Sanjiv já se livrara do seu apartamento alugado, e decidimos ficar na casa de outro amigo em Déli até que encontrássemos um apartamento próprio e nos estabelecêssemos. Eu assegurara Sanjiv de que, uma vez que estivesse livre, longe dos olhos dos seguranças, os donos do bordel não teriam recursos para realizar uma busca em âmbito nacional.

Tudo parecia surreal lá da roda-gigante: as estrelas que brilhavam no céu naquela noite, a roda que nos propelia para a nossa fuga em potencial, a repentina explosão de força dentro de nós. Quando descemos, driblamos os guardas, nos misturamos à multidão e corremos na direção da entrada.

Nós nos escondemos atrás de um brinquedo bem perto da entrada. Era o caos — a risada das crianças, a conversa alta dos adultos, o cheiro de comida frita e de sorvete. A pouca distância dali, os seguranças entraram num frenesi quando não conseguiram nos localizar, varrendo a multidão com os olhos, empurrando as pessoas enquanto tentavam abrir caminho. Meu coração estava pesado, cheio de temor. Sanjiv me cutucou.

— Vamos — disse.

Mas não conseguia me mexer; o medo havia tomado conta de mim. Não conseguia sair do lugar.

Ficamos sentados ali por alguns segundos até eu recuperar a confiança em nós e no nosso amor. Frequentemente me pergunto o que teria acontecido se não tivesse sentido aquele medo paralisante. Eu não teria dado aos seguranças uma vantagem sobre nós. Talvez tivéssemos conseguido desaparecer antes de nos localizarem. Entretanto, quando começamos a correr daquele esconderijo, um deles nos viu. Estávamos ficando sem sorte; não havia táxi algum na rua, então tivemos que ir para dentro de um beco e nos esconder. Não havia maneira de conseguirmos sair dali para pegar um táxi. Sem fôlego, esperamos. Olhei para Sanjiv uma última vez — o rosto confiante, destemido, o suor escorrendo pela testa —, surpresa de ele estar encarando tudo aquilo por minha causa.

Quando vi, estávamos sendo arrastados para fora do beco. Vi o homem bater na cabeça de Sanjiv com um taco, e o sangue começou a escorrer pela testa dele, pelas laterais da cabeça.

— Por favor — gritei —, deixem ele em paz!

Sanjiv caiu no chão; eu os vi espancarem o meu amor até o corpo não aguentar mais. Eles me arrastaram enquanto eu olhava para os seus olhos sem vida uma última vez, os mesmos olhos que tinham me fitado com tanto afeto por semanas, dando-me esperanças de uma vida melhor. Soube, enquanto me colocavam no banco traseiro do carro — quando olhei para a rua longa que estávamos deixando para trás, seu corpo caído ao final dela, desaparecendo da vista para adentrar nas minhas lembranças —, que o sonho que eu tivera de nós juntos sempre fora uma ilusão.

— Olha só para essa garota — disse Madame, assim que saí do carro. — Pensou que era corajosa suficiente para escapar.

Um dos homens puxou a minha mão e me arrastou escada acima. Olhei para o sapato marrom coberto de lama do beco e de manchas do sangue salpicado como uma pintura dos estertores de Sanjiv. Olhei para os seus olhos, determinados a me levar até o andar de cima, sem se importar com o que ele fizera. Outras garotas — mulheres que eu conhecia, de quem fora amiga e para quem contara histórias — me olhavam apavoradas, agarradas nas grades logo acima.

Não vi o que estava para acontecer. O repentino golpe nas minhas costas, o baque do cajado de metal nos meus ossos, os repetidos choques contra o meu corpo, a dor se espalhando como as raízes de uma árvore se espalham no solo — com firmeza e profundidade. Por um momento, me perguntei se a dor era de ver Sanjiv morrer, se a dor no meu coração se espalhara pelo meu corpo da forma como doía fisicamente estar viva. Mas era Madame, de pé em cima de mim, descontando sua raiva. Caí no chão, fechei os olhos e me deixei vagar na escuridão.

NA MAIORIA DAS NOITES EU FICAVA NO MESMO QUARTO ESCURO E sem janelas de quando me levaram para lá na primeira vez; era espancada todas as noites, drogada e deixada para apodrecer, como no início. Então, um dia, ouvi gritos, o barulho de pés se agitando e passos pesados na escada. Sylvie abriu a porta do meu quarto e ficou ali, enquanto eu espremia os olhos para a luz repentina.

— Venha! É uma batida. A polícia está aqui — disse ela, gesticulando para eu me mexer.

Fui até o vão da porta, mas não era capaz de me mexer tão rápido quanto ela. Minhas pernas e meu corpo ainda doíam. A polícia chegou até nós enquanto estávamos tentando correr escada abaixo. Eles nos puxaram pelos cotovelos, e nos vimos no camburão, sentadas ao lado de outras prostitutas. Algumas das mais novas estavam chorando, com *kajal* escorrendo pelo rosto. As mais velhas sabiam que era só outra batida, coisa de rotina, que seríamos encarceradas por uma noite e então liberadas com uma advertência pela manhã. Era notório que a polícia recebia uma bela propina dos proprietários do bordel, mas, ainda assim, faziam uma batida de tempos em tempos para avisar a todo mundo de que estavam fazendo o seu trabalho. Porém, aquela batida era diferente; a polícia parecia determinada a encontrar algo ou alguém.

— Isso é tudo culpa da sua estupidez — disse Leena para mim no camburão. Seus olhos faiscavam de raiva.

— Sim, é tudo culpa sua. Nós não avisamos? Você tinha que se envolver com o filho daquele homem rico e tentar fugir com ele. O que achou que iria acontecer? — perguntou Chiki.

Olhei para Rani, que parecia encarar o vazio, perdida. Então, procurando respostas, olhei para Sylvie. Ela estava lá sentada com uma expressão entediada no rosto e, coçando o pescoço, respondeu:

— O pai de Sanjiv está pegando pesado com o bordel. A polícia está aqui porque ele fez uma queixa. Suspeita que o bordel tenha algo a ver com o desaparecimento do filho. O que eles não sabem é que devem ter se livrado do corpo num lugar tão longe que ele nunca vai conseguir descobrir o que aconteceu com o rapaz.

Olhei para ela estupefata, pensando naquele pai que nunca saberia o que aconteceu com o próprio filho.

— Não se preocupe — disse Sylvie para mim, acariciando o meu ombro —, vai ter mais algumas batidas, depois tudo vai se aquietar. Afinal de contas, o bordel é da máfia. Quem é que consegue levar a melhor sobre a máfia? — Ela riu.

— Mas e a gente? — perguntou uma garota.

— Sim, e as noites que vamos perder sentadas na cadeia? O dinheiro que poderíamos ganhar será acrescentado à nossa dívida, e sabe Deus quanto mais tempo teremos que continuar trabalhando desse jeito — falou outra, quase saltando sobre mim de fúria.

Sylvie me protegeu. Agarrou a mão da mulher enquanto ela avançava na minha direção e a empurrou de volta para o seu lugar.

— Que vergonha... todas vocês! Nunca se apaixonaram? *Nunca* desejaram fugir? E se uma de nós tivesse a coragem de fazer o que o restante não conseguiu?

As mulheres baixaram o olhar nesse momento e ficaram em silêncio. Eu não conseguia entender por que um ato meu as havia afastado de mim. Não sabia se invejavam minha audácia ou se apenas se preocupavam com as próprias vidas. Fomos liberadas na manhã seguinte e, felizmente, não houve outra batida. Os donos do bordel conseguiram evitá-la. Mas não se passou um só dia sem que eu pensasse em Sanjiv ou me angustiasse me lembrando da noite em que tentamos fugir, perguntando-me se eu poderia ter feito algo diferente. Eu me angustiava exatamente como as árvores se entristecem pelas suas flores murchas, como a terra rachada se sente ao ficar longe da chuva.

Anos depois, eu narraria isso para outro cliente que gostava muito de mim. Ele ouviu a tudo com muita atenção — como Sanjiv e eu nos conhecemos, como nos apaixonamos, como permiti que aquilo continuasse apesar de todo mundo me avisar para não prosseguir, como a minha estupidez o fez morrer nas mãos dos *goondas* da Madame. Ele ouviu e suspirou.

— O pai de Sanjiv não veio aqui procurar por ele? — perguntou.

— Não sei — respondi, dando de ombros. — Ouvi dizer que a notícia esteve durante algum tempo nos jornais, que Sanjiv estava desaparecido, mas depois, como não conseguiram encontrar o corpo, tudo se acalmou. Mas você precisa ver o que Sanjiv deixou para trás, para mim.

Caminhei até a parede e tirei alguns tijolos soltos. Eu havia guardado o livro que ele me dera. Fazia tempo que eu não o pegava; estava empoeirado, e soprei sobre ele suavemente, com receio de danificar o que sobrara. Mostrei-o ao cliente. Ele abriu o livro e passou pelas páginas.

— São os poemas que Sanjiv lia para mim.

Ele assentiu e folheou o livro. As pétalas secas das rosas que Sanjiv certa vez me dera caíram devagar sobre o chão e se quebraram numa poeira vermelha — a cor do sangue, o cheiro do sangue. Os pensamentos de amor acorreram à minha mente.

Os lábios dele tremeram e ele os apertou com força.

— Sinto muito — disse, ao se agachar e tentar juntar as pétalas.

— Está tudo bem — assegurei. — Preciso me esforçar para deixá-las para trás, assim como minhas outras lembranças.

Capítulo 22

Tara
2005

PARADA EM FRENTE AO APARTAMENTO DE MEENA-JI NAQUELA MANHÃ nublada, eu hesitava em tocar a campainha. Será que Aai sabia que Mukta era minha meia-irmã? Pensar na resposta me dava calafrios. Bati na porta. Meu coração acelerou quando ouvi o tilintar da tranca de corrente, e uma mulher com cabelo grisalho abriu um pouco a porta, o rosto escondido.

— Sim?

— Meena-ji?

A mulher abriu a porta um pouco mais, inclinou-se na minha direção e olhou para mim com atenção. O rosto de Meena-ji estava magro, enrugado com a idade, e o cabelo havia perdido a abundância. Havia uma faísca de reconhecimento nos seus olhos.

— Você é...

— Sou eu, Tara.

— *Arre*, você se parece tanto com ela. Como foi que não a reconheci? Entre, entre. — Ela sorriu e tirou a corrente da porta.

Puxou uma cadeira, gesticulou para eu me sentar e se acomodou no assento em frente ao meu.

— Que surpresa — disse ela. — Pensei que havia deixado a Índia de vez. Como está o seu pai?

— Ele morreu faz alguns meses.

— Ah, *Bhagwan shanti de...* Deus cuide da sua alma — recitou olhando para cima.

Ficamos em silêncio, sem saber o que dizer uma para a outra. Então, ela se levantou de repente, de um jeito estranho, e disse:

— Deixe-me fazer *chai* e pegar uns biscoitos para você, *haan*.

— Não se preocupe.

— Olhe só para você com seu sotaque *firangi* e tudo. Esqueceu que nós, indianos, nunca deixamos as nossas visitas passarem fome?

Sorri, relutante. Ela me deixou na sala, enquanto corria para dentro. Queria fazer a pergunta enquanto ainda tinha forças, antes de mudar de ideia, mas, em vez disso, esperei. Olhei ao redor para os enfeites pendurados na parede que estavam ali havia tanto tempo quanto eu podia lembrar. Ouvi o retinir das panelas e frigideiras e não demorou até ela sair, cambaleando sala adentro, segurando uma bandeja. Fiquei de pé e tirei a bandeja das suas mãos.

— Então o que traz você à Índia? Os Estados Unidos têm tanto a oferecer. Claro, digam o que disserem, aqui é sempre *apna desh.*
— *Nossa terra.*

— Meena-ji... — Respirei fundo. — A senhora se lembra de Mukta?

— Mukta? — Ela pensou um momento. — *Haan...* sim, aquela menina do interior que andava atrás de você o tempo todo.

— Sim, eu queria saber... saber se... — Parei por um tempo para ponderar o que estava prestes a dizer e se fazia algum sentido trazer aquilo à tona.

— Sim?

— Eu me pergunto... se Aai sabia. — Pronto, eu falara. Podia ouvir os batimentos do meu coração, minha respiração acelerada.

Houve silêncio da parte dela. A idosa parecia entender o que eu estava tentando dizer. Ela desviou o olhar por um momento, para fora da janela, e os meus olhos seguiram os dela. Não havia nada para se ver, a não ser o céu vazio.

— Como *você* sabe? — Ela suspirou. — Seu pai lhe contou?

— Não, a minha avó.

— Nunca tivemos certeza. Apenas suspeitávamos. Ela se parecia muito com ele, os olhos verdes, a pele clara... Sua Aai, ela era uma mulher inteligente. Eu admirava a paciência dela. Suspeitou quando o seu pai trouxe Mukta para casa. Os olhos dela eram iguais aos dele, qualquer um podia ver. Mas ninguém disse nada, até aquela tarde em que a sua mãe bateu na minha porta. Ela se sentou bem ali, neste cômodo, com a cabeça no meu colo, e soluçou a tarde inteira. Disse que, se fosse verdade, se o seu pai tivesse um filho com outra mulher, o que podia fazer? Ela não teve coragem de perguntar ao seu pai se era verdade. Afinal, ela não tinha para onde ir. Fugira da aldeia, desafiara os seus ancestrais, então havia chamado a maldição, dizia. Ela não tinha uma formação escolar com a qual contar, e também precisava pensar em você. Como é que poderia privá-la do amor do seu pai? Tinha que conviver com aquilo, disse, e, pelo tempo que viveu, ela fez isso. Tudo isso é o nosso *kismet*, o destino de uma mulher.

Ela suspirou. Tentei sentir o frescor da brisa no meu rosto. Não dissemos nada, só ficamos ali sentadas por algum tempo, ouvindo as crianças jogando amarelinha no pátio, os gritos animados varando o ar.

— Ela amava você, a sua Aai. Não escolheria estar em nenhum lugar a não ser com você — disse Meena-ji. — Não sei se deveria falar isso, mas, por algum tempo, eu me perguntei se ela não era filha de Anupam. Ele também tinha os mesmos olhos verdes, sabe. Falei isso à sua mãe, e, por um minuto, ela pareceu aliviada. Talvez, disse, talvez o pai de Tara esteja sendo gentil com Mukta porque ele é bom, como é bom com todos esses órfãos que traz para casa. Então, ela começou a soluçar de novo, disse que estava convencida de que Mukta era filha do seu pai.

Eu estava atordoada. As palavras dela pareciam me atacar. Saber que Aai havia vivido e respirado o fato de que Mukta devia ser minha meia-irmã, saber que ela morrera pensando que o meu Papa era mentiroso e enganador, era como ter o ar tirado de mim. Eu não conseguia mais aguentar.

— Obrigada — murmurei, coloquei a xícara silenciosamente sobre a mesa e saí caminhando.

Era por isso que Aai detestava Mukta? Era por isso que ela a sobrecarregava de tarefas? Os pensamentos que vieram à minha mente eram perturbadores. Antes que me desse conta, estava na rua, andando sem parar, lágrimas brotando nos meus olhos, borrando a minha visão. Eu estava alheia à multidão que me engolfava naquele caminho sufocante. As pessoas passaram por mim caminhando, algumas esbarravam nos meus ombros, outras gritavam atrás de mim.

— Não enxerga, não?

E eu queria gritar de volta, dizer que não, eu não enxergava. Por muitos anos, não vi que o meu pai se encontrava num dilema tão profundo. Quando partimos para os Estados Unidos, Papa não havia apenas perdido a esposa; ele também pensava que podia ter perdido uma filha. Eu falhara em ver isso, não havia reconhecido a terrível tristeza nos seus olhos. Que escolha terrível Papa teve que fazer: partir para uma terra estrangeira para que eu pudesse ter uma educação melhor, uma vida longe das coisas terríveis que tínhamos vivido aqui, *ou* ficar e procurar por Mukta. Ele escolhera a mim, meu futuro. Como não consegui ver isso? Eu também falhara em ver que Mukta podia ser da nossa família. Quantas crianças do tipo nós tínhamos ignorado ou tratado mal apenas porque não eram sangue do nosso sangue e não pertenciam à casta "certa"? Quantas crianças assim não continuam a se tornar vítimas das nossas tradições... Meus pensamentos continuaram e continuaram, e eu segui em frente. Por fim, quando as minhas pernas pareciam feitas de chumbo, sentei-me nos degraus de uma loja. As pessoas barganhavam com o lojista atrás de mim, vasculhando um saco de grãos, certificando-se de que não estava com pedras. Nuvens foram se juntando no céu, diminuindo a luz à minha volta, e gotículas de chuva começaram a cair. Duas crianças se sentaram ao meu lado sorvendo seus *golas* gelados, rindo. Eu não sabia para onde fugir das minhas lembranças, daquela menina do passado sentada ao meu lado, abrindo o coração para mim num dia chuvoso exatamente como aquele. Vasculhei a minha bolsa, implorei que algo aparecesse e me desse uma indicação — um sinal que me apontasse a saída. Vasculhei a minha bolsa, tirei as coisas de dentro — uma caneta, um bloco de anotações, meu estojo de maquiagem. Passantes olhavam para mim como se eu fosse louca. Então, meu celular tocou. Era Raza. Talvez *aquilo* fosse o sinal pelo qual eu estivera esperando.

— Encontrei Salim — disse ele quando atendi o telefone. Fiz sinal para um riquixá parar e me levar até o escritório dele.

Percorremos o caminho até o apartamento de Salim num riquixá que sacolejava pelos buracos das ruas de Mumbai. Paramos em frente a um prédio. Eu estava prestes a entrar quando Raza me pegou pelo cotovelo e me afastou dali, na direção de um canal.

— Prefiro vir por este canal. A rua é tão estreita que os riquixás muitas vezes são um problema para os moradores da favela — disse Raza.

Fiz que sim e o segui.

— Diga-me uma coisa, por que não falou com a polícia? Na verdade, por que não diz à polícia que sabe que Salim é o sequestrador? Facilitaria o seu trabalho, não é? Melhor do que confrontar um homem que uma vez tentou machucar você.

Pensei no bilhete, aquele que eu escrevera para Salim, pedindo que levasse Mukta embora, como ele havia rolado e caído naquela boca de esgoto.

— Prefiro fazer as coisas do meu jeito. — Dei de ombros.

— Ele tem algo contra você, não tem? — Raza parou para olhar para mim.

Eu o encarei por um tempo e então baixei meu olhar.

— Tem uma coisa que você precisa saber... Conversei com Salim hoje. Acho que não foi ele quem sequestrou Mukta, porque na noite em questão... quando Mukta foi sequestrada, a polícia tinha nos prendido. Lembro-me disso porque tomei a maior surra da minha vida. Lembro muito bem — disse ele.

— Está dizendo que o sequestrador é outra pessoa?

Raza deu de ombros.

— Você não viu o rosto do sequestrador, viu? E, a julgar pelo que disse, o sequestrador tinha as chaves do seu apartamento. Como Salim poderia ter as chaves?

— Ele poderia ter roubado.

— Salim estava *comigo* naquela noite — repetiu ele, suavemente.

— Está querendo dizer que não adianta irmos até Salim? — gritei. — Acha que sou uma desmiolada que não tem mais nada para fazer da própria vida? O que estamos fazendo aqui, hein? Por que vamos nos encontrar com ele, então?

— Porque... — Raza começou a dizer, deliberadamente devagar. — Porque acho que ele talvez saiba mais do que está disposto a admitir.

— Ah — falei, constrangida por não ter confiado o suficiente nele.

— Continuamos? — perguntou Raza.

Fiz que sim e o segui, em silêncio.

Enquanto caminhava por aquela zona de barracos, eu podia ver as pessoas nas suas casas, assistindo à TV ou conversando, as mulheres cozinhando ou cortando legumes, crianças brincando. Eles me cumprimentavam com a cabeça e sorriam para mim como se estivessem acostumados com estranhos caminhando diante da sua porta todos os dias, espiando para dentro da privacidade dos seus lares.

As pessoas saíam dos barracos e cumprimentavam Raza.

— *Namaste*, Raza Sahib.

Raza acenava ou apertava mãos e inquiria sobre como passavam. As pessoas pareciam felizes de vê-lo. Isso me fez lembrar de quando eu caminhava pelas ruas segurando a mão de Papa, os lojistas acenando para ele, cumprimentando-o, com a mesma expressão de gratidão nos olhos.

— Você ajuda eles, não é? — perguntei enquanto o seguia pela viela.

Ele olhou para trás. Seus olhos sorriam por ele.

— Sou assistente social e *trabalho* com essas pessoas. Posso ver que você nunca esteve nesta parte da cidade antes. — Ele estendeu a mão para mim enquanto eu atravessava uma língua de esgoto.

— Não, nunca. Nunca vi tantas pessoas morando num só cômodo.

— Nem mesmo quando vivia aqui?

— Não. — Dei de ombros. — Acho que o meu pai queria que eu só visse o lado bom da vida.

— Hum... acho muito recompensador ajudar pessoas que têm menos sorte que eu.

— Meu pai dizia isso... foi há tanto tempo.

Ele sorriu para mim com carinho.

— Você deve sentir falta dele.

— Claro que sinto.

EM DEZ MINUTOS CHEGAMOS A UM *CHAWL* DILAPIDADO. OS TIJOLOS estavam aparecendo na parede, as rachaduras eram tão profundas que eu temia que as paredes caíssem sobre nós. Do lado de fora, mulheres estavam em fila com baldes e panelas diante de uma torneira para buscar água. Pude sentir o fedor da privada por onde passamos. Raza disse que era o único sanitário naquele *chawl*, que abrigava tantas famílias. Subi os degraus depois dele. Finalmente paramos no segundo andar, em frente a uma porta aberta.

— Aqui estamos — disse Raza. — A casa de Salim.

A porta estava aberta, como a de muitas outras residências daquele *chawl*. Medo e raiva aguardavam para explodir dentro de mim enquanto eu esperava em frente à porta dele. À nossa volta, mulheres conversavam na varanda, e meninos corriam uns atrás dos outros; roupas lavadas pendiam dos varais, secando ao sol.

— *Salaam, Aleykum* Raza *bhai*. — Eu ouvi a voz de Salim, o rosto escondido na escuridão do quarto.

— *Aleykum Salaam* — respondeu Raza, e eles se abraçaram como irmãos.

Salim não me reconheceu, só convidou Raza para entrar. Fui atrás dele, tentando afastar as lembranças daquela noite. Quando os meus olhos se ajustaram à penumbra do quarto, pude ver o rosto de Salim com clareza, diferente do rosto infantil de que eu me lembrava. A escuridão se espalhara em volta dos seus olhos agora; uma cicatriz corria como uma linha entalhada na sua testa e havia rugas no rosto, que se aprofundavam quando ele sorriu.

— Chá ou café? — perguntou ele, olhando para Raza e então para mim, nos convidando para sentar no divã que havia no cômodo.

— Não, obrigada — falei.

— Tara Memsahib, na minha casa, você precisa tomar alguma coisa. Não mandamos as visitas embora sem terem comido algo. Não é um costume nosso.

— *Chai* está ótimo para nós dois, obrigado — respondeu Raza.

Salim acenou para alguém na cozinha e fez um sinal afirmativo.

— Tara Memsahib, todos nós perdemos alguma coisa nas explosões de 1993. Muitos de nós, muçulmanos, fomos detidos e apanhamos como se a culpa fosse nossa. Então, *me desculpe* por não me sentir mal por você ter perdido a sua mãe.

Encarei-o, os fragmentos de memória formando um caroço na minha garganta.

— Salim, viemos aqui só por causa de uma coisa — disse Raza.

— *Arre*, Raza *bhai*, sim, sim — falou ele, indiferente. Então, se virou e gritou um nome: — Najma, Najma...

Uma mulher magra usando um *niqab* surgiu com uma bandeja de biscoitos e chá. Eu só podia ver os olhos dela, por uma fenda estreita.

— Minha esposa — disse Salim enquanto ela colocava a bandeja de biscoitos diante de nós e servia chá com cuidado.

— Estamos procurando a menina que vivia na casa de Tara — falou Raza.

— *Arre*, mas não lembro muito bem — respondeu Salim, bebericando com calma seu chá, olhando para o longe, fingindo pensar. — Ouvi dizer que você é um grande homem hoje, Raza *bhai*, ajudando pessoas de todas as religiões. Mas o que o faz pensar que sei algo sobre ela? Acham que eu a sequestrei, não é?

Eu me senti como um gato escaldado, escondendo-me atrás de Raza, esperando que ele dissesse algo.

— Salim *bhai* — continuou Raza, devagar desta vez —, ela só quer saber se você sabe de alguma coisa.

— Acreditem em mim. — Salim fez uma pausa e inspirou profundamente. — Se eu a tivesse sequestrado, seria o primeiro a lhe contar, Raza *bhai*. Juro por Alá que não sequestrei a menina. Naquela noite em que ela foi sequestrada, fui preso pela polícia. Não lembra?

A expressão no rosto dele, o jeito convincente como ele contava uma mentira, fez minhas palavras irromperem no silêncio que se seguiu:

— Você está mentindo. Foi você quem a levou embora. Eu vi você — falei, minha voz tremendo.

Ele olhou para mim e repetiu muito devagar, cerrando os dentes:

— Eu... não... fiz... nada.

A expressão era feroz. Reavivou lembranças que me deixaram quase sem ar. Eu voltara a ser aquela menininha soluçando para escapar dele. Levantei-me e caminhei até a porta, tentando encontrar um pouco de ar fresco, respirando profunda e rapidamente.

Raza me seguiu e fez com que me sentasse.

— Respire, respire — disse ele.

— *Arre*, não queria assustar você — falou Salim, inclinando-se contra a porta, as mãos dobradas sobre o peito.

Raza se virou.

— Cale a boca, Salim.

Salim deu as costas e voltou para dentro. Eu me virei para Raza.

— Ele está mentindo, e você sabe. Foi ele aquela noite; *ele* foi o sequestrador. — Minha voz parecia exaurida enquanto eu tentava ter alguma certeza.

Raza aquiesceu.

— Acho que devemos ir.

Enquanto descíamos as escadas, me perguntei o que podia esperar daquele encontro, afinal de contas. Será que eu esperara que Salim caísse de joelhos diante de mim e pedisse desculpas? Eu era tola a ponto de pensar que ele me diria onde estava Mukta, e, assim, tivesse a esperança de ficar um passo mais próxima de encontrá--la. Quando estávamos prestes a descer o último degrau, ouvimos Salim chamar.

— *Arre*, Tara Memsahib, não seja *naraaz*. Eu realmente não sequestrei aquela menina. — Ele deixou escapar uma risada quando olhamos para ele. Estava encostado no parapeito, com um cigarro na mão, batendo as cinzas. — Mas queria te falar que a vi, e isso foi há muitos anos, em um bordel em Kamathipura.

Capítulo 23

Mukta
2000

NAQUELA MANHÃ, UM JORNALISTA VEIO ATÉ MIM, SE FAZENDO PASSAR por um cliente, tentando evitar o olhar dos *goondas* que guardam este lugar. Disse que o nome dele era Andrew Colt e que queria colocar a minha história nos jornais, talvez até escrever um livro. Ri e disse que o artigo seria lido por milhares, talvez milhões, junto com o chá da manhã. Por um momento, eles ficariam tristes e estremeceriam por uma vida assim existir. Então, terminariam a sua xícara de chá, saudariam os seus vizinhos e iriam para o trabalho como em qualquer outra manhã, como se não fosse nada anormal. Isso acontece há tantos anos, falei a ele, que coisas pequenas como artigos e livros não fariam qualquer diferença nas nossas vidas.

Ele olhou para mim com curiosidade. Era jovem, tinha mechas de cabelo loiro caindo sobre a testa. As luzes amarelas fluorescentes davam ao seu rosto um brilho curioso. Ele era um jornalista de outro país, curioso sobre as nossas vidas. Eu conhecera vários como ele. O último dissera que era "apaixonado por tecer histórias exóticas para o mundo inteiro ver".

— Eu posso ajudar vocês... todas essas mulheres aqui — dizia Andrew agora.

Suspirei, sabendo que ele era mais um desses que *pensavam* que podiam ajudar. Mas talvez ele pudesse me ajudar a encontrar Tara. Tirei um *bidi* da minha blusa, o acendi e traguei, soprando fumaça no rosto dele, como provocação.

— Tudo bem — falei —, mas preciso da sua ajuda para encontrar duas pessoas. E, o que quer que eu lhe diga, não será de graça.

Ele concordou.

— Claro que não! Eu pago. E ajudo você a encontrar... seja lá quem for que está procurando.

— Como? — perguntei, de repente desconfiada.

— Como? — repetiu, com as sobrancelhas arqueadas.

— Sim. Como vai me ajudar a encontrá-los?

— Conheço pessoas. — Ele deu de ombros.

Pode ser que ele estivesse mentindo, mas a saudade cresceu de novo dentro de mim. Essa coisa chamada esperança, da qual eu estivera tentando me desfazer havia tempos, crescera e caíra como ondas no meu coração durante tantos anos. Mas o que se pode fazer? A esperança é como um pássaro. Quer se manter em movimento, por mais que se tente aprisioná-la.

Acenei para ele me seguir.

— Você fala bem inglês — disse ele, enquanto eu o conduzia pela escada em espiral até o meu quarto.

— Sou uma das poucas que falam inglês aqui. Isso ajuda nessa profissão. Foi um presente de uma garota que conheci há muito tempo, Tara.

Ele acenou com a cabeça, mas não disse nada.

Os degraus rangiam sob o nosso peso. Ele olhou em volta para o meu quarto vazio, os olhos correndo pelas rachaduras na parede de tijolo atrás de mim, enfim parando nas janelas com barras próximas ao teto. Respirou fundo e suspirou como se aquele lugar o deixasse muito cansado.

— Este quarto tem um metro e oitenta por um metro e oitenta — falei, gesticulando. — Um dos meus clientes mediu para mim uma noite. Ele estava bêbado.

Eu ri. Acima de nós, o ventilador de teto rangia. No cômodo ao lado, uma garota gemia, o resfolegar alquebrado de um homem em uníssono com o seu.

— Faz alguns anos que me deram um quarto com janelas, então estou muito feliz. Posso sentir o calor dos raios de sol de manhã. Veja você mesmo — falei, levando um banquinho para o canto, colocando-me em pé sobre ele para olhar lá fora. — Faz anos que tentei fugir, e Madame agora tem certeza de que sou parte da família. — Dei uma risada.

Lá fora, música de Bollywood transbordava das lojas de *paan bidi*, instilando a promessa de amor e paixão; prostitutas e *hijras* se encontravam nas ruas cheias de lixo logo abaixo, tentando atrair clientes; bêbados caíam pelos cantos enquanto o céu acima de nós se abria para outro mundo — um mundo distante, diferente. O jornalista ficou em silêncio; suas sobrancelhas se juntaram. Ele me observava com cuidado.

— Tenho mais sorte que outras garotas daqui. Encontrei uma amiga que me ensinou muitas coisas, que me deu força. Claro, eu a perdi, como perdi a todos que realmente importavam na minha vida, mas, em espírito, ela ainda está comigo — falei, pulando do banquinho.

— Como ela se chamava?

— Tara. Vou lhe contar tudo sobre ela, como a conheci, como ela me deu a coragem para sobreviver, mas, primeiro, você tem que saber o que aconteceu comigo para entender como ela me ajudou.

— É a menina que lhe ensinou a falar inglês?

Fiz que sim. Ele se sentou na cama, e eu me agachei no chão, diante dele. Ele enfiou a mão no bolso, pegando uma caderneta e uma caneta. Queria poder capturá-la desse jeito — minha vida em pedaços de papel, não mais do que uma história.

— Então, qual é o seu nome? — perguntou ele.

— Me chamam de Docinho.

— Pode me chamar de Andrew.

Concordei e contei a minha história.

ANDREW VINHA UMA VEZ POR SEMANA, PAGAVA O DINHEIRO DO programa, mas, em vez disso, ouvia a minha história. A essa altura, ele já sabia tudo sobre mim — minha infância na aldeia, a cerimônia, a morte de Amma, Sahib me trazendo até Tara e como ela me ajudou a me recuperar daqueles dias de desespero. Era surpreendente para mim que um homem pudesse se sentar na minha frente sem me tocar, que a história tola de uma garota inútil como eu fosse tão importante para ele a ponto de pagar ao bordel para passar uma noite me ouvindo. Mas, de todas essas coisas, o mais surpreendente foi quando ele chegou certa noite com informação sobre Tara e Papa. *Eles partiram para os Estados Unidos, outro país,* disse ele, *há muitos anos.*

— Vou descobrir mais. Fiz uma busca na internet, mas não encontrei muita coisa sobre os dois. Pode ser difícil encontrar alguém, mesmo na internet... Vou escrever a algumas pessoas nos Estados Unidos e ver se elas conseguem descobrir algo para você.

Eu não sabia o que era internet e nem queria saber. Ficava feliz ao imaginar a vida de Tara mais alegre que a minha — casada com o homem que amava, com dois belos filhos nos braços e vivendo num país tão longe que a dor pela perda da sua mãe não se aventuraria tão perto do seu coração. Fiquei muito contente em saber daquelas notícias e me senti em dívida com Andrew por dedicar tempo procurando por ela.

* * *

UMA NOITE, FIQUEI ENTUSIASMADA QUANDO ELE ME TROUXE UM buquê de flores vermelhas e amarelas. Sorri.

— Sylvie uma vez me deu flores assim quando estive no hospital — contei, acariciando as pétalas, que me lembravam de outra época.

— Quando foi isso? Foi quando a espancaram? — Os olhos dele se alargaram.

Sorri de novo.

— Não, não, quando nos espancam a gente aprende a viver com isso, se recupera sozinha. Eu estive no hospital... — Fiz uma pausa enquanto servia água num vaso e colocava as flores na água. — Estive no hospital durante um dos meus abortos — falei simplesmente. As palavras rolaram da minha língua como pedras descendo uma colina, tentando em vão aliviar o próprio fardo.

Ele ficou imóvel, varrendo o meu rosto como se buscasse um rastro de tristeza.

— Madame não permite que muitas de nós tenham filhos. Ela detesta mulheres grávidas. É ruim para os negócios. Às vezes, acho, não se pode evitar e, então, você vê crianças correndo por aí até que desapareçam no negócio de bordéis.

— Por quanto tempo você esteve no hospital?

— Alguns dias. — Suspirei. — Apesar de todas as precauções que tomamos, às vezes engravidamos. Então a maioria de nós precisa abortar. Mas, veja, daquela vez em especial, eu quase morri. Em geral, eles chamam a parteira para fazer o aborto, recebemos folga de um dia e então voltamos ao trabalho. Se você faz repetidamente um entalhe numa árvore, não demora até que a ferida penetre bem fundo e, logo, a árvore cai. Meu corpo estava provavelmente desistindo. A parteira entrou em pânico, e tiveram que me levar correndo para o hospital.

Não vou mentir — a ideia da morte passou pela minha cabeça muitas vezes. Quando estavam me colocando no táxi, carregando-me numa maca, transportando-me pelo saguão pálido daquele hospital, os rostos das enfermeiras flutuando acima de mim, fiquei com medo de que fosse aquilo: o fim. Eu nunca veria Tara ou o seu Papa de novo. Antes, eu me convencera de que encontrá-los nunca seria possível, mas foi naquele momento extremo que me dei conta de que reencontrá-los sempre fora o meu mais profundo desejo, e queria me agarrar à vida *só* por isso.

Um dia depois, quando a escuridão se derreteu ao meu redor, Sylvie estava ali em pé com as rosas vermelhas e amarelas nas mãos, olhando para mim enquanto eu permanecia deitada na cama de hospital. Poucas garotas do bordel ainda queriam ser minhas amigas, para evitar de serem espancadas caso eu tentasse fugir de novo. Sylvie era a única corajosa o suficiente para ir até lá; ela entendia como era doloroso ficar sozinha.

— Choveu muito lá fora enquanto você não estava — disse ela, colocando as flores junto à minha cama.

Observei a névoa que se instalava na janela depois das chuvas, a umidade que trazia para o quarto. E observei o rosto de Sylvie, como ela espertamente escondia de mim a dor que sentia. Quando segurei as mãos dela, a mulher explodiu em lágrimas e afastou a minha mão.

— Você nos assustou — disse ela, sentando na minha cama.

Tentei rir.

— Não pensei que alguém fosse sentir minha falta.

Ela deixou escapar uma risada e chorou mais um pouco. Queria ter lhe dito que o conforto da sua presença era o que eu mais lembraria.

Quando voltei, Madame estava ao pé da escada enquanto Sylvie me ajudava a subir, a voz de Madame se levantando e reclamando da ida ao hospital, e então ela desapareceu na escuridão da escada curva.

— É melhor você não me dar mais nenhum problema. Gastei o suficiente na sua estada no hospital. É melhor ganhar esse dinheiro de volta para mim.

Andrew ouviu em silêncio, rabiscou no caderno. Se fosse poucos meses antes, Andrew teria dito, *deveríamos contar à polícia*, mas agora ele vira muita coisa, ouvira muito de diversas de nós. Ele me disse que havia, em segredo, prestado queixa junto a alguns assistentes sociais e à polícia. Houve batidas em alguns bordéis por algum tempo, mas, como sempre, não ajudou muito. Madame só o via como outro cliente estrangeiro e, mesmo se ela soubesse que ele era um jornalista, duvido que ligasse muito para isso. Aquele bordel era a sua fortaleza.

Ao ir embora naquele dia, Andrew olhou para trás na direção das flores. Soube, pela expressão dele, que ele estava farto, que não voltaria tão cedo. Eu não o veria em anos. Depois que foi embora naquela noite, pensei no que Sylvie me dissera depois que eu fora trazida de volta do hospital: Madame não teria pagado a conta do médico se não fosse pela minha habilidade de falar inglês. Atraía clientes estrangeiros.

— Além disso — disse ela —, sua beleza é a grande atração lá fora. Senão, acho que Madame não teria gastado nem uma rúpia. No ano passado, a mesma coisa aconteceu com Leena, e Madame a deixou morrer... Você tem sorte, Mukta. Seja grata.

Eu era.

Ao longo dos meses seguintes, tentei ser cuidadosa. Sylvie me ajudou a conseguir a pílula dessa vez, para eu não engravidar de novo. Eu havia tomado pílula muitas vezes antes, mas ou a pílula se provava falsa, ou simplesmente não funcionava. Então o aborto era a única saída. Para uma mulher, nunca é fácil perder uma vida que ela poderia trazer ao mundo; uma vida que era esmagada antes mesmo de poder desabrochar. Às vezes, eu me perguntava sobre aquelas pequenas vidas que haviam sido perdidas. Quando observava crianças brincando no terreno do bordel, sentia um profundo vazio dentro de mim, como se uma dor se espalhasse do meu útero até o meu coração. Sentia falta daquelas pequenas vidas que teriam tido vozes, e pequenas mãos, e pés, e sorrisos lindos se tivessem sido autorizadas a nascer. Quando eu pensava nisso, ficava mais determinada a não perder outra criança caso engravidasse de novo.

Daquela vez, as pílulas que Sylvie conseguiu eram de um cliente de confiança e esperávamos que eu não precisasse encarar outro aborto. Ríamos como crianças com a emoção de conseguir, pelas costas de Madame, as pílulas daquele cliente. Sylvie até conseguiu comprar chocolates importados, e nossas tardes chatas explodiram com a doçura das guloseimas. Aqueles eram os pequenos prazeres, junto com as drogas que nos davam, que me mantiveram funcionando naqueles poucos meses. Isso e Arun Sahib.

Ele era a razão principal para não mudarem a mim e a Sylvie de um prostíbulo para o outro, como acontecia com muitas outras garotas. Era costume nos bordéis trocar sempre as garotas, de forma que, se uma menina sequestrada fosse vista, ela nunca seria identificada de novo naquele bordel. Ele queria me manter naquele prostíbulo para poder me visitar regularmente, e garanti que mantivesse Sylvie comigo.

Conheci Arun Sahib três ou quatro dias depois de voltar do hospital. Ele entrou na minha vida como um trovão que cai com estrondo do céu. Seu cabelo escuro caía sobre a testa, os olhos castanhos injetados eram uma mescla de angústia e raiva, olhando para mim como se *eu* pudesse libertá-*lo*. Dei-lhe um sorriso débil, mas ele não o devolveu.

— Hum — disse ele ao se aproximar. Seu hálito cheirava a uísque importado.

Considerando o que fez por mim, tenho vontade de mentir e dizer que ele foi um amante gentil aquela noite, mas a verdade é que o homem derramou todos os seus problemas sobre o meu corpo e não pareceu se importar com a minha dor. Ele não me disse palavra, não olhou para mim, apenas grunhiu ao ir embora.

Ele me visitava todas as quintas-feiras e nunca falava muito, exceto para dizer:

— É verdade o que dizem. Você é linda.

Então segurava a minha mandíbula com força na mão e continuava:

— Seus olhos... são os olhos mais bonitos que já vi.

Ele parecia ter esquecido que me dissera exatamente a mesma coisa na semana anterior.

Quando contei a Sylvie que ele me elogiava repetidas vezes e que, de uma maneira um tanto estranha, não falava mais nada, ela riu de mim e perguntou:

— Você sabe quem ele é?

Dei de ombros. Não sabia.

— Ele deve ser importante e deve estar pagando Madame duas vezes o que receberia pela minha hora.

— Duas vezes? — Sylvie deixou a cabeça cair para trás enquanto ria. — Se ele não pagasse nada, ainda assim, Madame não daria um pio. Você não sabe quem ele é? Em que mundo você vive?

Balancei a cabeça enquanto arregalava os olhos de curiosidade. Sylvie sabia muito mais sobre o mundo lá fora porque ela *insistia* em saber mais dos seus clientes. Às vezes, isso a colocava em apuros, mas, na maior parte do tempo, ela era a única mulher que, embora vivendo fechada num bordel, sabia o que estava acontecendo do lado de fora.

— Ele é o *dada* aqui, o chefão da gangue que gerencia este negócio. Está envolvido em tráfico de drogas, além de explorar este bordel. Seus *chamchas* vêm coletar *hafta* todo final de semana de todas as lojas da vizinhança, tentando extorquir dinheiro dos lojistas por qualquer coisa. Ele é o dono daqui.

— *Haan?* — perguntei, incrédula.

Sylvie deu uma gargalhada alta e por um tempo pensei que ela não pararia nunca.

— Você é uma boba. Ele está enamorado por sua beleza. A única coisa que pode domar um homem selvagem é o charme de uma mulher. Não aprendeu nada durante todo esse tempo aqui?

Era verdade. Se eu tivesse a atitude corajosa de Sylvie, teria prosperado em vez de lutado para sobreviver. Eu invejava Sylvie e mulheres como ela, que conseguiam se consolar com coisas caras. Queria aprender com elas a tapar o enorme buraco que havia no meu coração com sáris de seda e joias.

Na vez seguinte que Arun Sahib e eu estivemos juntos, perguntei se ele poderia me dar algo especial para que eu pudesse me lembrar dele. Ele riu e, na quinta-feira seguinte, me trouxe um reluzente colar dourado. Colocou o colar no meu pescoço e o fechou. Olhei para o meu reflexo no espelho e me perguntei se eu me sentia diferente comigo mesma.

— Você é especial para mim — disse ele, o reflexo sorrindo para mim.

As palavras dele não pareceram alterar nada em mim. Disse a mim mesma que precisaria de muitas iniciativas dessas para ser como Sylvie, para tentar encontrar felicidade em falas vazias e outras futilidades. Nos dias que se seguiram, Arun Sahib fez chover brincos, sáris, xales, anéis — mas nada aconteceu, nada daquilo tinha o poder de consertar o que estava quebrado em mim.

Certa manhã, Madame entrou no meu quarto, se colocou diante de mim e sorriu. Naquela época, ela fazia um enorme esforço para falar de um jeito simpático. Não era muito boa nisso; não era algo que tenha exercitado muito durante a vida. Olhei para ela, desconfiada. Seu sorriso parecia contrariar alguma lei da natureza.

— Você ainda tem dívidas a pagar. Todos esses sáris *banarasi* e xales de seda, esses brincos, este colar serão usados para pagar as suas dívidas. Você entende, não entende? — Ela continuou sorrindo enquanto ajustava o colar em torno do próprio pescoço, olhava para seu reflexo no espelho, então se virava e sussurrava para mim: —

Não se preocupe se Arun Sahib perguntar. Diga que deixou tudo isso comigo para eu guardar em segurança. Lembre-se: vai livrar você das suas dívidas.

Eu estava ali havia anos, mas nunca lhe perguntei quando minhas dívidas seriam quitadas. Madame abria um livro todos os meses, e todas as mulheres daquele bordel se sentavam diante dela, esperando que o dia em que experimentariam a liberdade estivesse próximo. Mas esse dia nunca chegava, e tínhamos medo demais para perguntar. Então, deixei ela ficar com os presentes, desejando ser algum dia capaz de convencer Arun Sahib de que Madame havia tomado a maior parte deles para quitar a minha dívida. Ele era o único que podia me libertar daquele lugar. E, se eu fosse esperta, talvez pudesse ganhar a minha liberdade.

Logo, Madame me mudou para um quarto melhor — um quarto mais espaçoso.

— Este quarto é para as mais experientes de nós. Não pense que você é uma delas. Isso tudo é porque Arun Sahib insiste em tratá-la como uma rainha. Deus sabe que *jadoo* você fez com ele.

À MEDIDA QUE OS DIAS SE PASSAVAM, ARUN SAHIB SE TORNOU MAIS carinhoso e começou a conversar comigo, contando-me sobre a sua infância, sobre a sua mulher e os seus filhos, que viviam num apartamento em Mumbai. Em algumas noites, Arun Sahib narrava histórias de viagem, falava sobre lugares como Dubai e os Estados Unidos como se fossem a nossa vizinhança; ele conjurava na minha cabeça imagens que eram terras mais bonitas que as que eu vira em livros.

— Um dia vou levar você lá — disse ele, a voz cálida de afeição genuína. Claro que eu sabia que isso *nunca* seria possível. Todos os homens falavam assim quando queriam alguma coisa.

— Acha que vou ser livre algum dia? — Eu ousava perguntar quando ele estava de bom humor.

— Talvez algum dia eu a deixe ir... — Ele assobiava, imitando um pássaro voando. Ria alto, e eu sabia que ele só estava brincando. Mas até isso ajudava a me dar esperanças.

Em algumas noites, ele falava sobre os momentos que poderíamos ter juntos — viajar pelo mundo, descer as ruas de Bombaim de mãos dadas —, e eu me perguntava por que não via esses momentos do mesmo jeito que ele. E sabia que, ao seu próprio modo, Arun Sahib passara a gostar de mim, talvez até mesmo a me amar.

— Você alguma vez amou alguém de verdade? — perguntou-me ele certa vez, escrutinando o meu rosto, procurando a cor do amor.

Nesse momento tive uma visão de Sanjiv sentado ao meu lado e ligando o toca-fitas, mas isso acontecera fazia anos, e, a essa altura, eu havia aprendido a me confortar em silêncio sem nunca mostrar como me sentia verdadeiramente. Olhei bem nos olhos de Arun Sahib e soube que eu nunca experimentaria o sentimento de pertencer a alguém como encontrara em Sanjiv. Para mim, Arun Sahib sempre seria só um dos meus clientes, uma âncora me impedindo de submergir na loucura daquele bordel.

ENTÃO ME SENTI ENJOADA; O MÉDICO QUE VEIO ME EXAMINAR ANUN-ciou que eu estava grávida. Sylvie se encolheu junto à porta, horrorizada. Por que a pílula não funcionara? Por que eu estava grávida? Madame entrou pisando firme no quarto, derrubou-me da cama e bateu em mim várias vezes.

— Como acha que vai ganhar dinheiro para mim agora, *haan*? Você não pode ter esse filho. Está me ouvindo?

Implorei por misericórdia e argumentei, mas ela não queria saber. Não falei para Madame que o último aborto havia enfraquecido o meu corpo e que o médico me dissera que, se tentasse fazer outro, eu poderia perder a vida. A morte decerto era preferível à vida que eu estava levando. Me libertaria, mas lá estava eu — me agarrando na esperança, querendo trazer outra vida a este mundo cruel.

— Deixe que ela tenha o bebê.

A voz vinha de trás de Madame; ressoou no quarto. Pensei ter visto as roupas no varal tremerem, mas era só a brisa. Arun Sahib estava parado ali. Era uma quinta-feira à noite, e nós duas tínhamos esquecido que era a hora de ele me visitar.

— E se eu lhe disser que é meu filho? — Ele olhou para Madame e piscou, calmo.

— Eu... Eu... — gaguejou Madame.

— Eu quero que ela tenha esse filho. Você não deveria ver problema nisso.

— Sim, *dada*. Sinto muito. — Ela saiu do quarto, deixando-me para trás, encarando-o.

— Não olhe para mim — disse-me ele, levantando as mãos, meneando a cabeça. — Não espere que eu vá sustentar a criança. Sabe de quem é?

Balancei a cabeça, negando. Eu sabia que o filho nas minhas entranhas era dele. Ele também sabia. De que adiantava lhe contar alguma coisa? Tinha medo de que ele ficasse enraivecido, se recusasse a me proteger. Quem acreditaria numa prostituta que dorme com tantos homens? Então deixei no ar, sufoquei a verdade e apenas emiti um suspiro de alívio.

EU ME OLHEI NO ESPELHO TODOS OS DIAS DE TODOS OS MESES, ACAriciando a barriga crescente, percebendo as mudanças — a carne que começara a adornar meu corpo, meu rosto, que parecia mais cheio. Sentia-me como uma plantinha que se transformava no tronco de uma árvore. Arun Sahib nunca acariciou minha barriga nem perguntou como eu estava, mas com o tempo, começou a perguntar pelo bebê, como se soubesse que era filho dele.

— Se for um menino, ele pode se juntar a mim nos negócios — disse Arun Sahib. Eu sabia bem o destino de crianças nascidas de mães como nós. Na melhor das hipóteses, o menino se juntaria a ele para ser um cafetão, trazendo outras meninas para aquele negócio, esquecendo que a própria mãe um dia vivera naquela sujeira. Nunca perguntei o que ele faria se o bebê fosse uma menina. Ficava com medo de pensar nisso. Só o que eu podia fazer era aguardar e ter esperanças de que a vida dentro de mim encontrasse uma existência melhor — o sonho que *minha* Amma certa vez tivera para mim.

Capítulo 24

Tara
2005

RAZA FICOU NA PORTA DA COZINHA DO MEU APARTAMENTO ENQUANto eu preparava chá. Ele estivera ali muitas vezes na última semana, aparecendo para saber se eu estava bem. Passei a aguardar aquelas poucas palavras de conforto que ele me oferecia todos os dias.

— Vim para dizer que talvez conheça alguém que pode ajudar. Falei com Dinesh ontem. Ele e a esposa resgatam mulheres de bordéis, mulheres que foram forçadas a se prostituir.

— Acha que eles vão conseguir encontrá-la? — Eu me virei, ansiosa, o chá esquentando no fogão atrás de mim.

— Eu... não sei — disse ele —, mas precisamos tentar. Além disso, agora que sabemos que o sequestrador não foi Salim, posso ajudá-la a contratar um detetive se quiser descobrir quem foi.

— Não quero mais saber de detetives — falei.

Estava me sentindo cansada demais para argumentar com Raza sobre o paradeiro de Salim na fatídica noite. Sempre tivera a certeza, e ainda acreditava, de que Salim era o sequestrador. De todo jeito, eu era a responsável pelo sequestro de Mukta. Não importava o que qualquer outro dissesse, um grito meu naquela noite teria sido suficiente para salvá-la.

— No que está pensando? — perguntou Raza.

— Nada. Ontem li um artigo sobre meninas que eram vendidas para a prostituição e tentei entender como a vida de Mukta deve ter sido, pelo que ela deve ter passado. Li que eles espancam essas meninas se elas se recusam a fazer o que lhes mandam, podem até matá-las. Você acha que Mukta…

Engoli em seco. Era incapaz de proferir as palavras. O *chai* no fogão ferveu e transbordou. Eu ainda não conseguia contar a qualquer pessoa que talvez Mukta fosse minha meia-irmã, sangue do meu sangue.

— É difícil, mas tudo que podemos fazer é tentar — disse ele suavemente, aproximando-se.

Aquiesci e senti o calor de uma lágrima rolando pelo meu rosto.

O TRAJETO ERA LONGO; AS ESTRADAS ESTAVAM CHEIAS DE BURACOS, e grandes nuvens de poeira da construção que havia ali perto pairavam sobre as ruas. Raza havia contratado um carro para nos levar até Dinesh e Saira. O motorista era um homem na casa dos vinte anos que ocasionalmente olhava no retrovisor e conversava com Raza como se o conhecesse.

— Memsahib — disse ele para mim depois de um tempo —, se Raza Sahib não ajudar, eu tava caído num esgoto aí.

Raza riu.

— Só arrumei um emprego para ele, nada mais.

— Mas eu grato, senão aquela gente *harami* me fazia vender drogas. Sem escolha.

Raza se inclinou para a frente e fez um carinho na cabeça dele. Quanto mais eu respeitava o que Raza fazia, mais mole ficava meu coração. A distância entre nós estava diminuindo com o tempo. Eu me sentia reconfortada por tê-lo ao meu lado, me ajudando, e ele parecia saber disso.

— Eles estão a poucas horas da cidade, mas o trabalho que é feito aqui com as vítimas é incrível — explicou Raza enquanto o motorista manobrava o carro entre os pedestres. — Eles têm um escritório na cidade, mas quero que veja o centro que construíram para as meninas.

Baixei a janela do carro e observei enquanto a tempestade inclemente fazia as pessoas fugirem das ruas para se refugiar em recantos frios. Sentia gotas de chuva geladas contra o meu rosto enquanto o céu rugia com suas nuvens escuras. Demorara uma semana para eu absorver as notícias. Por vários dias eu as neguei, sem conseguir imaginar uma vida assim para Mukta. Agora, enquanto observava as pessoas caminhando pelas ruas reluzentes e molhadas, segurando guarda-chuvas que giravam no pé-d'água, eu sabia que, em algum lugar lá fora, naquelas ruas, entre toda essa gente, eu precisava encontrar Mukta, porque *eu* era a pessoa que arruinara a sua vida. As ruas pareciam turvas agora — se das minhas lágrimas ou da chuva, não sabia dizer.

— Estamos quase lá.

PARECIA UMA CASA COM UM IMENSO PÁTIO. À MEDIDA QUE NOS aproximamos, pude ver alguns balanços e meninas brincando de esconder. O grande terreno aberto em volta do centro permitia que o vento soprasse ao redor. Deixamos o carro, abrimos o portão e entramos. As meninas pararam de brincar e nos observaram com interesse.

— Raza *bhai*, como está? — O homem no centro juntou as mãos em cumprimento enquanto caminhava na nossa direção. — Bem-vinda, Tara Madam. Eu não teria pedido que viesse até tão longe, mas esta semana estamos aqui no centro para cuidar de algumas coisas e ver se as meninas precisam de algo.

— Não tem problema. Muito obrigada por me conceder seu tempo. — Sorri e juntei as mãos em cumprimento.

— Dinesh — apresentou-se ele. — Vamos para o meu escritório.

Raza me contou sobre as meninas enquanto Dinesh nos guiava.

— Você sabia que esses anjos não apenas resgatam meninas como também cuidam delas por alguns anos, lhes ensinam um ofício que elas mesmas escolhem, coisas como costura, artes manuais, para que possam ter uma vida decente depois que deixam o centro? E oferecem apoio jurídico se elas quiserem processar as pessoas que as sequestraram.

Raza e eu ficamos sentados no escritório deles naquela tarde úmida, tentando relatar os meus esforços para encontrar Mukta. Dinesh assentia e suspirava enquanto ouvia. Ele era um homem baixo, a cabeça careca, e os seus olhos transmitiam muita experiência. Ele explicou para mim que não seria assim tão fácil. Sua esposa, Saira, estava sentada ao seu lado, enrolada num sári azul com o cabelo preso num coque. Pela janela atrás deles, eu podia ver um grupo de meninas fazendo ioga sob a orientação de um instrutor, as árvores ondulando na brisa que os cercava.

— Sugiro que entenda o jeito como trabalhamos — disse Saira enquanto fazia sinal para uma mulher, que colocou chá sobre a mesa.

— Sim, sim — concordou Dinesh, pegando um copo de chá. — Você precisa entender que em geral meninas sequestradas acabam sendo vendidas para bordéis. E depois são frequentemente levadas de um bordel para o outro. Há muitos bordéis em Kamathipura, e não sabemos em qual ela poderia estar — explicou, olhando para mim. — Passaram-se onze anos desde o sequestro, então a menina em questão pode estar completamente perdida neste mundo. Parece cruel dizer isso, mas temos que ser francos desde o início.

Ouvi o vento agitar a vidraça da janela e trouxe a minha bolsa para mais perto de mim:

— Então eu... Pode ser que eu nunca descubra o que aconteceu com ela?

— Sim, *há* essa possibilidade, para a qual deve estar preparada.

— Do jeito como trabalhamos — interrompeu Saira —, temos certo número de empregados, homens que se disfarçam de clientes e encontram essas meninas, lhes dão dinheiro, roupas, comidas, para que possam confiar na gente. Essas meninas passaram por tanta coisa. São vendidas para bordéis por quantias ínfimas, como 4 mil ou 5 mil rúpias... Hã... Cerca de cem dólares? Elas são trancadas em quartos escuros e sem janelas e são espancadas regularmente. Ficam muito assustadas.

Atrás de Dinesh e Saira, através da janela, eu podia ver as meninas agora — meninas pequenas de 12 anos fazendo uma posição de ioga, parecendo estátuas, os sorrisos nos rostos habilmente mascarando a angústia.

— Uma vez que ganhamos a confiança delas — disse Saira —, tentamos explicar que podemos lhes dar uma vida melhor. Então, junto com a polícia, realizamos batidas. Algumas dessas meninas são escondidas em baús ou atrás de portas secretas, escondidas tão bem que é difícil encontrá-las. Às vezes, eles as transferem de um lugar para o outro, entre Mumbai e Calcutá, por exemplo. Seja como for, desta vez vamos manter os olhos abertos procurando por Mukta. Vamos mantê-la informada sobre as batidas.

— Gostaria de ir com vocês nas batidas — falei.

— Acho que não é uma boa ideia — disse Dinesh. — É difícil...

— Eu preciso ir. Preciso ver esse lugar — interrompi.

Meus olhos devem ter parecido desesperados, até vulneráveis, porque Dinesh examinou o meu rosto por alguns segundos, então suspirou.

— Você parece bastante disposta a procurar por uma menina do interior.

Concordei.

— Vou avisá-la quando planejarmos a batida — disse ele, cedendo. — Raza, você também pode ir. Agora, se quiserem visitar o centro e conhecer as meninas, isso vai lhes dar uma boa ideia do trabalho que fazemos aqui.

Depois de agradecermos a Dinesh e Saira, Raza e eu caminhamos pelo centro. Passei de quarto em quarto observando as meninas enquanto elas estavam num cômodo estudando, ou em outro, costurando e tricotando. Suas expressões eram calmas e afáveis, e elas sorriram para mim. Pensei em Mukta. Será que teria sofrido como aquelas garotas? Será que tinha as mesmas feridas? Eu esperava que ela fosse uma das meninas sortudas que tivesse sido resgatada. Quando fomos embora, o balanço no qual elas estavam brincando rangia, e os risos das mais novas desencadeou o ritmo das lembranças dentro de mim. Desejei que, onde quer que estivesse sob o céu espraiado, Mukta tivesse encontrado algo que a fizesse sorrir.

ACOMPANHEI A PRIMEIRA BATIDA. HAVIA GUARDAS E INSPETORES DE polícia, assistentes sociais e equipes de resgate, carros e jipes estacionados a alguma distância.

— Não, não é uma boa ideia — disse Dinesh quando insisti em caminhar pelas vielas.

— Por favor, eu preciso — insisti. — Preciso ver onde ela mora, e o lugar em que esteve todos esses anos, o quarto em que viveu...

— Acho que não vai ter problema, não acha? — interrompeu Raza. — Há tantos de nós aqui.

Dinesh suspirou, caminhou até a equipe de resgate, disse algo, sussurrou para os inspetores no jipe e então voltou caminhando até nós.

— Vamos andar até a viela para você poder observar o lugar. Os outros seguirão aos poucos. Farei um sinal para eles quando estivermos prontos — explicou Dinesh. — Não queremos alertar os cafetões ou os donos do bordel, senão vão esconder as meninas. Agora, Tara, tem certeza de que quer entrar no bordel? Muitas pessoas de início acham difícil ver essas... Hum. Só estou avisando.

— Tenho certeza de que ela vai ficar bem — disse Raza, me observando. Assenti.

Raza, Dinesh e eu caminhamos pelas vielas pouco iluminadas e estreitas de Kamathipura. Algumas partes eram banhadas pela luz amarela dos postes das ruas e das lojas que as ladeavam. Passamos por poças d'água criadas pelo vazamento de uma torneira e por lixo espalhado na rua. Os prédios de três andares eram velhos e dilapidados, parecendo prestes a cair, e roupas ondulavam ao vento enquanto mulheres com pouca roupa espiavam acima delas, nos observando com interesse. *Será que Mukta era uma delas agora? Aquelas mulheres quase nuas com flores no cabelo e o rosto pintado... Esperando, aguardando...*

Meu coração começou a se confranger de angústia e nojo. Eu nunca tinha visto um lugar daqueles antes. Os homens vagavam pelas ruas com olhos injetados; mulheres pelos cantos com roupas extravagantes e maquiagens pesadas, algumas enroscando o cabelo nos dedos e chamando os passantes. *Hijras* usando sáris fumavam do lado de fora de estabelecimentos que vendiam *paan bidi*, olhando para nós, exalando seu tormento em círculos de fumaça. Pôsteres de cinema presos à parede atrás delas mostravam uma vida diferente daquela. Músicas de Bollywood enchiam o ambiente, mascarando a angústia que corria à solta por ali. Crianças defecavam nas ruas enquanto alguns homens tomavam banho por perto. Havia um homem inclinado para a frente, com o tórax enfiado numa lata de lixo, murmurando algo para si mesmo. O fedor estava ficando insuportável.

— Espere aqui — sussurrou Dinesh para nós. — A equipe de resgate está logo atrás de nós, e a polícia virá em breve. Já as avisei.

Ficamos num canto, observando. O lugar virou um caos quando as sirenes da polícia se aproximaram; os lojistas correram para baixar as persianas dos seus estabelecimentos, e as pessoas começaram a correr, jogando garrafas nas ruas para dificultar a entrada da polícia.

Pediram que eu e Raza ficássemos sentados no jipe de Dinesh e esperássemos que a confusão passasse. Em questão de momentos, policiais invadiram os prédios velhos e trouxeram as mulheres para fora, levando-as para os jipes da polícia.

— Precisamos entrar para ver se esconderam alguém. Acho melhor ficarem aqui — disse Dinesh. — Minha equipe é treinada para fazer isso, tirar mulheres e crianças de lá em segurança.

— Eu tenho que ir — falei, descendo do jipe.

Raza me seguiu.

O vão da porta estava mal iluminado. Os quartos minúsculos, escuros e sem ventilação por onde passávamos recendiam a suor, e os corredores eram escorregadios e úmidos por causa das torneiras quebradas. Lâmpadas amareladas piscavam nos cantos das paredes nuas, e os beliches daqueles quartos pareciam reservados para prisioneiros. Não aguentei. Dei meia-volta e corri para fora. Foi só quando estava parada ao lado do jipe, os braços cruzados com força sobre o peito, tentando respirar, que percebi Raza ao meu lado.

— Você está bem? — perguntou ele.

Fiz que sim.

Eu podia notar a respiração calma dele. Raza se moveu, como se tivesse de repente tomado consciência da sua proximidade, pegou um cigarro no bolso, riscou um fósforo e o acendeu.

— Eles vão sair logo. — Sorriu para mim, baforando a fumaça para o outro lado.

— Por que você sempre me ajuda?

— O quê?

— Ninguém está me ajudando. Por que você está?

— Porque, Tara... Talvez eu saiba como é estar sozinho... Todo mundo precisa de alguém quando se sente sozinho — disse ele, batendo as cinzas no chão.

Desviei o olhar, sem saber o que dizer. As coisas haviam se acalmado à nossa volta. Aquela ruela se tornara de repente deserta e silenciosa. Cachorros reviravam lixo; vacas deitavam em paz na rua. As mulheres no jipe da polícia haviam começado a falar baixinho. Percorri seus rostos, observando, esperando ver uma feição familiar atrás de camadas de maquiagem, aqueles olhos verdes que certa vez eu abandonara. No entanto, só o que vi foram expressões cautelosas, jamais cruzando a fronteira de um sorriso, a dor dos seus olhos perdurando em algum lugar entre uma criança e um adulto — perdidas, como se elas não soubessem mais o que eram.

— É melhor irmos — sugeriu Saira, e Raza nos conduziu de volta.

Esperamos no centro até que Dinesh chegasse com as moças. Saira, Raza e eu tínhamos saído na frente. Observei os voluntários ajudarem mulheres e crianças a descer do jipe. Dinesh entrou lá dentro.

— Prendemos 49 prostitutas hoje. Doze delas querem ficar conosco — disse ele a Saira.

— Como assim? Só doze? — perguntei.

— Algumas ficam, outras voltam — explicou Raza.

Eu o ignorei e continuei olhando para Dinesh, esperando uma explicação.

— Voltar? Por que alguém ia querer voltar para um lugar daqueles?

— Nem todas são forçadas a se prostituir — respondeu Dinesh. — Só resgatamos aquelas que são levadas à força para a prostituição. Mas então algumas são chantageadas para ficar. Têm medo de que os pais sejam mortos no interior se vierem conosco. Outras simplesmente não conhecem outra vida; não importa o quanto tentemos convencê-las de que há outra existência possível, elas não acreditam. Perderam a capacidade de confiar em qualquer pessoa.

— Ah — falei, ainda olhando para ele, como se não tivesse respondido à minha pergunta.

Ele baixou os olhos:

— Não. Nenhuma delas bate com a descrição de Mukta.

— Não acredito — falei e segui em direção à sala, onde as mulheres tinham recebido ordem de esperar.

— Espere! — Raza gritou atrás de mim. — Você precisa deixar Dinesh e Saira fazerem o trabalho deles. Eles fazem isso há muito tempo.

— Nem tente me impedir! — gritei para ele enquanto eu entrava na sala.

Dinesh e Saira me seguiram até lá dentro.

— Alguma de vocês conhece essa moça? — perguntei, exibindo uma fotografia de mim e de Mukta na Biblioteca Asiática. As mais próximas balançaram a cabeça, e outras só me olharam, alarmadas, enquanto eu passava entre elas, agitada. Eu havia dobrado a fotografia no meio, para esconder meu rosto e focar a atenção no rosto de Mukta. Porém, nem mesmo após esfregar a fotografia na cara delas, as mulheres deram qualquer sinal de reconhecimento. E, no final, todo mundo — incluindo Raza, Dinesh e Saira — estava me observando. Fiquei ali, naquela sala cheia de mulheres, cercada de silêncio e tristeza.

— Não desista — disse Dinesh ao me levar para fora. — Só fizemos batidas em uns poucos bordéis. Há mais, e encontrar uma pessoa que foi sequestrada há anos vai levar tempo. Você precisa ter paciência.

Capítulo 25

Mukta
2001

O BORDEL ESTAVA QUIETO. ERA O PRIMEIRO DIA DO DIWALI, E OS homens deviam estar em casa celebrando com as famílias. Da minha janela, eu observava os fogos de artifício explodirem no céu noturno, espalhando cores por toda parte, viajando além do horizonte num mundo onde Tara provavelmente também podia vê-los. Sempre que eu olhava para o céu pintado de tantas cores, pensava em Tara e me perguntava em que parte do mundo ela estaria e se ainda olhava para o céu como costumávamos fazer. Pensei no momento em que minha filha nasceria e seria colocada nos meus braços — eu tinha certeza de que teria uma filha, e eu a chamaria de Asha. Dessa forma, Tara saberia assim que ouvisse o nome. Era uma lembrança compartilhada apenas por nós duas.

Pensei naquele dia, lá atrás. Foi em outro Diwali — exatamente como este. Tara e eu éramos meninas. O ar estava cheio com as nossas gargalhadas e risadas. Eu havia levado para fora do apartamento deles um lindo *rangoli*, acendi *diyas* e pintei as lâmpadas de barro com estampas. Naquela manhã, Tara e eu fomos levar um prato de doces para uma das amigas dela que morava no outro lado da rua.

Tudo à nossa volta estava aceso, prédios pintados e decorados; as pessoas acenavam umas para a outras e diziam: "Feliz Diwali!"

No nosso caminho, vimos uma pequena multidão se juntando ao lado da rua. Curiosas, avançamos até a frente. Parecia que uma boneca tinha caído no chão — frágil e pequena, enrolada num pano branco. A terra formava um pequeno monte na lateral da rua. Havia pegadas ao lado do lugar onde um cachorro desenterrara o embrulho, puxando-o com os dentes, desenrolando-o para revelar um rosto. Pairava um fedor naquele lugar, e pensei que com certeza era da área de construção que ficava ali perto. Os trabalhadores deixavam o lugar sujo com os restos dos seus almoços, e, claro, havia o cheiro ruim das latrinas abertas usadas por eles.

Tara queria pegar a boneca, então avançou para tocá-la.

— Não toque, não toque! — gritou uma mulher.

Tara e eu demos alguns passos para trás. Um homem nos puxou com firmeza.

— O que foi? — protestou Tara. — É só uma boneca.

— Psiu!

A mulher chorava, seus olhos marejados e ainda focados na boneca. Outra senhora postou-se ao lado dela e ergueu as mãos no ar, lamentando como se alguém tivesse morrido. Olhamos como se a mulher tivesse enlouquecido. Mais e mais pessoas haviam começado a se juntar à nossa volta, algumas suspirando, outras sussurrando:

— Quem faria uma coisa dessas?

Observei os rostos tristes, pensei no que eles estavam dizendo e fitei a boneca por um breve momento. Demorei um tempo até perceber o que os outros estavam enxergando. Não era uma boneca. Era uma bebê, de apenas alguns dias. Não demorou até a polícia chegar com seus jipes, nos afastar e isolar o terreno em construção.

No caminho para casa ficamos em silêncio, e eu sabia que Tara estava tão preocupada com a bebê quanto eu. Naquela noite sentei na cozinha, desejando que a bebê tivesse encontrado seu caminho para o céu. Eu me perguntei como seria deixar um mundo ao qual mal se chegara, não conhecer a própria mãe do jeito como conheci a minha. Será que ela estava feliz por ir embora, já que era uma menina e os pais não a queriam? Sob muitos aspectos, ela era exatamente como eu. Se estivesse viva, saberia como seria difícil o pai amá-la, que a razão para isso — a verdade pura e simples — era que ele *não* a amava.

Tara veio à cozinha naquela noite, e eu sabia que ela não estava conseguindo dormir por causa daquilo.

— Você também não consegue dormir? — perguntei.

Ela deu de ombros e apontou para o céu.

— Você acha que a encontraremos lá, a bebê?

— Claro. Olhe, há uma estrela nova — apontei.

— Você acha que isso aconteceu com ela porque era uma menina?

— Talvez.

— Acha que ela tinha um nome?

Dei de ombros.

— Eu a chamaria de Asha. *Esperança...* — Tara fez uma pausa e olhou para os próprios pés. — Se ela fosse minha, nunca a deixaria morrer. Eu cuidaria dela.

Ao longe, ainda podíamos ouvir os fogos de artifício explodindo àquela hora da noite. Olhamos para ela — a bebezinha no céu, que, por sua vez, olhava para nós — até cairmos no sono.

PENSEI NAQUELE BEBÊ DURANTE TODA A MINHA GRAVIDEZ. E EM AMMA. Era incrível como pensei na minha Amma durante a gestação. Seu rosto, suave e delicado nos meus sonhos, sorria para mim e conversava comigo com a voz melodiosa. Suas palavras eram cadenciadas, reconfortantes. Durante esse período, eu estava doida de alegria, e o meu coração transbordava de amor. Gerar uma vida havia derretido o gelo do meu âmago. Tudo mundo podia ver isso no brilho da minha pele, no ritmo dos meus movimentos.

Contudo, nos últimos meses, tudo mudou. Minha pele estava seca e irritada, descamando como papel. O bebê dentro de mim não me deixava dormir. Eu ficava deitada na cama, olhando para o ventilador de teto que girava acima. Eu me levantava e deixava os dedos percorrerem as linhas de uma torneira saliente na parede no meu quarto. Fiquei em pé sobre um banco para alcançar a janela e observei a sombra aninhada na viela escura abaixo do meu quarto. Quanto mais consciente eu me tornava do peso daquela nova vida dentro de mim, mais pensamentos brotavam na minha cabeça.

— Você está preocupada com o que vai acontecer se o bebê for uma menina? Mas como você tem tanta certeza de que vai ser uma menina? — perguntou Sylvie.

Dei de ombros e não respondi. Eu tinha certeza, só não sabia explicar como. O fardo dos meus pensamentos era pesado, e eu o carregava comigo o tempo todo. Lembro-me daqueles últimos dias da gravidez. Eu tinha manhãs terríveis de enjoo e, quando precisava descer a escada para ir ao banheiro, as garotas do bordel me olhavam torto.

— Abram caminho, a rainha está aqui — dizia uma delas, cuspindo no chão enquanto eu passava.

— Ela se acha muito sortuda — comentava outra.

— Por quê? Ela tem Arun Sahib na palma da mão. Pode fazer o que quiser — dizia outra enquanto eu ainda andava por ali.

As palavras delas ressoavam nos meus ouvidos. Devo admitir, naqueles momentos eu sentia como se as estivesse traindo, recusando-me a partilhar a dor que todas nós tínhamos sentido juntas por tantos anos. Fosse como fosse, as meninas tinham razão — eu tinha sorte de poder não receber nenhum cliente, ainda que só por alguns meses. Nenhuma outra moça podia se dar ao luxo da privacidade que me fora concedida.

Estremeço em pensar o que teria acontecido se Arun Sahib não estivesse na minha vida. Na maior parte das noites, Madame não me deixava sem ter algo para fazer. Então, me colocava para trabalhar varrendo e esfregando o chão de todos os quartos do bordel, de quatro junto à bomba d'água lá embaixo, lavando roupas, enxaguando-as e torcendo enquanto todas as moças empilhavam roupas sujas ao meu lado. Então, ela parava sobre mim, lembrando-me de que eu tinha dívidas a pagar. Não me importava de fazer o trabalho pesado; era muito melhor que a vida que eu tinha antes de engravidar, quando o único pensamento na minha cabeça era: *Quantos clientes vou receber hoje?*

— Você devia falar a Arun Sahib que Madame está tratando você mal. Não faz bem trabalhar tanto nos últimos meses da gravidez — alertou-me Sylvie.

De nada teria adiantado. Eu ouvira dizer que Arun Sahib era um homem de negócios astuto e que Madame geria o bordel muito bem, ganhando para ele mais dinheiro que qualquer outro bordel do qual era dono. Então, no máximo, Arun Sahib lhe chamaria atenção, e isso deixaria Madame furiosa. Não era algo sábio a se fazer.

Certa noite, algo se mexeu dentro de mim. Pude sentir enquanto dormia. Respirei o cheiro de flores de jasmim, o odor de terra fresca depois de uma chuva aprazível flutuando na minha direção, vindo da janela. Podia ouvir os gorgolejos da bebê, ver a inocência nos seus olhos. Era um sonho, pois acordei molhada de suor. Uma dor seca começou a circundar a minha barriga; uma pressão começara nas minhas costas. Eu me levantei e fiz menção de ir até o quarto de Sylvie, as ondas crescentes de dor me engolindo enquanto eu me dobrava sobre mim mesma. A dor sincronizou o seu ritmo com a música que chegava do quarto dela. Olhei para dentro. Ela dividia o quarto com outra menina, uma cortina separando as camas, como uma testemunha do que acontecia em ambos os lados. Sylvie me encontrou caída no chão e me ajudou a levantar. Levou-me para um quarto estreito e não ventilado que parecia uma passagem. Era um dos muitos quartos nos quais eu fizera os abortos. Dessa vez, serviria para trazer mais uma vida. Sylvie pediu que eu me deitasse num colchão gasto e esfarrapado, de um vermelho desbotado ao longo dos anos. Esperei que a onda de dor viesse novamente quando Sylvie me assegurou que a parteira estava a caminho.

 A parteira era nova e tinha pouca experiência. Seu nome era Shaira, uma jovem de 21 anos que tinha outro emprego no salão de beleza. Ela nos disse que havia terminado o curso de parteira há pouco tempo, mas eu ouvira falar que ela ficara nervosa ao fazer o aborto do bebê de Leena e que tudo terminara numa confusão. Leena morrera. Ela não era como Sheetal, a outra parteira de meia-idade, que tinha anos de experiência. Mas Sheetal não ia mais àquele bordel. Dizia-se que Madame não pagara direito pelo último trabalho e que elas tiveram uma discussão. E então Madame contratou Shaira, provavelmente de graça, para que ela pudesse completar o curso praticando conosco. Como podíamos confiar em alguém tão jovem para trazer uma nova vida ao mundo?

 Temi pela minha bebê e pensei que Madame estava deliberadamente tentando lhe fazer mal, chamando uma novata. Mas calhou que Shaira se mostrou calma e segura, com um *bindi* redondo na testa e olhos tão cálidos que podiam derreter o coração. Ela amarrou o cabelo castanho cacheado num coque e lavou as mãos e os braços com a precisão de um médico.

 — Você está em boas mãos — disse ela com um sorriso, e não me preocupei mais. *Talvez Leena tivesse morrido porque era fraca demais para fazer outro aborto ou não tenha conseguido suportar perder outro bebê,* pensei.

 Eu me concentrei no fio d'água que escorria da parede do quarto, na tinta descascando e caindo no chão, e na umidade que havia lá. Sylvie trouxe trapos e uma água cinzenta.

 — Fervi a água — disse ela.

 Meus pensamentos vagaram até Tara. Será que ela tinha um filho? Eu imaginava um marido atencioso ao seu lado, escoltando-a pelas paredes brancas de um hospital, as enfermeiras e os médicos inclinando-se sobre ela, assegurando que seria um bebê saudável.

— Você precisa fazer força — pediu a parteira quando outra onda de dor tomou conta de mim. Agarrei as laterais da cama, respirei fundo, inspirei o pó que havia no ar e fiz força.

Tudo durou várias horas. Madame apareceu e pediu que Sylvie voltasse ao trabalho. Então, éramos só eu e a parteira esperando naquela passagem solitária para dar as boas-vindas à minha bebê. Devo ter gritado e urrado a noite inteira, esperando que a minha filha surgisse. Ela nasceu chutando e chorando nas primeiras horas da manhã, cercada pelo brilho dourado da aurora. Era tão minúscula quando foi entregue para mim, os olhos mal tinham se aberto, a boca se abrindo sem parar para deixar sair o choro do choque de abandonar o útero seguro e chegar a este mundo difícil. Você alguma vez já olhou para o pôr do sol fixamente a ponto de sentir uma profunda conexão com ele? Sentiu o formigamento cálido do amor, aquela alegria arrebatadora surgindo de dentro de você? Foi o que senti quando colocaram a minha bebê no meu colo.

Mas aquele também foi o momento em que se instalou o choque pelo que eu fizera — eu trouxera uma vida inocente para um mundo que não a trataria bem. Já havia pensado nisso, mas o desalento pela minha decisão só surgiu quando a minha filha nasceu.

Segurando-a, enrolada num pedaço de pano, eu tinha lampejos daquela noite de Diwali quando Tara e eu vimos aquele bebê frágil enrolado em pano branco — o que morrera — ser enterrado apenas por ser menina. Só então entendi *de verdade* a mãe que havia deixado o próprio bebê morrer. Entendi que ela havia decidido que era o melhor para a menina, apesar do turbilhão de emoções e da culpa pela decisão perigosa. Pensei naquele nome de novo — o nome que Tara teria dado para a minha bebê.

Lágrimas caíram dos meus olhos — se de medo daquela lembrança ou do amor que de repente saltou no meu coração por aquele pequeno ser nos meus braços, eu não sabia —, mas chorei como nunca chorara antes. E sabia que nunca poderia ser como aquela mãe. Eu nunca poderia fazer mal à minha filha.

— Como quer chamá-la? — perguntou a parteira, trazendo-me de volta das minhas lembranças.

— Asha — respondi. *Minha esperança nesta vida.* Minha única esperança.

Capítulo 26

Tara
Setembro de 2006

PARA COMEÇAR, EU NÃO DEVERIA ESTAR ALI. NÃO ERA SEGURO. FOI uma péssima ideia. Ainda assim, apesar de todos os meus medos, consegui ficar em pé naquela rua agitada, prestes a entrar na área de Kamathipura. Carros e ônibus buzinaram atrás de mim na hora do *rush*, à tardinha. Vendedores ambulantes me pediam que comprasse comida de rua dos seus carrinhos, e pedestres passavam correndo por mim. Recuei um pouco daquela agitação e me postei numa alameda estreita, entre dois prédios. Se continuasse avançando por aquela rua, eu me encontraria no labirinto de ruelas que eles chamavam de Kamathipura. Era uma área perigosa, violenta, cheia de cafetões e homens carcomidos pelas drogas. Dinesh me alertou várias vezes para não tentar ir até lá sozinha. Mas já haviam se passado mais de dois anos desde o meu retorno à Índia, e, depois de muitas batidas em bordéis no último ano e meio, eu estava cansada de esperar pela próxima, cansada da esperança que surgia em mim quando as mulheres estavam sendo resgatadas e, sobretudo, cansada da desilusão que me assaltava depois de não encontrar Mukta entre elas.

Se Mukta vivia ali, ela se escondia durante as batidas. Imaginava que, se eu viesse sozinha, sem a ONG ou a polícia, e sem o caos que eles traziam, haveria uma pequena chance de Mukta me ver, me reconhecer e não sentir mais a necessidade de ficar escondida. Pode ter sido um plano tolo e ingênuo, mas era uma chance que eu precisava aproveitar.

    Acima de mim, os raios alaranjados do pôr do sol se espalhavam pelo céu, e, à distância, eu observava as lojas de *paan bidi* abertas para a noite. Meninas novas, algumas com apenas dez anos, enchiam o rosto de maquiagem, aprontando-se para uma noite de trabalho. Uma delas — uma menina de uns doze anos com um batom vermelho vivo e um vestido também vermelho — pareceu me reconhecer e começou a caminhar na minha direção. Quando se aproximou, dei-me conta de que ela não estava olhando para mim, mas caminhando na direção de um cafetão que estava um pouco mais além. Ele usava uma camiseta branca suja e jeans surrados. O cabelo desgrenhado caía sobre os ombros. Olhou para os lados, mas não para mim. Eu me escondi atrás do prédio. Suor escorria das minhas têmporas até o pescoço. Será que ele tinha me visto? Falei a mim mesma para respirar. Ao longe, eu ainda podia ouvir os vendedores anunciando os seus produtos. Eu poderia sair correndo dali para a rua agitada e nunca olhar para trás. Era a minha saída.

    Espiei atrás do prédio e vi a menina enfiar a mão dentro da própria blusa e tirar algumas notas. Ela entregou o dinheiro ao homem. Ele ficou ali, com as costas encostadas na parede e contou o dinheiro sem levantar a cabeça, enquanto a menina voltava para o seu lugar sob um poste com a luz apagada. No último ano e meio, em cada batida realizada em cada bordel, eu havia passado por aquelas vielas com Dinesh e a equipe de Saira, olhando nos olhos dos cafetões e dos gerentes dos bordéis. Eu conhecia aquele lugar; conhecia as rotas de fuga. Mas e se não conseguisse escapar? Ninguém sabia que eu estava ali. Não havia contado a Raza nem a Dinesh. Eles teriam me dissuadido de vir.

    Parada naquela rua, eu sabia que aquilo era algo que precisava fazer — se fui capaz de me colocar em perigo para fazer com que

Mukta fosse sequestrada, eu com certeza seria capaz de entrar naquele lugar para resgatá-la. Sem pensar mais nisso, comecei a caminhar. O cafetão continuou contando o dinheiro e não olhou para mim quando passei. A música de Bollywood ficou mais alta, e as crianças davam risinhos ao brincar de pega-pega, contornando mulheres que estavam sentadas na varanda, cozinhando nos fogões. Uma fumaça espessa subia dos fogões e se misturava ao cheiro de bebida e ao fedor do lixo. As mulheres ficaram em silêncio enquanto eu passava e continuavam a me olhar. Os cafetões só podiam estar perto, escondidos em cantos em que não conseguia vê-los. Só o que eu queria fazer era caminhar por aquele lugar a fim de que Mukta pudesse reparar em mim, me reconhecer. Eu não precisava falar com ninguém, só manter a cabeça baixa e caminhar pela área. Pelo menos esse era o plano. Então, vi uma mulher parada perto do prédio, sem prestar atenção na minha presença. Uma das mãos estava no quadril e, com a outra, ela segurava um cigarro. Olhou para mim, e então desviou o olhar. Havia algo na sua aparência, no jeito como ela escondia a urgência de pedir socorro. Quando dei por mim, eu a estava abordando.

— Sou de uma ONG — falei.
— Sozinha. Sem mais ninguém.

Ela sorriu para mim e soprou círculos de fumaça no meu rosto.

— Meu nome é Sylvie — apresentou-se ela. — Esta é a minha amiga, Docinho.

Docinho estava falando com um homem, rindo e sussurrando algo na sua orelha enquanto o conduzia escada acima. Seus olhos verdes pousaram em mim por um segundo antes de ela continuar sussurrando na orelha dele.

— O que quer saber? Sei que é jornalista — disse Sylvie. — Querendo escrever artigo? História? Muitos vindo aqui, mas eu não fazer nada sem dinheiro.

— Não, não sou jornalista. Estou aqui para ajudá-la, se você quiser.

Ela riu.

— Tem muita gente dizendo que pode ajudar, mas ninguém pode. É burrice achar que pode.

— Eu posso mesmo ajudá-la. Mas estou procurando por uma moça... Uma mulher... Ela é...

— Acho que deveria ir embora — disse ela olhando por cima dos ombros. Seu rosto tinha de repente a aparência assustada de uma criança.

— Não... Mas estou procurando essa...

— O que você quer? — trovejou a voz de um homem.

Olhei para trás.

— Quem é você? — perguntou ele. Dois homens altos, parrudos, vinham atrás dele.

— Sou de uma ONG... — expliquei.

— É melhor ir embora. Não queremos gente como você aqui. — Os olhos injetados me analisaram de cima a baixo. Ele coçava a bochecha ao falar. Cheirava a bebida barata.

— Veja, não quero causar problemas. Estou só passando. Sou de uma ONG — repeti, tentando convencê-lo.

— É disso que não gostamos: pessoas enfiando o nariz nos nossos negócios — disse ele, sua voz mais alta agora.

Ele fez sinal para duas crianças que estavam jogando críquete no meio da rua. Duas latas de lixo colocadas como arcos. Um deles caminhou na nossa direção, arrastando o taco atrás de si. O homem passou a mão no taco e o agitou perto de mim.

— Olhe, eu... já vou. — Meu coração estava batendo tão forte que quase dava para ouvi-lo.

— O que você quer? Diga de novo. — O homem avançou na minha direção.

De repente, minhas pernas tremeram, como se eu fosse ter um colapso. Senti a cabeça tonta.

— Eu... Eu... — Tratei de me esgueirar para longe dele.

Então, ele deu um golpe na minha direção. Abaixei-me e corri. Mas eu havia percorrido poucos metros quando me senti caindo. Meus pés haviam batido em algo pesado. Meu queixo se chocou contra uma pedra e começou a jorrar sangue dali. Meus braços e ombros doíam do impacto. Alguns passos adiante, eu podia ver a agitação da rua cheia de gente que eu havia deixado para trás. Sem pensar de novo, levantei e voltei a correr. Corri ao lado de carros e caminhões, empurrando pedestres para tirá-los do caminho.

Parecia que eu estava correndo por muito tempo, com uma repentina energia sobre-humana eletrizando o meu corpo. Então ouvi meu nome, várias vezes. Tinha um carro andando ao meu lado.

— Tara! — chamava o homem de dentro do carro. Diminuí o ritmo. O veículo desacelerou ao meu lado. — O que está acontecendo? — perguntou o motorista, espiando pela janela do passageiro. Continuei fitando o homem lá dentro. — Você está bem? — Era Raza.

— Eu... Eu... — Olhei à minha volta. Já estava a uma boa distância de Kamathipura. Como havia corrido tão longe e tão rápido? As pessoas olhavam para mim de um jeito estranho; algumas até mesmo paravam para me encarar.

— Entre. — Raza abriu a porta do lado do passageiro.

Estava tremendo quando entrei. Minhas mãos tiveram dificuldade de fechar a porta do carro. Minhas roupas estavam banhadas de suor e eu as sentia geladas contra a pele. Raza não fez perguntas, apenas continuou dirigindo até que chegamos ao meu apartamento. Foi só quando ele parou o carro em frente ao portão do meu prédio que lágrimas começaram a correr pela minha face.

— Você não devia ter feito isso sozinha — disse ele suavemente. As mãos dele pegaram as minhas.

Continuei chorando. Raza ficou ali ao meu lado em silêncio.

— Vamos subir até o seu apartamento... Cuidar desses machucados.

Toquei no meu queixo. Sangue havia pingado nas minhas roupas. Minha mandíbula doía. No espelho do carro, pude ver que meu lábio estava inchado e com o dobro do tamanho normal.

— Podemos dar queixa na polícia, se quiser.

— Por quê? Eu só caí.

— Eles ameaçaram você?

— Não interessa. Não vou dar queixa nenhuma. Chega. — Saí afobada do carro e comecei a subir os degraus até o apartamento de Papa. Raza me seguiu.

Sentei-me no carpete na sala de estar do lar da minha infância, onde Mukta e eu certa vez brincamos de amarelinha, e limpei os machucados com um antisséptico.

— Deixe-me fazer um pouco de chá — ofereceu Raza quando fui trocar de roupa.

No quarto, deitei na cama e fiquei olhando o ventilador de teto girar acima de mim. Era ali que eu estava deitada quando Mukta foi sequestrada. Será que o medo que eu sentia hoje era um pouco parecido com o que ela sentira? Será que alguém merecia ter uma vida diferente depois de destruir a vida de outra pessoa?

Liguei o computador e me sentei à escrivaninha. Imagens passaram pelo monitor — imagens de Elisa com o seu filho dormindo nos braços, outra do bebê com um gorro de Papai Noel, sorrindo para ela. Eu quase podia ouvir o riso dele, sentir a felicidade no rosto de Elisa. Fazia poucos dias que eu havia mandado parabéns para ela e Peter pela chegada do primeiro filho deles. Eu gostava de olhar para aquelas imagens — meu único refresco do mundo que estivera observando desde que as batidas nos bordéis começaram, meu único modo de acreditar que sorrisos felizes e inocência existiam de fato em algum canto distante do mundo. Naquele dia, olhar para aquelas fotos era um alívio.

Eu não deveria estar tão abalada depois de tudo que vira nos últimos dois anos. Havia me envolvido ativamente não apenas com a organização de Raza, mas também com a organização de Dinesh e Saira. Era voluntária para ensinar inglês a algumas das moças e mulheres resgatadas. Certas vezes, fiquei até mais tarde para abraçar as meninas quando elas acordavam aterrorizadas à noite. Eu pensava nas garotas que havia conhecido — algumas com apenas dez anos —, cujos passados sempre estariam marcados por algo brutal, e, ainda assim, elas tinham aprendido a sobreviver. Eu havia aprendido com elas algo sobre a vida, sobre como a vida nos decepciona e também nos ajuda a seguir adiante. A fortaleza delas me dava coragem, uma esperança de que, se elas podiam sobreviver aquilo ao que passaram, Mukta ainda poderia estar em algum lugar, viva.

— ONDE ESTAVA COM A CABEÇA? — PERGUNTOU RAZA, TRAZENDO-ME chá.

Nossa amizade crescera aos solavancos no último ano. Em momentos de desespero, eu sabia que bastava olhar em volta para vê-lo ao meu lado. Foi reconfortante — essa amizade que partilhávamos, trabalhando juntos por um objetivo comum — levar comida em guetos, conversar com os necessitados, acompanhar Dinesh nas batidas aos bordéis. Mas como eu poderia explicar as emoções que tomavam conta de mim quando resgatávamos aquelas mulheres? Para mim, era quase como se a maior alegria de ser capaz de resgatar uma menina convivesse desconfortavelmente com a profunda tristeza de ter colocado outra lá.

— Onde estava com a cabeça? — repetiu Raza, e, como não respondi, ele suspirou. —Vamos sair para jantar. Você comeu alguma coisa? — perguntou ele.

Balancei a cabeça. Ele não me deu outra chance de protestar. Em questão de minutos estávamos descendo uma rua e depois parados sob o poste de luz em frente a uma banca de comida com mesas ao ar livre. Percebi que, na verdade, era um lugar bonito, limpo — uma *dhaba*. Raza disse que o estabelecimento era mantido por uma família do norte da Índia. À nossa volta, muitas mesas e cadeiras se espalhavam pela rua. As pessoas devoravam a comida, conversando alto enquanto a música tocava baixinho no fundo.

— Sei que a busca por Mukta parece frustrante, mas as coisas vão se resolver, acredite em mim — disse Raza. — Eu acho que, acima de tudo, você precisa se libertar.

— Me libertar?

— Se libertar do arrependimento que sente por algo que fez há muito tempo. Quando você procurou Salim para entregar aquele bilhete, sua mãe tinha acabado de morrer. A tristeza faz isso com as pessoas, às vezes a gente não consegue pensar direito. Além disso, não havia nada que você pudesse ter feito aquela noite, durante o sequestro. Você era uma criança. Então... se liberte.

Eu não havia me dado conta até então de que ele sabia — sempre soubera — do meu segredo mais profundo e terrível, sem eu falar nada. Errara em não vê-lo nas minhas lembranças, de pé bem atrás de Salim, quando mandei o menino entregar o bilhete tantos anos antes. Durante todo esse tempo, eu havia sido enganada pela minha memória, achando que ele não estava lá naquela tarde. Agora seus olhos eram cristalinos enquanto falava, como se achasse que o que eu fizera merecia perdão.

— Está tudo bem — falou ele quando desviei o olhar. — Todos nós fazemos coisas das quais nos arrependemos. Há momentos em que não sabemos como agir. — Ele levantou os olhos para o céu límpido.

Raza e eu havíamos nos aproximado, e não devia me incomodar que ele fosse sincero, mas meus olhos queimaram de lágrimas.

— Não quero falar sobre isso — disse eu.

Ele deu de ombros e olhou em volta, buscando um garçom. *Liberte-se.* O pensamento cozinhava lentamente dentro de mim.

— Talvez devêssemos ir embora — falei, minhas palavras como uma maré que sobe rápido.

— Por quê? Não gostou do que falei? É a verdade, não é? Não foi por isso que você foi sozinha para Kamathipura hoje? Você queria ver como era estar num lugar daqueles, queria sentir o medo que Mukta deve ter sentido, o abandono, a solidão, o terror. Não foi por isso que foi até lá sozinha? Sabia que era uma tolice ir procurá-la sem ninguém. Nunca a encontraria desse jeito.

Ele olhou para mim. Engoli em seco. Ele leu a minha mente.

— Olhe — disse Raza, os olhos mais doces agora —, é preciso ter paciência. Não faz sentido se colocar em perigo. Não vai ajudar a encontrá-la. Estamos fazendo o que podemos.

— Bem, não é o suficiente. Você não entende... — Deixei escapar um soluço.

Ele segurou e tranquilizou as minhas mãos trêmulas.

— Estou aqui — sussurrou.

Seu rosto era o mesmo de quando o encontrei pela primeira vez, há mais de dois anos. Havia um pequeno vinco no meio da testa que se aprofundara para formar uma linha permanente e marcas nas laterais da face, uma lembrança das cicatrizes deixadas pelo seu passado. O que havia mudado? Eram os olhos castanhos, que ficavam mais suaves sempre que ele olhava para mim? Era o olhar de preocupação quando me via chateada? Será que *eles* estavam tentando me contar uma história esse tempo todo, uma história que eu não estava ouvindo? Por que ele fora tão paciente comigo apesar de eu saber que ele queria gritar, brigar comigo por causa da minha estupidez?

— Como vai, Raza *bhai*? — O garçom, um menino de não mais de oito anos, usando uma camiseta rasgada, chegou, carregando dois copos d'água, e limpou a mesa com um pano de prato.

Enxuguei os meus olhos rapidamente e me esforcei para sorrir.

Raza colocou o braço em volta dos ombros do menino.

— Tara, este é o Chottu. Chottu, onde está a camisa que trouxe para você outro dia?

— Eu uso camisa nova na escola. Obrigado você, Raza *bhai*, me mandar para a escola. — Seus lábios se abriram num sorriso largo.

— Você gosta de ir à escola? — perguntei a Chottu.

— Sim, senhora. Muito — disse ele, assentindo. — Quero ser doutor quando crescer, e ajudar as pessoas, que nem Raza *bhai*.

Nos olhos dele, vi o mesmo zelo pelo estudo que vira uma vez nos de Mukta; ardia ali a mesma chama de esperança, de sobrevivência. Sentada sob as estrelas, sendo servida por um menino de oito anos, falei a Raza:

— Não vou desistir nunca, se é o que está pensando. Parece uma causa perdida. Mas não vou desistir.

Grilos cantavam ao longe, como se tentassem confirmar o que eu dizia.

— Eu sei que não. Você não quer desistir. — Raza sorriu enquanto me oferecia um *naan* do prato. — Sabe, quando vejo todos esses *goondas* na rua, esses rufiões que espancam as pessoas, vou para casa e agradeço a Alá por ter conhecido Dev Sahib. Do contrário, acho que teria acabado exatamente como eles.

— Dev Sahib?

— Sim, Dev Sahib. Nasci numa família muito pobre. Salim e eu só conhecíamos essa vida quando éramos crianças. A ideia de uma vida melhor para nós, a mera possibilidade de uma, significava apenas vender drogas e roubar. Parecia uma ótima ideia na época. Não sabíamos que estávamos ferindo pessoas, ou talvez simplesmente não nos importássemos.

Fitei os olhos de Raza enquanto ele continuava — olhando para o longe, perdido em outra época.

— Eu adorava ser visto com *goondas* como Salim; dava uma sensação de poder ser parte da gangue. Com eles, eu não era tão inofensivo como me sentia por dentro. Eu me juntei a eles quando tinha oito anos, como muitos meninos da minha idade. Tentei aprender a viver na rua, busquei decifrar a vida através disso. Eu batia carteiras muito bem, sabe. — Ele riu das suas lembranças de infância. — Vendia drogas e fui pego pela polícia algumas vezes. Lembro-me que uma vez, nos fizeram tirar a roupa, nos amarraram pelados de cabeça para baixo e nos bateram com uma vara. Ainda tenho as cicatrizes nas costas. Isso deveria ter me ensinado a ficar longe da gangue, mas me tornou mais resiliente, mais determinado a me sair melhor na gangue. Eu tinha 14 anos quando Salim tentou pegar você no meio daquela rua. Sei que já pedi desculpas, mas, sempre que olho para você, revivo a culpa pelo que fiz. Sinto muito por aquilo, sinto mesmo. Eu estava perdido; não sabia o que estava fazendo.

Havia dor nos seus olhos, arrependimento no seu rosto.

— Não precisa pedir desculpas — falei. — Você já se desculpou o suficiente.

— Alá foi *meherbaan* por me fazer conhecer Dev Sahib. Ele me resgatou quando fui espancado numa batida policial, e ele e a esposa cuidaram de mim até eu ficar bem. Antes disso, nunca tinha conhecido uma família. Minha mãe era uma bêbada que dormia pelos cantos na rua e pedia esmolas para se sustentar, e, na verdade, nunca tive pai. Nossa casa era um barraco de pano que a minha mãe montou. Tínhamos que recolocá-lo de pé toda vez que ventava forte, ou quando a chuva caía com muita força, ou, pior, quando a prefeitura passava por ali destruindo todos os barracos porque eram ilegais. Eu devia ter uns sete ou oito anos quando fugi. Não sei o que aconteceu com os meus irmãos. Fiz uns bicos: trabalhei em restaurantes como garçom, ajudava lojistas a carregar produtos e lixo. À noite, eu dormia num banco no parque, e, quando chovia, eu dormia no pátio de uma loja, o teto como abrigo para a noite. Esses eram os dias bons, quando eu só estava preocupado em conseguir uma refeição por dia.

Raza parou e suspirou. A tarde virou noite. Chottu havia levado os pratos e limpado a mesa; as pessoas à nossa volta tinham começado a se dispersar, e a iluminação na barraca de comida diminuía.

— E aí você se envolveu com a gangue à qual Salim pertencia? — perguntei.

— Sim. Eu, em geral, estava envolvido em furtos, batia carteiras, fazia pequenos roubos e vendia drogas. É fácil usar crianças para transportar drogas. Ninguém suspeita delas, e normalmente a polícia as deixa ir sem fazer uma revista completa. Enquanto isso, elas carregam drogas nas roupas de baixo. Depois de algum tempo, você se acostuma. Deixei aquela vida para trás quando conheci Dev Sahib. "Vou lhe pagar um bom salário se trabalhar para mim", disse ele. Eu tinha 15 anos e, apesar da minha gratidão por ele ter me trazido de volta à saúde, não consegui abrir mão dos meus velhos hábitos. Ele me pegou traficando drogas duas vezes, mas era um homem paciente, e sabia que mudanças não aconteciam da noite para o dia. O trabalho, carregando papéis e outros materiais de escritório das lojas para escritórios, transportando comida que a mulher dele fazia para os moradores de favelas, era para mim comum e chato, muito distante do pico de adrenalina que eu sentia com a gangue. Mas, com a ajuda dele, perseverei.

— E as pessoas para quem você trabalhava? Não vieram atrás de você? Ouvi dizer que não é fácil sair de uma gangue.

— Tem razão. Mas eu nunca tinha subido na hierarquia. Quando Dev Sahib me descobriu, eu ainda estava na fileira mais baixa do submundo, e as pessoas acima de mim não se importavam se aqueles na base da cadeia alimentar caíam fora. Trabalhei com Dev Sahib por muito tempo. No início, ele me colocou para fazer pequenas tarefas. Eu podia viver com eles, ele e a esposa me tratavam como filho. Me tornei parte da família. Ele tinha dois filhos e uma filha. Até então, eu nunca soubera o que era fazer uma refeição com pessoas rindo e partilhando histórias, conversando sobre o dia. Era como ter uma família de verdade. Dev Sahib disse que eu deveria frequentar a escola noturna e terminar os estudos. Nunca tive qualquer tipo de instrução, na verdade. Ele me ensinou o básico para eu poder fazer exames que me permitissem entrar no terceiro ano. Havia crianças pequenas à minha volta, e, no início, foi constrangedor. Mas aprendi rápido e passei para uma turma mais avançada. Ele me matriculou na escola noturna, e me formei com 24 anos. Decidi que queria seguir os passos dele e me tornei assistente social. Eu me juntei a Dev Sahib e à sua mulher na tarefa de evitar que meninos sejam vendidos para líderes de gangues como mendigos ou meninas sejam vendidas a bordéis. A imagem daquilo tudo mexeu comigo, e me dei conta de que havia coisas mais importantes do que eu, que era possível pensar em outros além de mim.

— E sua esposa trabalhava com você.

— Sim, Naima era assistente social. Como eu, ela também foi resgatada por uma ONG. Ela trabalhava na escola, ensinava ciências e história para as crianças. Foi lá que a conheci. Nunca vi ninguém mais apaixonada por ajudar os necessitados. Ela cuidava com carinho especial das meninas vendidas para os bordéis e trabalhava com várias ONGs daqui.

— E onde estão Dev Sahib e sua mulher agora?

— Eles estavam com Naima na explosão.

— Sinto muito. Por que não me contou isso antes? Nós nos conhecemos há quase dois anos!

Ele sorriu.

— Você não perguntou. E não achei que se interessaria em saber tanto sobre mim.

Um silêncio estranho se infiltrou entre nós. Eu estivera tão absorvida na minha própria dor que não me dera o trabalho de perguntar nada sobre ele. Claro, eu muitas vezes me perguntava o que havia convencido um *goonda* a sair da vida das ruas e dirigir uma ONG. Mas nunca quis saber por que o coração dele mudara. Talvez, durante todo esse tempo, eu não tenha dado importância para qualquer outra coisa além de encontrar Mukta. Eu nem sequer lhe contara sobre mim, o que acontecera, por medo de abrir minhas feridas.

— Então me fale sobre você — disse ele.

— O que tem eu?

Ele deu de ombros.

Nesse momento, senti vontade de lhe contar tudo — tudo o que eu estivera guardando dentro de mim, tudo que eu estivera reprimindo. Contei a ele sobre Papa, sobre os dias felizes de infância que eu partilhara com Mukta, sobre o sequestro e sobre como eu o planejara, sobre o desânimo que eu sentira ao deixar a Índia e como, ao aterrissarmos nos Estados Unidos, Papa se tornara distante por causa da tristeza, sobre quão esperançosa eu me sentira quando conheci Brian.

— Conheci Brian lá... numa festa para a qual minha amiga Elisa me arrastou. — Ri. — Quando o conheci, senti que partilhávamos algo mais profundo, mas simplesmente não deu certo.

Contei sobre a noite em que Papa se enforcou. Meus olhos subitamente ficaram marejados.

— Seja como for — falei —, depois do funeral, encontrei documentos na gaveta de Papa. E soube que precisava voltar para procurar Mukta.

— Sinto muito que tenha tido que ver seu pai daquele jeito — disse Raza.

— Tem mais uma coisa que não contei. — Fiz uma pausa. — Na aldeia, minha avó me contou algo, algo sobre Papa; que ele teve uma relação com uma prostituta da aldeia e que Mukta pode ser... — Respirei fundo e continuei: — Que Mukta talvez seja filha dele.

— Mukta é sua meia-irmã? — Ele levantou as sobrancelhas.

— Não sei. Mas gostaria de ter certeza.

Era um alívio enorme revelar isso para alguém. A barraca de comida atrás de nós fechara havia muito tempo, e, antes de nos darmos conta, o sol nascia ao longe, espalhando as suas luzes, lavando as minhas preocupações, renovando as minhas esperanças. Tínhamos passado a noite inteira falando sobre as nossas vidas, os nossos problemas. Mais de dois anos haviam se passado, eu à margem da vida, observando-a passar por mim, mas, embora parecesse não haver qualquer raio de luz à frente, eu não estava pronta para desistir, e, estranhamente, pela primeira vez em muito tempo, senti que não estava sozinha.

Capítulo 27

Tara
Outubro de 2006

NAVIN ME ACORDOU CEDO NAQUELA MANHÃ, BATENDO NA PORTA com força, falando apressado, esbaforido, quando abri a porta.

— Papai está no hospital, dizem que é grave. Você pode vir vê-lo? Ele sempre quis contar uma coisa a você.

— Claro. — Juntando minhas coisas, perguntei: — Como ele está agora?

— Está fora de perigo por ora, mas o médico diz — a voz dele falhou — que pode acontecer a qualquer momento.

Passaram-se quase dois anos desde que eu vira Anupam *chacha* pela primeira vez desde o meu retorno, tão terrivelmente enfraquecido pelo câncer. Apenas quando tinha tempo visitava-o em casa, sentava-me ao seu lado e lia para ele, mas isso era raro. Conversávamos sobre as nossas lembranças de infância, sobre Papa. Então, de tempos em tempos, ele ficava olhando ao longe e dizia que tinha muitas coisas para me contar. Quando eu perguntava a respeito, ele se fechava. E eu deixava por isso mesmo. Tinha certeza de que os remédios para dor estavam deixando o cérebro dele confuso. Navin sempre achara o mesmo, e fiquei surpresa de ouvir que ele pensava de forma diferente agora. Eu esperava que Anupam *chacha* pudesse me contar o que o perturbava. Não queria que ele se fosse como Papa — carregando um fardo pesado.

Antes de sair, liguei para Raza e pedi que me pegasse no hospital mais tarde para podermos ir ao centro de Dinesh. O hospital ficava entre o mercado e uma área de despejo de construção. Tinha cheiro de antisséptico, e os médicos e as enfermeiras passavam apressados por nós. As paredes caiadas de branco me lembravam de quando Papa e eu havíamos esperado em hospitais exatamente como aquele, procurando como loucos por Aai.

— Quarto 38 — disse Navin, irrequieto, apertando o botão do elevador.

Coloquei a minha mão no ombro dele.

— Não, não, não estou preocupado. Minha esposa, Vibha, está com papai. Ele está bem… Eu sei, eu sei — repetia ele. — Ah, esqueci — disse ele, enquanto eu entrava no elevador. — Preciso pegar uns remédios; volto num minuto. Quarto 38, ok?

Eu sabia, pelo jeito como ele desviava o olhar, escondendo o próprio rosto, que tudo que queria era um pouco de privacidade para a sua tristeza. Desci no terceiro andar e atravessei o corredor, olhando de um quarto para o outro, procurando o número 38. Uma enfermeira passou apressada por mim, e os visitantes do lado de fora dos outros quartos me olharam com um ar cansado quando passei por eles. O quarto 38 ficava no final do corredor. Esperei do lado de fora observando Anupam *chacha* deitado naquela cama, tubos entrando e saindo do seu nariz. A mulher de Navin, Vibha, estava sentada numa cadeira ao lado da cama dele, tricotando. Ela levantou os olhos assim que entrei e Anupam *chacha* fez um pequeno aceno e me indicou uma cadeira. Vibha puxou a cadeira para perto da cama.

— Ele quer que você se sente — disse ela, como se eu não tivesse entendido.

Sentei junto à cama e segurei a mão dele.

— Anupam *chacha*, como é que ninguém me contou que você estava tão doente?

Ele deu um sorriso fraco e tentou dizer algo, mas saiu como um grunhido. Eu o ajudei a beber um pouco d'água e olhei para trás, para Navin, que havia entrado no quarto, e para a esposa dele, que estava em pé ao seu lado. Mas eles me fitaram com olhares vazios, consternados.

— Ficaremos aqui fora, caso papai queira contar algo a você em particular — disse Navin e acenou a cabeça para Anupam *chacha*.

— Sua avó já deve ter lhe contado agora — suspirou ele.

Fiz que sim.

— Acho que o seu Papa nunca teve certeza se Mukta era filha dele... sabe? Falei a ele para desistir da criança... deixá-la num orfanato ou algo assim. Mas o seu Papa sempre foi o messias. Ele gritou comigo certa vez... e disse que Mukta poderia ser minha filha. Afinal de contas, quase todos os homens da aldeia haviam dormido com a mãe de Mukta. Na verdade, ninguém tem como saber... quem são os pais... de tais crianças...

— Aai achava que ela era minha meia-irmã. Ela devia saber. Eu não sei... — falei, devagarinho.

— É minha culpa... o que aconteceu — interrompeu Anupam *chacha*, a voz entrecortada. — Eu nunca deveria... ter sido tentado... a fazer... o que fiz.

— O quê, Anupam *chacha*?

— Depois que a mãe de Navin... morreu, eu queria... realizar os desejos dela... Fazer de Navin um músico brilhante. Eu... teria feito qualquer coisa... para realizar os últimos desejos dela. Tanto que... fiquei cego... com esse sonho.

Isso não era novidade para mim.

— Está tudo bem — falei, limpando a saliva da lateral da sua boca.

— Por mais que eu tentasse, Navin não... conseguia chegar ao nível... que eu tanto queria para ele. Eu... me dei conta... de que ele precisaria de um treino extra... do melhor professor. Isso... faria dele... o tipo de músico... que eu queria que fosse. — Ele parou e tossiu. — O único problema era... que o meu trabalho não estava indo bem... e eu não podia pagar... o preço... dos serviços de um bom professor. Eu... peguei emprestado de um... homem que dizia que não cobrava... juros. No meu desespero... não estava pensando. Em questão de... poucos meses... o homem mandou... *goondas* atrás de mim... me cobrando três vezes o valor emprestado... Então entendi... que eu, de forma tola, havia colocado... a vida do meu filho em risco... ao pegar dinheiro emprestado com a máfia. Então... então... certa noite, quando eu estava voltando a pé para casa... na ruela... um homem me chamou... disse que poderia me ajudar... achei que era a salvação... que Deus estava mandando para mim. Esse homem... esse *goonda*... cuspiu o *paan* na rua... ao se aproximar de mim... disse que sabia que eu precisava de dinheiro. Ele disse... que só o que eu precisava fazer... era entregar a ele uma menina. De início falei... que nunca cometeria um crime. De jeito... nenhum eu estragaria... a vida de uma menina. Ele... me seguiu... pediu que eu imaginasse uma vida... em que Navin estivesse morto... só porque eu havia tomado... a decisão estúpida... de pegar dinheiro emprestado. *Não tome outra decisão estúpida*, ele disse.

Anupam *chacha* falava devagar, suavemente. Sua fala vinha em ondas, como um homem que se confessa a um padre. Fiquei ali, sentada em silêncio, as palavras rompendo a casca das feridas do seu passado.

— Fiquei assustado quando ele me procurou... dia após dia... me lembrando de que eu não estava fazendo... o que era bom para o meu filho. Ele disse que a menina... não era de boa família. *Que... que diferença fazia?* Pensei... que a menina não tinha muito futuro, de todo jeito. Ele... me disse o nome dela e recusei. Mas nos dias seguintes... a coisa foi tomando um peso sobre mim, como... se eu não pudesse enxergar mais nada na vida... a não ser o meu filho...

vivo e feliz. Eu disse ao homem que... entregaria a menina. Então certa noite... ouvi você gritar com Mukta... ouvi você destrancar a porta... dizer que o diabo viria atrás dela... Eu sabia que o seu pai estava dormindo pesado naquela noite. Naquela época... ele tomava pílulas para dormir... depois que a tristeza pela morte da sua mãe... acabou com ele. Eu... vi a minha chance. Eu tinha uma chave extra... Não tive problemas para entrar no seu apartamento. É...

A essa altura, eu podia sentir o fluxo quente de sangue no meu rosto, ver as minhas mãos tremerem. Eu me levantei e dei dois passos para trás. Tudo de repente parecia surreal; a luz do sol entrava pela janela; aquele homem dormindo na cama não podia ser alguém que eu conhecesse. Anupam *chacha* levantou a mão, tentou estendê-la na minha direção, mas eu só consegui ouvir meu próprio choro.

— Foi a pior coisa... que fiz na... vida. Estragar a vida de uma menina daquele jeito. E... e se ela fosse mesmo minha filha? Eu fui tão... cruel. Deus me puniu por isso. Navin me disse... mais tarde... que ele me viu naquela noite. O ódio... o ódio que vi nos olhos dele... de mim, desde então... ele me disse que não queria... mais cantar. E este câncer... é a minha punição. Se eu...

Saí do quarto, deixando a frase por terminar, as palavras que ele proferira perdurando naquele quarto de hospital. Navin viu que eu me afastava e me seguiu.

— Contei ao seu pai há muito tempo, uma vez que ele ligou dos Estados Unidos. Não consegui guardar esse segredo, não consegui conviver com o que papai fizera. Seu pai rompeu todos os laços conosco e nunca mais ligou.

— Papa sabia? *Você* sabia?

— Sim — disse ele, baixando o olhar. — Sinto muito.

Eu me afastei.

Fiquei sentada do lado de fora do hospital, num banco, observando médicos entrando e saindo, pacientes indo e vindo. Ao longe, pude ver Raza caminhando em direção à entrada. Ele parou quando me viu sentada no banco; seu rosto se contraiu de dor ao olhar para mim. Minhas lágrimas deixavam tudo borrado. Mas vi o passo dele se apressar. Ele sentou ao meu lado, e peguei da carteira a fotografia de Mukta comigo, passei os dedos sobre as linhas que haviam surgido ao longo dos anos.

— Isso... para sempre... eu... não... sei... — falei, minhas palavras se desfazendo.

Raza colocou a mão sobre o meu ombro enquanto os soluços surgiam aos borbotões. Eu sabia que, embora minhas palavras fossem incoerentes, ainda assim ele me entendia. Ele me puxou para perto, me envolvendo com o braço. A ternura nos seus olhos e o toque me chocaram. Solucei ainda mais alto, me aninhei, a cabeça descansando no peito, minhas lágrimas molhando a camisa. Eu podia ouvir as batidas do seu coração, a respiração lenta e estável, sentir o cheiro do seu perfume, o toque dos seus braços fortes ao meu redor. Eu o deixei me abraçar.

Capítulo 28

Mukta
2001-2006

— ELA É TÃO DOCE — DISSE SYLVIE COM UMA EXPRESSÃO TRISTE E EXperiente no rosto ao ver Asha.

Ganhei uma semana para descansar, alimentar a minha bebê e aproveitar a companhia dela. Depois de uma semana, Madame a levou embora e disse:

— Melhor voltar ao trabalho. Quem você acha que vai pagar pela sua estadia aqui?

Todas as noites eles a levavam embora. Eu pensava nos seus suaves gorgolejos a noite inteira, ouvia o choro dela enquanto suportava o fardo da minha profissão. Esperava até a manhã, quando a traziam de volta, para colocá-la no peito e alimentá-la. Mas ela sobreviveu. Decerto tinha um espírito mais forte que o meu. Com o tempo aprendeu a aguentar a fome durante a noite, a distraí-la com o sono. Ajustava o seu horário com os horários de amamentação estipulados por Madame. Fiquei impressionada. Apesar de ser tão pequena, ela se adaptou, compreendendo o mundo no qual nascera.

Deve ter sido uma semana depois de ela nascer que Arun Sahib apareceu na porta, me observando com atenção.

— Você não quer vê-la? — perguntei.

— Quem?

— A bebê.

Os olhos de Arun Sahib faiscaram de raiva.

— Por que ia querer ver um bebê? Vim para ver você, não uma criança.

Precisei acalmá-lo, dizer que tinha falado sem pensar. Depois de passar a noite, ele parou junto à porta e disse:

— Não me faça aquela pergunta idiota de novo.

Eu devia ter aprendido a minha lição com esse episódio, mas não conseguia deixar de me sentir culpada por trazer minha menina para este mundo miserável. Eu via crianças com apenas quatro ou cinco anos, nascidas de mulheres como eu, correndo por aí livremente, brincando com outras crianças nas vielas sujas, sem saber o mundo em que nasceram, incapazes de entender que havia cafetões à espreita, que o mundo que as cercava era vazio, que nele só havia homens com um único pensamento na cabeça. Então, olhava para a minha bebê dormindo no chão frio, enrolada em roupas velhas tão esfarrapadas e sujas quanto a minha vida, a luz piscando sobre a sua pele luminescente, e me perguntava o que ela teria que suportar na vida. Mas não desisti. Tentei dizer a Arun Sahib que queria que ela crescesse longe daquela profissão. Mas ele olhou para mim, piscando os olhos, como se não entendesse que eu estava falando da filha dele.

— Ele não se importa — falei a Sylvie certa vez, quando estávamos lavando roupas na bomba d'água no andar de baixo.

— Você está com medo de que a tomem de você. Mas não se preocupe. Ainda há tempo. Eles não vão fazer nada até ela ter oito ou nove anos. Você tem tempo até lá. Vamos pensar em alguma coisa.

Queria pensar que a minha filha era como as flores que florescem a cada verão, não importa quão duro tenha sido o inverno. Eu me perguntava se podia fazer o tempo parar para ela — segurá-lo até ser capaz de tirá-la dali. Para atrasar o tempo, eu vestia minha bebê como um menino, costurava pequenas calças e camisas para ela com algumas de minhas roupas, na esperança de que todo mundo em volta ficasse confuso pelo máximo de tempo possível. Queria que olhassem para o meu bebê e esquecessem que ela nascera uma menina. Porém, o tempo é como a areia — quanto mais eu tentava me agarrar a ele, mais rápido ele escorria das minhas mãos.

ASHA — *MINHA* ASHA — CRESCEU E SE TORNOU UMA MENINA VIVAZ de 5 anos, cheia de energia e surpreendentemente consciente do seu lugar no mundo. Ela aprendia a adaptar os seus humores ao lugar em que estava. De manhã era como qualquer outra criança, cheia de entusiasmo, fazendo perguntas sem fim. *Por que os pássaros voam? Por que os cachorros não voam também? Deus não deveria ter dado asas para eles, para eles poderem ver o mundo?*

— Isso não é justo — dizia ela.

Suas perguntas não paravam. Eu não tinha paciência para explicar tudo como Amma me explicava.

— Foi assim que Deus fez as coisas — respondia eu.

Para distraí-la, eu contava histórias da minha Amma, de como vivíamos numa aldeia, numa casa cujo telhado tinha goteiras.

— Você acredita que eu ficava observando as gotas da chuva caírem do telhado num balde e pensava que o telhado estava chorando?

Ela ria e me olhava com os olhos escancarados enquanto eu contava sobre o meu tempo com Amma, buscando água, lavando roupas e cozinhando. Eu deixava de fora todos os momentos dolorosos que eram muito difíceis para contar, árduos demais para ela entender. Então, contei sobre Tara, sobre a primeira vez que a vi, como ela viera em meu auxílio quando eu não tinha ninguém com quem contar, como ela me salvou de uma perturbação terrível.

— O que é uma perturbação, Amma? — perguntou Asha.

— Eu vou lhe contar um dia, quando você crescer.

— Eles fizeram com você a mesma coisa que faz tantas mulheres gritarem aqui? — Ela se sentou ereta, observando o meu rosto de perto.

Tentei segurar as lágrimas. Eu fingia que ela não tinha consciência daquela vida. A ironia era, eu me dava conta, que as nossas vidas terríveis estavam expostas a todos. Como ela poderia não saber? E, no entanto, não queria que ela soubesse.

— Amma... — Ela puxou minha mão, esperando pela resposta.

Eu a distraí de novo, contando sobre meu tempo com Tara — tempo passado no terraço, onde ela me ensinara a ler, e como ela era uma das meninas mais gentis que eu conhecera.

— Mas, Amma, você não lê agora.

— Eu... não tenho oportunidade. Mas, se você a conhecer, pode pedir a ela que ensine a você.

— Ela vai me ensinar?

— Peça a ela. Quando você conhecer a minha Tara, nunca solte a mão dela — falei, embora soubesse que não havia qualquer possibilidade de ver Tara de novo. Mas a esperança tem muita força. Havia me ajudado a sobreviver por muito tempo. Faria isso por ela também. Algum dia, as cores do nosso céu seriam claras de novo, eu sabia. Fiz cosquinhas nela antes que me fizesse mais perguntas. Ela gargalhou e sorriu. Mas, como sempre, eu sabia que não iria durar muito.

Todas as noites Asha se aquietava enquanto se aprontava antes de o bordel começar as suas atividades, usando o único vestido que Arun Sahib, depois de muita insistência minha, havia comprado para ela. Pegava a pequena bolsa de ombro que eu enchia de papel e giz de cera, uma bolsa que Sylvie conseguira furtivamente com um dos seus clientes. Madame não me perguntara sobre isso, imaginando que Arun Sahib comprara para ela. Todos os dias, eu a tranquilizava:

— Sua Amma vai estar aqui quando você voltar.

Todos os dias ela me olhava ressabiada, como se soubesse que aquela era a última vez que nos veríamos, e acenava com a cabeça, as lágrimas deixando os olhos marejados. Eu nunca soube para onde a levavam.

— É um quarto? Para onde levam você? — perguntei certa vez.

Ela deu de ombros e correu para pegar o giz de cera da bolsa.

— Eles lhe dão comida? — perguntava eu com frequência.

Ela fazia que sim e se recusava a me contar qualquer outra coisa. Eu sabia, pelo jeito como ela voltava a cada manhã, que não recebera nada para comer ou beber em doze horas. E, às vezes, Madame não tinha tempo e, antes de enfiá-la sob a cama, lhe dava um remédio para dormir, que ela engolia junto com um pouco de leite. Os homens que me visitavam não pareciam percebê-la. Ela dormia profundamente, de todo jeito. Passei a sentir gratidão por aquelas noites, quando sabia que ela acordaria na manhã seguinte no mesmo cômodo que eu.

Então, certa manhã, no dia em que Asha fez seis anos, depois de ter esperado por ela por mais de três horas, eles a largaram no meu quarto. Ela estava inconsciente.

— Está dormindo — disse Madame.

Os guarda-costas atrás dela olharam para mim, mas não disseram nada.

— O que vocês fizeram? — gritei atrás deles enquanto fechavam a porta e saíam.

Sylvie e eu tivemos de jogar água no rosto dela. Sylvie desceu para o andar de baixo, ferveu leite e fez Asha bebericá-lo. Ela logo voltou a si, a pequena, mas esse episódio fez soar o meu alarme. Eu não podia esperar mais. O tempo estava escorrendo das minhas mãos.

— Eles drogam as crianças à noite e as mantêm num quarto fechado no final da rua para não incomodarem muito. Devem ter dado uma dose forte demais para ela — comentou Sylvie, suspirando e se agachando no chão ao meu lado.

Nós olhamos uma para a outra horrorizadas com a facilidade com que aquelas palavras brotaram da sua boca. No fundo, nós duas sabíamos. Mas não falar disso tinha nos permitido evitar a verdade por muito tempo. Agora, tudo estava às claras.

— Sylvie... precisa haver uma saída... você... precisa me ajudar. Eu tenho que fazer alguma coisa... pela minha filha.

Sylvie olhou para mim por algum tempo, respirou fundo e disse:

— Eu vou pensar em alguma coisa.

Fiz que sim e funguei.

Ela me procurou na manhã seguinte, quando eu estava sentada no meu quarto consertando um rasgo numa blusa. Pude ver o medo nos seus olhos quando ela fechou a porta atrás de si.

— Tem esse homem, um cliente que apareceu duas noites atrás — sussurrou ela enquanto se abaixava para sentar ao meu lado. — Ele é de uma organização que salva mulheres como nós. Isso é, se quisermos ir, eles nos ajudam. Você acha que pode ser verdade? — Ela olhava para a porta com medo de estar sendo vigiada. Encaramos uma à outra, incrédulas, e ponderamos a proposta, desconfiadas.

— Quem ia querer nos salvar? — perguntei.

Ela deu de ombros.

— Eu já havia ouvido falar de organizações como essas, mas achei que era mentira... que era um rumor que Madame estava espalhando para ver o que faríamos. Se fugirmos, ela pode vir atrás de nós e cortar as nossas gargantas.

Pensei no assunto enquanto observava Asha dormir ao meu lado, a poucas horas de ser levada embora naquele dia. E eu sabia — sabia que esse era um risco que estava disposta a correr.

— O que precisamos fazer? — perguntei a Sylvie.

— Nada, só falar com o homem. Ele vai organizar uma batida uma noite...

— E nos prender? Isso vai causar mais problemas. Eu não posso...

— Não, não. Psiu, escute. Essas batidas são organizadas pela ONG dele. Vão nos levar para o abrigo. Foi o que ele disse.
— Tubo bem, então diga a ele...
— Tem certeza? Pode nos meter em maus lençóis.
Fiz que sim. Eu não tinha escolha.

A CHUVA COMEÇOU A CAIR ALGUMAS HORAS ANTES DO HORÁRIO para o qual a batida estava programada. Era um chuvisco leve no início, depois um aguaceiro perturbador. O homem que me visitava aquela noite estava vestindo calças marrom-escuras e uma camisa creme e havia chegado direto do trabalho. Ele disse que era garçom num pequeno restaurante do lado de fora da estação ferroviária e queria gastar todo o dinheiro que ganhara no mês comigo porque eu o fazia lembrar da sua esposa, que ele havia deixado no interior. Esperei a noite toda, ouvindo-o falar, sentindo o cheiro acre do seu hálito, ouvindo os seus gemidos ásperos no meu ouvido, esperando que a qualquer momento minha filha estivesse livre.

A batida não aconteceu. Quando terminei de trabalhar e o último cliente foi embora, fui até o quarto de Sylvie. Ela ainda estava com um homem, e eu estava prestes a sair quando vi gotas vermelhas no chão. Entrei no quarto. A garota na cama seguinte gritou comigo:

— *Arre*, não sabe que não pode entrar quando estamos com clientes?

Eu a ignorei e caminhei até a cama de Sylvie. Meu coração parou diante do que vi; as minhas mãos e os meus pés perderam a força, e caí no chão sem fazer som. A moça na cama ao lado veio gritando atrás de mim, então ficou em silêncio quando viu o que tinha acontecido, seus olhos se abrindo de horror, os gritos nos cercando. Lá estava ela — minha querida Sylvie, abraçada num homem, uma ferida de faca atravessando as costas dele e os olhos dela tão escancarados, tão distantes, que não havia neles qualquer sinal de vida.

Não lembro bem como consegui voltar ao meu quarto. Uma das meninas deve ter me levantado e me ajudado, e provavelmente me deram algo para dormir. Quando recobrei a consciência, a polícia estava batendo em todas as portas. Nós nos enfileiramos do lado de fora, na área principal, como fazíamos quando os homens escolhiam com quem queriam passar a noite. O policial diante de nós parecia sério.

— Sou o inspetor Pravin Godbole — disse ele, balançando o seu *lathi*. — Então, o que aconteceu aqui hoje? Quem é a moça que foi morta? Sabem de onde ela é?

Ele caminhava de um lado para o outro, fazendo uma breve pausa diante de cada uma de nós, examinando as expressões no nosso rosto. Todas nós balançamos a cabeça e baixamos o olhar quando ele nos fitava.

Então, Madame começou a falar:

— Veja, Sahib, estou dizendo. Este homem estava apaixonado por Sylvie e queria fugir com ela. Sylvie deve ter tentado dizer a ele que não fugiria, e ele não deve ter conseguido lidar com a rejeição. Ele a matou e, em seguida, se matou. Pobre Sylvie... ela... — Madame tentou soluçar.

Todo mundo sabia que era mentira. Aquele homem era de uma ONG, fazendo-se passar por um cliente, ele estava tentando nos salvar — todas nós sabíamos a verdade. Os gerentes do bordel haviam ouvido falar da tentativa de Sylvie de fugir e mataram o homem e Sylvie. Até mesmo o policial, ali de pé, sabia disso. Era tão óbvio. O inspetor olhou com severidade para Madame.

— Agora vamos ver o que podemos fazer por vocês, sim? — disse Madame com um sorriso. Ele devolveu o sorriso e aceitou o maço de notas que ela entregou.

— A senhora vai precisar se esforçar mais, se quiser abafar o caso — falou o policial, enfiando as notas na carteira.

— Claro, pode escolher a moça que quiser — respondeu ela, acenando com a mão aberta em direção à nossa fila.

Não vi quem ele escolheu naquela noite; os meus olhos estavam dominados demais pelas lágrimas para ver qualquer coisa. Mas, em questão de dias, uma menina de 13 anos ocupou a cama de Sylvie e reprisou a vida que outrora fora dela, os gritos se dissolvendo no terror da noite. Tudo foi esquecido, e todas voltaram ao trabalho. O episódio havia se tornado apenas outra casualidade da vida.

Então chegou a manhã que eu esperava que nunca chegaria. Esperei por horas que trouxessem Asha para mim, contando o número de vezes que o ventilador de teto fazia um círculo completo. Quando não consegui mais esperar, desci ao andar de baixo. Madame estava sentada na varanda com um copo de *desi daru* — uma aguardente local — nas mãos, um cigarro nos dedos, a fumaça subindo da extremidade. Fiquei parada atrás de Madame, as costas dela para mim, tentando me acalmar.

— O que fizeram com ela? — perguntei.

Ela se virou e me olhou, os olhos vermelhos da bebida e da fumaça de cigarro que a cercava.

— O... o que você fez com a minha filha? — falei, hesitante. Tentei evitar que o meu rosto revelasse o profundo medo que tomava conta do meu coração.

Ela me olhou durante um tempo, levantando uma sobrancelha, então riu e tomou um gole do copo:

— Ela vai estar com você em alguns dias. Agora suba e volte ao trabalho — disse, fazendo sinal aos guardas para virem até mim.

Subi correndo a escada, para o quarto. Eu poderia ter esperado e insistido em saber o que estavam fazendo com ela, mas os guardas teriam me espancado por dias a fio. Disse a mim mesma que não podia deixar a minha filha me ver daquele jeito — machucada e espancada. Na verdade, não tinha a ver com a minha filha me ver daquele jeito. Rasga o meu coração a cada dia, mais do que tudo, eu não ter tido coragem suficiente para suportar aqueles espancamentos por ela. Então, agora espero todas as manhãs, naquele banco, olhando pela janela, esperando ver o seu rosto na viela. E agora eles vão me mandar para Sonagachi por algum tempo, porque estou dando problemas demais, perguntando pela minha filha.

MADAME TAMBÉM ERA DONA DE BORDÉIS EM SONAGACHI E PRECISAVA de três mulheres mais experientes para substituir as que haviam fugido. Foi o que ela nos disse. Claro, sabíamos o que "fugir" significava — elas provavelmente tinham sido mortas tentando fugir. Seja como for, éramos muitas com vinte e tantos anos e trinta e poucos anos neste bordel em Kamathipura, e Madame disse que queria trazer um pouco de sangue fresco para o local, para poder ganhar mais dinheiro. Então foi decidido que partiríamos ao nascer do sol.

    Eles carregaram nós três, Chiki, Soma e eu, na traseira de um pequeno caminhão. Um odor forte e pungente nos atacou quando subimos. Havia fileiras de cestas de peixes empilhadas e nós nos enfiamos entre elas. Soma foi a primeira a subir e encontrou um lugar na extremidade. Chiki e eu sentamos de frente uma para a outra, perto da porta. Só quando fecharam a porta nos demos conta de como aquele lugar era pequeno — a escuridão nos cercava, a única luz do sol era filtrada por um pequeno buraco. Chiki segurou o *pallu* de seu sári diante do nariz.

    — É longe? — perguntou ela.

    Dei de ombros e espiei dentro da cesta de peixe salgado ao meu lado. Eu não conseguia suportar o cheiro. Os peixes estavam caídos, mortos. *Como devem ter desejado voltar para a água instantes antes de darem o último suspiro*, pensei. *Por que os peixes nadam na água? Por que não podem voar?*, ouvi a minha Asha perguntar. Ela adorava fazer esse tipo de pergunta. A lembrança de que ela estava longe de mim trouxe lágrimas aos meus olhos. Não aguentei e chorei. Meus soluços amargos se misturaram com o barulho do tráfego lá fora.

Chiki queria deixar o seu lugar para vir me consolar, mas não havia como se mexer. Então ela se inclinou e fez um carinho no meu braço.

— São cerca de trinta horas — disse Soma depois de algum tempo, prática. — Você tinha perguntado quanto tempo demoraria.

— Ela acabou de perder a filha — explicou Chiki para Soma.

— E daí? — Soma deu de ombros. — Eu também perdi a minha. Agora ela deve estar em algum bordel por aí.

Meus soluços ficaram mais fortes, e Chiki ralhou com Soma.

— O que eu falei de errado? — perguntou Soma, se defendendo.

— É isso que acontece nesse trabalho. Aceite ou chore a vida inteira.

Tínhamos esquecido que Soma havia sido levada de Kamathipura a Sonagachi havia uns dois anos. Sua filha de sete anos também fora tirada tempos atrás.

— Não se preocupe — falou Soma. — Você vai se acostumar a ficar longe dela. E espero que paremos logo. Eles não vão nos levar nesse caminhão por muito tempo. Isso é só até chegarmos à rodovia. Depois, vão nos mandar subir em outro caminhão. Eles não vão levar todo esse peixe até Calcutá. Foi assim que me trouxeram. Agora, vocês comeram? — perguntou Soma.

Chiki e eu olhamos uma para a outra e balançamos a cabeça. Soma jogou uma barra de chocolate na nossa direção. Chiki a pegou.

— Um cliente me deu uns desses ontem. — Ela acenou com mais uma barra de chocolate. — É sempre bom ter um lanche nesse tipo de viagem longa. Aprendi na última vez que eles não ligam se você está com fome ou se está comendo esterco de vaca.

A viagem levou o que pareceu ser mais de um dia. Continuava e continuava. Só o que ouvimos foi o som de veículos zunindo lá fora, buzinando no tráfego. Nosso caminhão passava sobre buracos nas primeiras horas e chiava quando o motorista freava. Chiki e eu conseguimos aguentar comendo metade de uma barra de chocolate e dormindo durante as horas seguintes.

Quando abriram a porta, ainda estava ensolarado lá fora. Tive que apertar os olhos quando a luz do sol caiu sobre o meu rosto. A tarde já ia longe. Nosso motorista, um homem desalinhado que cheirava a vinho de palma, nos disse que tínhamos parado num posto de gasolina na estrada. Lá fora, caminhões passavam por nós na pista e carros tentavam ultrapassá-los. Nos dois lados da estrada, arbustos e árvores ondulavam na brisa.

— Meu trabalho acabou — anunciou o motorista e fez um sinal para outros dois homens.

Esses homens eram novos e tinham rostos jovens, mas pareciam fazer aquilo havia bastante tempo. Eles nos deram instruções bem claras de que tínhamos que segui-los. Fizeram-nos caminhar até um restaurante na beira da estrada. O restaurante era um pequeno cubículo com uma cozinha na área aberta. Uns metros além, havia um espaço coberto ainda menor que funcionava como banheiro.

No restaurante, um homem ficou guardando a porta do banheiro para que não fugíssemos enquanto cada uma de nós ia se aliviar. Pediram comida para nós — *rotis* e batata *sabji*. Continuei olhando para a estrada, me perguntando se eu poderia, de alguma forma, fugir e conseguir uma carona com alguém. Quando olhei para Chiki e Soma, elas estavam ocupadas demais comendo e obviamente não pensavam em nada disso. Lembrei que teria melhores chances de achar Asha se permanecesse no bordel de Madame. Talvez algum dia ela tivesse pena de mim e me deixasse saber onde minha filha estava. Além do mais, isso era provavelmente melhor que cair morta na beira da estrada.

Mais tarde, os dois homens nos escoltaram até outro caminhão que estava vazio. Quando subimos, olhei para fora, para a cidade que deixávamos para trás. Chiki e Soma pareciam ter aceitado o fato de que estavam sendo levadas para outra cidade, mas Mumbai tinha muitas lembranças para mim — de Tara, do nosso tempo juntas, daqueles cinco anos felizes, e, mais importante, minha Asha estava perdida em algum lugar ali. Eu não conseguia imaginar a vida em outro bordel, numa cidade completamente diferente.

— Aqui — disse um dos homens enquanto nos entregava uma pílula para dormir. Devíamos tomá-la com água. Depois que fizemos como eles instruíram, fecharam a porta e retomamos a viagem. Não me dei conta de que tinha pegado no sono porque, quando acordei, o caminhão ainda estava na estrada. Podia ouvir os veículos lá fora. Chiki e Soma ainda dormiam profundamente. Demorou algumas horas até elas acordarem.

— Quando vamos chegar? — perguntou Chiki. — Preciso ir ao banheiro.

Nós demos de ombros e esperamos.

Quando as portas foram abertas, estávamos numa rua larga e movimentada. Tínhamos chegado a Calcutá depois de dormir a maior parte da viagem. Os dois homens nos puxaram para fora do caminhão e nos arrastaram daquela rua para uma viela estreita com pouco mais de um metro de largura e nos fizeram caminhar em fila, uma atrás da outra. Ao longe, eu ouvia uma música baixinha, e o ar recendia a álcool — uma lembrança familiar do lugar que tínhamos deixado para trás, em Bombaim. As ruas eram tão esquálidas quanto as que eu tinha deixado para trás. Quando chegamos a Sonagachi, mulheres como nós estavam sentadas pela rua, procurando clientes. Algumas bebiam *chai* e conversavam. A loja de bebida estava cercada de homens esperando para tomar um drinque. Tanto quanto se podia ver, havia bordéis para todos os lados, mulheres olhando para nós pelas janelas. Parecia maior do que Kamathipura.

Os dois homens pararam diante de uma construção. Algumas mulheres olharam para nós das sacadas do andar de cima. Aquela construção tinha paredes rachadas e com vazamentos.

— Entrem, entrem. Espero que elas não tenham lhes dado problemas demais — disse uma mulher magra aos homens depois de descer correndo a escada.

Os homens fizeram que não, discutiram algo com a mulher, pegaram o dinheiro e partiram. Essa mulher, a quem todos chamavam de Tia, nos levou escada acima até um quarto bastante grande. Tinha uma luz forte, e as paredes haviam sido recentemente caiadas. Cada uma de nós tinha uma cama naquele quarto, separadas por cortina, para quando tivéssemos clientes. Quando olhei para fora da janelinha, pude ver construções similares, homens com intenções similares, mas mulheres diferentes. Até então eu não fazia ideia de que havia tantas mulheres como eu.

NO INÍCIO DE 2007, ANDREW COLT, O JORNALISTA, VEIO ME VISITAR em Sonagachi, cerca de um ano depois que a minha Asha foi tirada de mim. Ele parecia bem diferente de quando o conheci, anos antes em Mumbai — suas costeletas tinham começado a ficar grisalhas. Aparentemente, Madame contara a algumas das outras meninas onde estávamos — ameaçara mandá-las para Sonagachi também —, e elas haviam respondido às perguntas de Andrew quando ele apareceu me procurando. Contei como tinham tirado a minha Asha de mim, na esperança de que ele pudesse me ajudar. Enquanto eu falava de Asha, meus olhos começaram a lacrimejar sem que eu percebesse.

— Arun Sahib não fez nada para encontrá-la? — perguntou ele.

— Por que ele se daria ao trabalho? Para ele a filha nunca foi dele; não acreditava no que eu falava. Só o que somos para ele é um jeito de fazer dinheiro.

— Mas ele amava você, não é?

— Amar? — Eu ri. — Se tem uma coisa que aprendi no bordel é que o amor vem em formas tão diferentes que é difícil identificá-lo. Ele mingua em algum lugar entre gostar e odiar, e pode mudar de cor de acordo com o desejo de uma pessoa. Por que outra razão eu teria essas marcas de faca fincadas no meu corpo, outro presente junto com todos aqueles que ele me deu?

Andrew olhou para as minhas feridas.

— Você vai me ajudar a achar Asha e Tara? Tara é a única pessoa que pode cuidar de Asha se eu morrer.

— Sim, sim, claro. — Andrew fungou, então levantou os olhos para mim. — O que quer dizer, se *você morrer*?

Suspirei.

— Acho que eu tenho a mesma doença que Amma teve... Madame traz médicos de vez em quando e eles dizem que preciso continuar tomando muitos comprimidos. Tem uma senhora de uma ONG que consegue os comprimidos para algumas de nós. Mas eu... não sei se ajudam.

— Queria ter ficado aqui. Teria lhe trazido os remédios.

— Procure Asha e Tara... é só o que quero agora.

— Vou fazer o possível. — Andrew assentiu com a cabeça, então virou os olhos para o outro lado e procurou um livro na sua sacola. Ele o entregou para mim.

— Este é o meu segundo livro. Vai ser publicado em alguns meses. Escrevi o primeiro há alguns anos... Saiu em 2003, mas não tive a oportunidade de voltar para a Índia na época. Aquele era sobre os bordéis de Mumbai. Não vendeu muito. Mas eu queria escrever um segundo livro. Este — ele apontou para o volume — é para você e suas amigas. É praticamente todo sobre o bordel onde você estava, é sobre você, Sylvie, Rani, Leena, Chiki... Incluí as histórias de vocês aqui, em especial a sua. Escrevi sobre a sua Amma, e Tara, e Sakubai, e... eu queria lhe dar este exemplar.

Fazia muito tempo que eu não segurava um livro. Era pesado, talvez por causa da nossa tristeza. A capa tinha o céu noturno, duas meninas em pé uma ao lado da outra, observando as estrelas que brilhavam no céu — exatamente como Tara e eu.

— Leia o título! — pediu ele.

— Todas... as... cores do... céu. — Levantei os olhos para ele. Eu me lembrei daquilo que Amma sempre me dissera. Ele estava me dando esperança. — Obrigada — falei.

Capítulo 29

Tara
Março de 2007

RAZA E EU FICAMOS SENTADOS NO CARRO, MAIS UMA NOITE, E OBservamos o caos tomar conta da área dos bordéis, conscientes de quantas vidas estavam presas nos recantos sombrios daquele lugar. Eu vinha fazendo isso havia mais de dois anos agora, acreditando que a ONG sabia o que era melhor e que podia encontrar informações sobre o complicado mundo da prostituição. Depois do dia em que arrisquei minha vida em Kamathipura, me dei conta de que provavelmente não tinha opção senão confiar neles. Ao meu lado no assento do motorista, Raza acendia um cigarro e baforava a fumaça pela janela aberta enquanto eu observava a confusão refletida no espelho lateral.

— Navin foi até o escritório ontem e perguntou se podia ajudar. O filho dele, Rohan, está com quase cinco anos agora, então ele diz que tem mais tempo livre — contou Raza.

— Ah? — falei, hesitante. No espelho retrovisor, vi guardas com seus *lathis* afugentando os bêbados e as venezianas das lojas se fechando apressadamente. Assistentes sociais mulheres consolavam as prostitutas.

— Ele não faz por mal. Acho que só quer se reconciliar com você.

— Reconciliar? — Encarei Raza.

Ele deu de ombros para a minha raiva.

— Como se fosse possível — falei.

— Todos nós fazemos coisas das quais nos arrependemos — disse Raza.

Olhei pela janela. Não muito longe dali, pude ver Saira saindo do bordel com algumas moças que tinha resgatado, seu time de assistentes sociais ajudando-as a subir na van, conversando com elas em sussurros baixinhos. Pensei no que Raza dissera. Haviam se passado alguns meses desde que Anupam *chacha* confessara, mas eu ainda não era capaz de perdoá-lo. Não conseguia entender por que Navin escondera a verdade de mim. Eu o evitava desde então. Nos primeiros meses, Navin havia pedido desculpas muitas, muitas vezes. Aparecia com comida que Vibha havia preparado e implorava para fazermos uma refeição juntos, como nos velhos tempos. Mas mandei que ele fosse cuidar dos próprios problemas e fechei a porta na cara dele. Embora ele morasse no apartamento ao lado e os nossos caminhos se cruzassem com frequência, eu o ignorava. Na verdade, ficava feliz em ser rude. Nos momentos de fúria, desejava que Anupam *chacha* estivesse são e robusto, para que eu pudesse entregá-lo à polícia. Isso me daria alívio, vê-lo sofrer na prisão, sendo punido pelo crime que cometera. Mas, agora que ele estava morto, só o que restava a fazer era devanear sobre o desespero que o levou a fazer algo tão mau. Era parecido com o desespero que eu sentira tantos anos atrás quando abordara Salim para levar Mukta embora? Talvez não fôssemos *tão* diferentes.

Vi Dinesh pelo espelho lateral, caminhando até o meu lado do carro.

— Vai demorar um pouco — falou ele, batendo os nós dos dedos na janela semiaberta. — Tem uma menina ali que se recusa a sair.

— Que idade?

— Não mais do que cinco ou seis, acho.

— Por que não a pega no colo?
— Não é assim tão fácil.
— Por quê?

Ele não respondeu, mas fez sinal para eu segui-lo. Saí do carro e fui atrás dele até o bordel. Parada do lado de fora, fui tomada pelo mesmo sentimento de fraqueza que tive anos antes quando entrei num bordel pela primeira vez. *Agora sou mais forte*, falei a mim mesma. Eu vira muitas moças serem resgatadas daquele inferno. Eu as consolara na sua angústia. Mas estava errada. Entrar ali era como pisar na areia movediça, ser sugada por um turbilhão de desespero. Atravessei o longo corredor, fiquei diante de um quarto escuro sem janela e vi as paredes nuas e o teto com goteiras como vira anos antes, ainda sentindo o cheiro de suor misturado com incenso.

— Por aqui — apontou Dinesh.

Estava escuro, e a lanterna na mão de Dinesh iluminava o caminho. Havia muitas assistentes sociais reunidas em torno de uma parede, e tive que abrir caminho entre elas para ver o que estava acontecendo. Lanternas se agitaram à nossa volta, minúsculos círculos de luz se movendo pela parede como vaga-lumes, parando sobre um pequeno buraco na parede do tamanho da toca de um animal. Foi então que percebi — o movimento de vida lá dentro. As duas mulheres da equipe de Dinesh, assistentes sociais, se alternavam deitadas de barriga para cima no chão, com o rosto próximo da abertura, tentando convencer uma menina a lhes dar a mão e sair. Aquele esconderijo era estreito demais, pequeno demais para um adulto. Mal seria possível alguém enfiar a cabeça ali. Devem ter empurrado a menina para ela entrar lá dentro, pela pequena abertura. Era o único jeito.

— Deixe-me tentar — falei para eles.

As assistentes sociais me deram espaço. Pedi aos outros que desligassem as lanternas. Estavam assustando a menina. Grudei a cabeça no chão, meu rosto próximo ao buraco na parede, para ela poder me ouvir. Mirei minha lanterna à distância, para longe do rosto dela, mas, mesmo assim, ela se encolheu ainda mais no buraco, os olhos esbugalhados e cintilando de medo.

— Oi — falei. — Não vou machucar você.

Ouvi um gemido.

— Não vou machucar você — repeti, as palavras flutuando lugubremente na escuridão à nossa volta. Eu podia ouvir os cochichos, o alarme sufocado nas vozes dos assistentes sociais atrás de mim. — Você deve estar com fome. Gosta de chocolate? — perguntei, procurando uma barra na minha bolsa.

Eu a estendi para ela, a lanterna brilhando sobre a guloseima na minha outra mão. Ela olhou para aquilo desconfiada, mas não se mexeu.

— Tara — disse Raza atrás de mim —, talvez a gente possa quebrar parte desta parede para chegar até ela.

— Não. Isso vai assustar a menina. Por favor, me deixe tentar.

— O seu nome é Tara? — perguntou a menina baixinho, seus olhos agora escancarados de curiosidade.

— Sim — respondi, surpresa. — Você gosta do meu nome? Qual é o seu?

— Meu nome é Asha — disse ela, agitada.

— Oi, Asha. Posso ser sua amiga?

Ela ficou em silêncio por algum tempo, pensou no assunto, então olhou para mim e perguntou:

— Se eu segurar a sua mão, você vai me levar até Amma?

Eu agarrei a oportunidade, embora não fizesse ideia de onde a mãe dela poderia estar.

— Sim — menti.

Num minuto sua mão estava na minha e ela estava fora do buraco. Jogou os braços em torno do meu pescoço e desabou nos meus braços, como se o conforto deles fosse algo que ela conhecesse desde sempre, e, até mesmo depois que eu a levei para fora, para o carro, ela se recusou a se separar de mim. Os braços estavam trançados com força em volta do meu pescoço. Raza nos conduziu até o centro, a menina no meu colo no banco de trás, a cabeça descansando no meu ombro.

No centro, ela se recusava a me soltar. Uma enfermeira nos separou, e observei da ponta do corredor ela levar Asha para a enfermaria a fim de examiná-la. Ela emitiu um gemido ao ser separada de mim, e os corredores ecoaram os seus gritos. Mordeu o pulso da enfermeira, atravessou o corredor atrás de mim, o rosto molhado de lágrimas, e travou os braços em torno dos meus quadris.

Eu a levei até a sala de exames e esperei lá fora. Dinesh e Saira deixaram a sala pouco tempo depois.

— O doutor disse que a menina está em choque por ter sido separada da mãe — explicou Dinesh — e por ter ficado trancada no escuro por tanto tempo. Ele prescreveu algumas vitaminas. Mas ela não foi machucada de nenhuma outra maneira. Acho que pode ser uma boa ideia ela ficar com você por alguns dias.

Fiquei surpresa com a sugestão de Dinesh de que ela ficasse comigo.

— É melhor assim — acrescentou Saira. — Quando ela estiver mais confortável, podemos trazê-la de volta para cá. Ela está em estado de choque e parece muito à vontade com você.

— Mas... mas não sei nada sobre como cuidar de crianças. Eu...

— Vai dar tudo certo. Você vai dar conta. Já está trabalhando conosco há algum tempo — comentou Dinesh, dando-me tapinhas no ombro.

Olhei em volta desamparada — para os olhares encorajadores de Dinesh e Saira, e para a menina, que implorava com os olhos.

— Vai dar tudo certo. — Raza sorriu, ficando atrás de mim. O olhar dele, firme e tranquilizador, me deu forças.

— Tudo bem — concordei, e a fiz entrar no carro comigo e com Raza.

Foi um trajeto silencioso até o meu apartamento, a menina dormindo no banco de trás. Raza estava concentrado em dirigir, deixando-me com meus pensamentos.

— Não tenho certeza se sei lidar com isso — comentei com Raza enquanto ele estacionava o carro em frente ao prédio e ia comigo até a escada. A menina estava dormindo nos meus braços, o peito subindo e descendo contra o meu.

— Sim, consegue sim — disse Raza ao nos deixar no apartamento. — Você faz isso há mais de dois anos.

Fiz que sim com a cabeça enquanto o fazia entrar. Levei-a para o meu quarto e a deixei descansando na minha cama.

— Vai ficar tudo bem. Qualquer coisa que precisar, me ligue. — Raza sorriu.

Eu me senti grata por aquele sorriso. Observei-o da sacada, enquanto descia as escadas até o carro. Sua figura alta e seus ombros largos diminuíam de tamanho à medida que ele se afastava. Quando estava próximo ao carro, parou e olhou para cima, como se soubesse o tempo todo que eu o estivera observando. Ele ficou ali, esperando, como se esperasse por mim. Dei um breve aceno. Ele acenou de volta, entrou no carro e foi embora. Observei os carros estacionados lá fora, o lugar no qual ele havia estacionado, agora vazio como o sentimento no meu coração. Raza havia se tornado uma constante na minha vida. Não apenas trabalhávamos juntos dia após dia para aquela ONG, também íamos ao cinema, passeávamos de mãos dadas e dávamos longas caminhadas no calçadão da Marine Drive. Foi Raza quem me levou ao Century Bazaar — o único lugar em Bombaim que eu não queria revisitar. *Você deveria ir*, dissera ele, convencendo-me a confrontar minhas lembranças. Novas lojas haviam brotado, construídas no próprio terreno onde muitos haviam perdido a vida. Descemos a rua ladeada por restaurantes e lojas, comemos num restaurante *udipi* que havia sido destruído na explosão e reconstruído. Havia rachaduras em algumas das outras construções e algumas árvores faltando — testemunhos da explosão. Mas, a não ser por isso, as pessoas enterraram as lembranças e foram em frente. Muitos dos que trabalhavam ali e que haviam perdido entes queridos prefeririam ficar em silêncio. Raza e eu nos sentamos no chão em frente à livraria onde pela primeira vez prometi a Mukta que a ensinaria a ler em inglês. Quando contei a Raza, ele levantou a minha mão e a beijou. Fiquei surpresa ao perceber como me sentia confortável com ele fazendo aquilo. Era estranho, pensei; com Brian, eu tinha tentado fugir das minhas lembranças. Queria ser uma pessoa diferente, bem distante daquela menina que havia planejado um sequestro. Com Raza, eu conseguia me sentir confortável ao enfrentar as minhas lembranças. Era capaz de relaxar. Não estava mais fugindo. Mas, quando ele beijou minha mão, baixei os olhos e disse:

— Fico feliz que sejamos tão amigos.

Seu sorriso desbotou e ele soltou a minha mão. Eu *queria* pensar que éramos felizes daquele jeito, sem pressão de ser qualquer outra coisa que não bons amigos. Mas, em dias como aquele, enquanto eu o observava indo embora, uma dor se imiscuía no meu coração, alertando-me que um dia ele poderia me deixar. Suspirei e me desfiz daquele pensamento, e então entrei.

Olhei Asha dormir aquela noite. Trazer uma criança para aquela casa era como convidar lembranças de Mukta. No seu sono, ela agarrou a minha mão e me deitei ao seu lado. Enquanto eu observava o céu estrelado aquela noite, me lembrei de outra criança. Asha — esse foi o nome que Mukta e eu demos à bebezinha enrolada num tecido branco e enterrada naquele dia de Diwali. Será que Mukta se lembrava das coisas do mesmo jeito que eu?

OS DIAS SEGUINTES FORAM DIFÍCEIS. SEMPRE QUE TENTAVA CONVERSAR com Asha, ela soluçava:

— Quero ver a minha Amma. Você prometeu que me levaria até ela.

— Bem, você sabe onde ela está? — perguntava. Seus olhos marejavam quando ela corria e se enrodilhava num canto. — Qual é o nome dela?

— Amma. Eu a chamo de Amma — gritava ela.

Com hesitação, ela permitiu que eu lhe desse banho e trocasse as suas roupas. No almoço ou no jantar, eu a pegava colocando comida nos bolsos ou armazenando-a na roupa de baixo.

— Você sempre pode pedir mais comida, se quiser — dizia a ela, mas a menina me olhava e continuava enfiando comida nos bolsos. Deixei que fizesse. No centro, aprendi que era o único jeito de ganhar a confiança delas.

No terceiro dia, enquanto estava a consolando, tentando convencê-la a sair para a rua comigo, houve uma batida na porta. Abri sem hesitação e encontrei Navin parado ali fora.

— Como está, Tara? — perguntou Navin.

Não consegui sorrir nem retribuir o seu calor.

— Tudo bem, acho — falei, então me virei e deixei a porta aberta atrás de mim. Ele entrou no apartamento, com o filho de cinco anos ao lado. Antes que me desse conta, Rohan correra para o lado de Asha, convidando-a para brincar, e ela segurou a mão dele, pôs-se de pé num pulo e correu para fora, para brincar.

— Não se preocupe. Eles não vão longe — disse Navin.

Eu estava com um sorriso no rosto antes mesmo de me dar conta.

— Todo esse tempo adulando, tentando convencer ela a sair comigo, e Rohan consegue num segundo — falei, dando uma risada.

— As crianças entendem umas às outras melhor que os adultos.

— É verdade — falei, pensando na infância que Navin e eu havíamos partilhado, nos pensamentos que Mukta e eu tínhamos lido uma na outra.

— Vim ver como você está. — Ele olhou para mim.

Nos seus olhos, pude ver preocupação.

— Você está bem? — perguntou ele. — Não parece bem.

— Estou cansada, acho, por Asha estar vivendo comigo nos últimos dias.

— Eu sei. Raza me disse que você a resgatou. Saiba disso, Tara: você está fazendo algo bastante corajoso.

Não demonstrei receber o seu elogio, só olhei para ele de forma inexpressiva. Um silêncio constrangedor se instalou entre nós.

— Está escuro aqui — disse Navin, olhando em volta.

— Asha me pede para manter as cortinas baixadas. Ela ainda não está acostumada à luz. Foi mantida presa num lugar escuro por muito tempo.

— Hum. — Navin suspirou. — As coisas que essas meninas precisam passar na vida! Como são más as pessoas que as colocam lá.

A ironia da declaração surpreendeu Navin.

— O que você quer, Navin? — perguntei, estreitando os meus olhos.

— Perdão — disse ele, olhando direto para mim.

A palavra ardeu na minha garganta. *Perdão. Era algo fácil assim de se esperar?*

— Quero dizer que lamento muito por tudo que o meu pai fez — continuou ele, parado ainda na porta, a luz do sol vazando por trás dele. — Estou chocado... envergonhado. Será que algum dia você vai conseguir me perdoar?

Reconheci sua expressão — era como olhar o meu próprio reflexo num espelho, querendo ser perdoada. Lágrimas queimavam atrás da minha garganta.

— Eu sei que você está sendo sincero, Navin, mas eu... não sei... perdoar — sussurrei, minha voz saindo como um resmungo.

— Eu era uma criança, Tara, não sabia o que fazer.

— Eu também era uma criança — sussurrei e desviei o olhar, as lágrimas queimando nos meus olhos.

Ele balançou a cabeça, suspirou e se virou para ir embora. Ao longe, pude ver Asha tagarelando junto ao balanço com Rohan.

— Talvez algum dia... talvez... você consiga perdoar todo mundo... o seu pai, o meu pai, eu e, mais que qualquer pessoa, *você mesma* — disse enquanto caminhava até a porta, pisava lá fora e desaparecia no corredor.

— Talvez — sussurrei, observando-o se retirar.

QUATRO MESES HAVIAM SE PASSADO DESDE QUE EU TROUXERA ASHA para casa. Raza e eu estávamos sentados num banco de praça observando Asha fazer estrelas, descer pelo escorregador e acenar para nós. Ela estava saindo do casulo, embora ainda tivesse medo de vez em quando e me perguntasse de maneira insistente pela mãe. Eu ficava feliz por ela se misturar tão bem com as outras crianças.

— Acho — disse Raza devagar, enquanto eu acenava para Asha — que você devia mandá-la para o centro agora. Isso era para ser temporário, só até ela ganhar de novo a confiança no mundo. Dinesh me liga todos os dias, dizendo que não vai ser bom para a menina se ficar com ela tempo demais. Se ela se apegar a você, vai ter dificuldade de se adaptar às outras pessoas do centro.

Ele sorriu como se soubesse o que eu estava pensando. Eu sentia como se Asha sempre tivesse sido minha. Mandá-la de volta para o centro era uma possibilidade remota para mim. Para ser honesta comigo mesma, nos últimos dias, eu *tinha* me preocupado — na verdade, temido — que o apartamento voltasse ao silêncio, o silêncio que me lembrava do passado e continuava a me assombrar. Além disso, nas últimas noites, quando eu observava Asha dormir na minha cama depois que eu lia uma história, ela não soltava da minha mão para não correr o risco de eu deixá-la para trás. Entendia esse sentimento.

— Está tudo bem? — A voz de Raza me tirou do devaneio.

— Sim, não tenho certeza de que essa seja a coisa certa para ela, ir para o centro.

— Isso não é sobre *você*, Tara. É sobre *a menina*.

— Eu *sei*, e *o nome da menina* é Asha — falei, erguendo a voz.

As crianças, que estavam andando de patinete, pararam para me olhar.

Raza se levantou e arrumou a camisa, obviamente chateado pelo que eu dissera.

— Acho melhor irmos embora — disse ele.

Eu sabia que ele estava certo. Provavelmente ela ficaria melhor com Dinesh e Saira, que sabiam como cuidar dela, *e* com as crianças no centro, que partilhavam da sua dor. Chamei por Asha e nós passeamos no parque, Asha caminhando entre nós, segurando nossas mãos, se balançando ao caminhar. Então eu disse a Raza que ele tinha razão, que precisávamos deixá-la no centro. Ele sorriu para mim.

NO CAMINHO ATÉ O CENTRO, PENSEI NO QUE ESTAVA PRESTES A FAZER. Eu observava Asha tomar uma casquinha de sorvete no banco traseiro e me perguntava o que estava me enlouquecendo.

No centro, Dinesh bateu palmas ao me ver.

— Deixar Asha aqui? Boa decisão. Sabe que salvamos a menina bem a tempo. Mais alguns anos e talvez a tivessem vendido para outro bordel, e sabe-se lá o que poderiam ter feito.

A esposa, Saira, entrou no escritório e disse:

— Ouvi vocês. Você vai deixar Asha aqui? Sim, sim, é melhor. Já faz uns meses que digo isso. Nós só queríamos que ela ficasse com você algumas semanas até se abrir, já que ela gostou tanto de você. Mas, se ficar mais tempo, ficará muito ligada a você.

Suspirei. Não era só Asha que estava ficando ligada a mim. O contrário também era verdade.

— Veja — falou Saira —, ela já está fazendo amigas.

Observei Asha brincar com as meninas do lado de fora e soube que tinha tomado a decisão certa. Ela estaria melhor aqui com outras meninas da sua idade. Poderia se estabelecer melhor, se adaptar mais rápido. Entenderia que a necessidade dela de encontrar a mãe era compartilhada por muitas meninas da mesma idade.

Passei a noite com as meninas, jogando badminton no pátio. Dinesh pediu comida de um restaurante e todos nós nos sentamos na grama do lado de fora e comemos juntos. O cheiro da comida inundou o jardim enquanto eu observava Asha comer com as outras garotas, conversando em voz alta como as crianças frequentemente fazem. Senti que a estava decepcionando. Eu me perguntei o que diria a ela. Raza apertou a minha mão, compreensivo. Depois do jantar, Raza e eu ficamos do lado de fora, dando tchau para todos. Asha ficou ao meu lado, dando adeus a todos também, esperando vir comigo. O momento chegara; eu precisava explicar a ela que a deixaria para trás. Apavorada, me abaixei para encará-la.

— Asha, você precisa ficar aqui. Eu vou viajar por um tempo, mas vou voltar logo. Eles vão tomar conta de você aqui. Está vendo, você já fez muitas amigas. Pode ficar com elas agora.

Seus olhos se escancararam, marejados. O rosto se contraiu e ela não parava de dizer:

— Não, não, não.

Ela agarrou a minha mão, e senti um baque surdo no peito. *Era assim que uma mãe se sentia ao deixar a filha para trás no seu primeiro dia de escola?*

Dinesh a pegou no colo. Ela se opôs, agitando os braços ao lado do corpo, as pernas chutando o homem.

— Não posso deixar você. Não devo soltar a sua mão — dizia ela, gemendo.

As outras meninas observavam a cena com rostos horrorizados, e Saira pediu que entrassem.

— Acho que devemos ir. Ficarmos aqui só vai tornar as coisas mais difíceis — disse Raza, com o braço sobre os meus ombros.

Eu me virei para ir, sentindo o cheiro da tristeza à nossa volta exatamente como eu sentira anos atrás, na despensa. Podia ouvir os soluços fortes de uma menina que choramingara a noite inteira. O céu estava salpicado de estrelas naquela noite como estivera anos antes, quando outra menininha perdera a mãe.

— Por favor. — Eu me virei e encarei Dinesh, que ainda estava ali de pé. — Deixe-me levá-la comigo só por uma noite. Eu a trago de novo amanhã de manhã.

Dinesh estudou a minha expressão por um tempo, então suspirou enquanto Asha choramingava entre nós. Por fim, ele acenou com a cabeça, aquiescendo, derrotado, e colocou Asha no chão.

— Apenas uma noite — disse ele.

Fiz que sim. Asha limpou as lágrimas, fungou e agarrou a minha mão de novo. No táxi, ela dormiu. Eu sentia como se ela fosse a resposta que eu estivera procurando e, por um minuto, tudo se encaixou. Com ela, eu tinha uma sensação constante de familiaridade, como se nos conhecêssemos muito antes de nos encontrarmos.

NA MANHÃ SEGUINTE, LEVEI ASHA AO PARQUE. DEPOIS DE MAIS UM trajeto de uma hora até o centro, Asha se tornaria uma daquelas meninas que moravam no abrigo, esperando, sempre na expectativa de que as mães aparecessem. As pessoas corriam no parque à nossa volta. Outras caminhavam com os seus cachorros. Observei Asha brincar no parquinho, então olhar para os pássaros que gorjeavam nas árvores.

— Você está triste — disse uma voz. Asha havia parado de brincar. Ela estava de pé ao meu lado. Eu não a vi se aproximar de mim.

Ela se sentou ao meu lado no banco.

— Amma também era muito triste — disse ela, cavando o chão com os pés. Ela olhou para o céu, então para mim. — Você acha que eu não deveria ter olhado?

— Olhado o quê?

— Quando eles faziam coisas com ela... — Ela engoliu em seco e torceu a barra da saia. — Coisas feias. Pensavam que eu estava dormindo, que eu tinha engolido o comprimido para dormir, mas eu jogava fora, fingia dormir quando o... o homem vinha. Você acha que Amma ficava triste por causa do que eu fazia?

— Não, não era culpa sua — falei, puxando-a para perto de mim.

Ela fungou e limpou uma lágrima que caiu do seu olho. Essa foi a primeira vez que se abriu comigo.

— Então eles me levaram embora, me colocaram junto com as outras crianças num quarto escuro. Agora Amma vai ficar triste por minha causa, porque não estou mais lá com ela.

Eu a tomei nos braços e a abracei com força. Ela chorou baixinho. Ela tinha o cheiro da manga madura que eu lhe dera no café da manhã. O vento assobiava à nossa volta.

— Sabe, Amma me dizia que, quando eu ouvir o vento assobiando no meu ouvido, é ela que está pensando em mim. Eu estou ouvindo ela agora, você está? — perguntou ela.

Eu a encarei por um tempo; era algo que Mukta me dissera anos antes.

— Amma disse que você iria procurar por ela e que me ensinaria a escrever e a ler, do mesmo jeito que ensinou a ela, anos atrás.

— Sim — falei, rindo e chorando ao mesmo tempo, abraçando-a mais forte. — Vou ensinar você do mesmo jeito que ensinei a ela.

NO CENTRO, A PRINCÍPIO, DINESH FICOU CONFUSO AO VER MEU ROSTO sorridente.

— Não vou deixá-la aqui. Ela é minha sobrinha — falei. Repeti tudo que Asha me falara. Eu recobrara as minhas esperanças, recobrara a minha força, estava perto de encontrar Mukta.

— Sim, mas mesmo assim. A menos que seja provado que ela é sua sobrinha, não posso deixá-la ir embora com você. Para começo de conversa, você nem sabe se Mukta é mesmo sua meia-irmã. Então, a menos que haja uma adoção oficial, o que só pode acontecer se declararmos Asha órfã...

— Está falando sério, Dinesh? Olhe onde estamos. Quando vim aqui pela primeira vez, só o que as pessoas me diziam era que muitas crianças desaparecem aqui, e que ninguém procura por elas. Não há relatório, nenhum rastro oficial. Oficiais gostam de ser subornados e estão prontos a produzir documentos falsos num minuto. Trabalhei com você por quase três anos. Pensa que não vou cuidar bem da menina? E, por favor, quantas regras ou leis acha que seguimos à risca? Você e eu sabemos que, às vezes, precisamos dobrar a lei para fazer o bem.

Dinesh suspirou e balançou a cabeça, concordando.

— Olhe — falei, suavizando o meu discurso —, deixe que ela fique comigo. Não é melhor ter um lar para uma criança do que fazê-la ficar no centro? Quantas crianças crescem sem um lar? Enquanto isso, vou dar entrada nos papéis para adoção. Você a confiou para mim nos últimos meses, não foi?

Dinesh olhou pela janela e então de novo para mim.

— Tudo bem. — Ele deu um suspiro. — Mas você vai precisar declará-la órfã, dar entrada nos papéis de adoção, entrar no sistema. Vou ver que pauzinhos consigo mexer.

— Obrigada — falei, querendo pular de alegria.

Capítulo 30

Tara
Outubro de 2007

HAVIAM SE PASSADO TRÊS MESES DESDE ESSA CONVERSA COM DINESH. Eu dera entrada nos papéis para adotar Asha; o processo era longo e trabalhoso, mas eu tinha esperanças. Durante o processo de habilitação e até que a adoção fosse aprovada, Asha precisava ficar no centro. Mas Dinesh permitia que ela ficasse comigo de tempos em tempos.

— Isso não é algo que eu normalmente faria — dizia ele cada vez que deixava Asha ficar comigo. Eu sabia que ele podia se encrencar com as autoridades por causa disso, e talvez eu também estivesse colocando em risco a minha habilitação, mas a vontade de ficar perto de Asha não me permitia pensar nas consequências. Raza também me ajudou muito contatando todas as pessoas que ele conhecia para acelerar o processo.

Então, quando ele ligou dizendo que queria falar comigo sobre algo importante, pedi que viesse até mim, imaginando que tivesse alguma informação sobre a adoção. Enquanto esperava por ele naquela terrível manhã de verão, lembrei-me da última vez que fui correndo contar a Raza as novidades. Fazia apenas quatro meses. Eu ficara diante dele no seu escritório.

— Asha é minha sobrinha. — Foi delicioso fazer as palavras saírem da minha boca. — Ela me contou coisas que só Mukta poderia saber. Falei com Dinesh, e ele me disse que vai me ajudar a adotá-la.

Ele observara o meu rosto sorridente por um minuto, um prazer momentâneo passando pela sua face, e então voltara a olhar para a porta, perdido em pensamentos severos.

— Você parece tão feliz. Que bom. Se encontrar Mukta, vão estar livres para ir para os Estados Unidos.

— O quê? Por que eu voltaria para lá?

Em vez de responder à minha pergunta, ele mudou de assunto. Mas a dor dele com a ideia de me deixar ir embora não me passou desapercebida.

Agora, quando Raza estava parado à entrada do meu apartamento, batendo na porta; de repente, desejei que ele tivesse me pedido que não o deixasse.

— Oi — falei ao abrir a porta.

Raza disse tudo sem sequer responder o meu cumprimento.

— Há um jornalista, Andrew Colt, que entrou em contato com Dinesh hoje — disse ele, ofegante. — Ele contou que entrevistou prostitutas de um bordel para um livro que escreveu. Ele...

— Sim?

— Está no livro dele. — Balançou o livro na minha frente. — Ele entrevistou Mukta! Ela usa o nome de Docinho. Se ele está certo sobre essa mulher, se ela for mesmo Mukta, então ele diz que a levaram para Sonagachi, em Calcutá.

Será que era só mais um boato ou eu iria mesmo encontrar Mukta desta vez? A ansiedade me encheu a ponto de eu não conseguir respirar. Raza colocou o livro nas minhas mãos. Tinha uma capa azul. *Todas as cores do céu*, dizia.

— Sonagachi é outra zona como Kamathipura, mas em Calcutá — explicou Raza.

— Calcutá... — repeti, enfeitiçada.

— Por que não senta? — Raza me levou até o sofá. — Dinesh e sua equipe não vão poder vir conosco — explicou ele, ajoelhando-se ao lado do sofá. — Eles não trabalham fora de Mumbai, mas podemos pedir ajuda de outra ONG de lá. Eu vou com você. Podemos deixar Asha no centro por um tempo. O que acha?

— Não, vamos deixá-la com Navin. Ela vai ficar feliz brincando com Rohan — falei. — É...

— Sim?

— É Mukta. Tem que ser... Mas e se não for Mukta? E se outra pessoa, outra mulher que conhece a história de Mukta contou para ele... E se já for tarde? E se...

— Tara! Você está pensando demais. Seja como for, é um risco que teremos que correr.

QUANDO TERMINEI DE ARRUMAR AS MALAS, RAZA SE DEU CONTA DE que não poderia fazer a viagem comigo. Pediu desculpas, disse que precisava terminar um trabalho, mas que, com certeza, se juntaria a mim em poucos dias. Eu queria ir o quanto antes e conhecer Andrew Colt, o jornalista que havia entrevistado Mukta. Mas não consegui comprar passagens de avião e decidi ir de trem. Andrew estava em Sonagachi, e eu iria encontrá-lo antes. Se o que ele me contasse provasse que se tratava mesmo de Mukta, Raza estaria lá quando estivéssemos nos preparando para outra batida no bordel em Calcutá. Raza falou que conhecia uma pessoa em Calcutá que me serviria de guia. Na estação, embarquei no trem e fiquei parada à porta, conversando com ele.

— Eu sei que acha que pode não ser Mukta e que está preocupada que usar esse tempo para ir a Calcutá provavelmente vai atrasar a sua busca em Bombaim, mas, confie em mim, as batidas vão sair de acordo com o planejado. Dinesh vai nos manter atualizados. Então, não se preocupe, tudo bem? — disse Raza.

— Sim. Você está certo. Parece que estou caçando gansos selvagens, tudo de novo. Depois de tantos anos procurando, não sei mais o que pensar.

— Eu entendo — concordou Raza.

— Então o que planeja fazer sem mim por perto? — provoquei, tentando mudar o assunto.

Ele desviou o olhar e engoliu em seco, batendo o celular na palma da mão, então perguntou:

— Tara, vamos fingir que somos só bons amigos para sempre, que o que dividimos não é mais valioso que isso? Eu esperei para perguntar isso a você... pelo momento certo... talvez você tenha encontrado Mukta, mas não sei se aguardar mais tempo vai me ajudar.

Eu não esperava por aquilo. Seus olhos encontraram os meus como se falassem uma linguagem que eu sempre estivera temerosa demais para usar.

— Eu... eu não sei — falei, meus ombros se levantando devagar.

Estudei a expressão dele, com receio de que fosse explodir como um vidro por algo que eu estivesse prestes a dizer. Respirei fundo e falei tudo de uma vez, como se cuspisse algo preso dentro de mim por muito tempo:

— Raza, sempre perco as pessoas que amo. Uma a uma. Perdi todas elas.

Era verdade. Ele estava tão surpreso quanto eu, mas os seus olhos ficaram ainda mais afetuosos.

— Tara — disse ele suavemente —, isso não é uma regra.

— É uma regra. Pensando nisso, é quase como uma maldição que carrego. — Tentei rir, mas lágrimas se formaram nos meus olhos.

— Então você tem medo de me perder? — Ele levantou as sobrancelhas e sorriu, feliz com a ideia. — Mas, se você não nos der uma chance, como vai saber?

O trem apitou e começou a se afastar. Acenei para ele.

— Pense nisso. — Li aquelas palavras nos lábios dele, e ele abriu um sorriso enquanto eu o deixava para trás.

SUAS PALAVRAS NÃO ME DEIXARAM ENQUANTO EU DORMIA NO TREM. Quando acordei, podia ouvir o vento castigando as janelas. Quase esperei que Asha estivesse dormindo ao meu lado, a respiração profunda e calma. Então me caiu a ficha — eu estava a caminho de Calcutá. Deixara Asha para trás com Navin. Ele ficava feliz da vida que Rohan e Asha se dessem tão bem. Então pensei em Raza — o que Raza me perguntara antes de eu partir? *Vamos fingir que somos só bons amigos para sempre, que o que dividimos não é mais valioso que isso?* Suspirei. Ele tinha razão. Eu estivera mentindo para mim mesma nos últimos anos. Se fosse outra época, uma época em que não houvesse desespero nem culpa, teria sido mais fácil admitir o quanto gostava dele. Mas agora não me parecia certo ter o direito de encontrar o amor. Eu observava o céu passar correndo por mim na janela. Ainda pensava em Mukta quando o celular tocou.

— Alô? — falei.

— Tara. — A voz animada de Raza soou pelo telefone. — Consegui falar com Andrew de novo. Ele disse que pode localizar essa mulher, Docinho. Quando ela contou sua história para ele, disse que nascera em Ganipur e que era filha de uma prostituta do templo. Não pode ser uma coincidência, Tara. Tem que ser ela. Tem que ser Mukta.

Eu fiquei desorientada. Qual era o nome daquela prostituta que eu conhecera anos antes? A mulher com olhos verdes que me olhara nos olhos enquanto sussurrava no ouvido de um cliente. Eu não conseguia me lembrar do nome agora. Por alguma razão, sua expressão ficara na minha memória, e eu sempre me arrependi por não ter conseguido falar com ela. Sylvie era a prostituta que estava em pé do outro lado da rua e que a indicara para mim.

— Tara, está me ouvindo? Meu contato na ONG está planejando uma batida no bordel amanhã à noite. Não queremos esperar. Se tivermos sorte, eles não a mudaram de local. Ela pode ainda estar lá. Está ouvindo? — Sua voz vibrava de excitação.

— Sim — falei. — Vou encontrá-lo lá.

Tudo era surreal, até improvável. Tinham se passado mais de três anos de procura em vão por alguém que eu perdera. Será que eu enfim a havia encontrado?

A ESTAÇÃO DE TREM DE HAORA ERA UMA DAS MAIS APINHADAS QUE eu já tinha visto. Assim que pisei nela, pude sentir o calor intenso, o fedor de suor misturado com o cheiro de peixe. Romesh acenou para mim de longe. Ele era o amigo de Raza com quem eu trabalhara numa das batidas a bordéis em Mumbai. Naquela época, ele estava procurando uma prostituta — uma menina de 12 anos que havia sido traficada de Calcutá. Acho que é assim que as ONGs trabalham, solicitando ajuda umas às outras quando precisam resgatar alguém que tinha sido levada para outra cidade. Agora foi a vez de Romesh devolver o favor.

— Bem-vinda a Calcutá. É a sua primeira vez?

Assenti.

— Deixe-me ajudá-la com a bagagem. Raza me falou que você quer muito achar essa moça. Encontramos Andrew hoje, e ele nos disse onde Mukta está. Podemos ajudar a tirá-la de lá. Mas temos que agir rápido.

Ele jogou a minha mala na van e pediu que eu sentasse no banco de trás.

— Agora que a localizamos, Raza disse que vem nos encontrar assim que der. Ele está voando para cá.

As ruas de Calcutá borbulhavam de gente, exatamente como Bombaim. Eu podia sentir o cheiro do lixo apodrecendo e ouvir as buzinas incessantes dos veículos. Não demorou até chegarmos a Sonagachi, que não era diferente de Kamathipura. Dava para ver as mulheres paradas na rua, tentando chamar a atenção dos homens.

Raza se juntou a nós enquanto esperávamos perto do bordel para onde Andrew nos mandara ir.

— Vou entrar — falei a Romesh.

— Tara, quero que entenda que mulheres como Mukta não conheceram nenhuma outra vida, por muito tempo. Ela talvez demore um pouco, pode ficar chocada por sair. Ela pode reconhecer você ou não. Quero que esteja preparada para isso.

— Não tente me impedir, Romesh. Vou entrar.

— Tudo bem. Vamos esperar a polícia dar o sinal verde. Você pode ir com o restante da minha equipe. — Ele suspirou e caminhou em direção ao seu carro, balançando a cabeça.

Raza e eu continuamos dentro do carro, olhando para fora. A polícia já havia entrado no lugar e começado a levar os homens para o camburão.

— Andrew tem certeza de que Mukta está lá? — perguntei a Raza, olhando para as ruínas do prédio.

Raza olhou para mim e assentiu.

— Foi o que ele disse. Ele falou que ela não queria ir embora porque tem uma filha que foi levada pelo tráfico. Você só precisa dizer a ela que Asha está com você. Tenho certeza de que ela vai querer sair. Quando ela estiver com você... você... vai querer voltar para os Estados Unidos? Eu sei que tem uma vida melhor lá.

Olhei para ele, mas ele se recusou a me encarar.

— Raza — falei, devagar —, não quero voltar para os Estados Unidos. — Minhas palavras eram deliberadamente lentas. — Vou ficar aqui com você. — Peguei a mão dele na minha. Ele não me olhou, mas a apertou com força.

ROMESH BATEU NA PORTA DO CARRO.

— Vamos — disse ele, e caminhamos juntos na direção do bordel.

— Você vai poder fazer um teste de DNA e descobrir se ela é mesmo a sua irmã — comentou Raza enquanto caminhávamos pelos corredores escuros.

— Não importa mais.

— Mas você nunca vai saber se...

— Não quero saber... não mais — falei. — Sabe, quando li a carta de Papa, a última vez que ele escreveu algo para mim, eu sabia que não importava. Tanto Anupam *chacha* quanto ele ficaram presos na dúvida sobre de quem ela era filha de fato. E ninguém a viu como a criança que era. Não quero cometer esse erro de novo. Algumas ligações são mais profundas do que as sanguíneas.

— Então o que vai dizer a ela quando encontrá-la?

— Que ela é minha irmã. Que *sempre* foi minha irmã — respondi, os degraus rangendo enquanto eu subia.

E eu sabia que o momento tinha chegado, o olho do furacão em torno do qual toda a minha vida girara. Aquele era o momento pelo qual eu havia esperado tão ansiosamente — o momento em que poderia andar até Mukta e levá-la para casa.

Capítulo 31

Mukta
Outubro de 2007

HAVIA CAOS NO AR — O REPENTINO SOM DE PÉS SE ARRASTANDO, aquelas vozes abafadas lá fora. O homem que estava comigo parecia saber exatamente o que estava acontecendo, sem que eu precisasse explicar nada. Ele se pôs de pé num pulo, puxou as calças para o lugar e as abotoou na cintura. Na luz fraca e intermitente, vi vergonha nos seus olhos, a vergonha de estar num lugar daqueles. Ele juntou as roupas numa das mãos, agarrou tudo junto ao peito nu e correu porta afora, os sapatos pendendo na outra mão.

— O que está fazendo aí sentada? Vamos nos esconder — disse uma das moças, espiando dentro do meu quarto.

Balancei a cabeça e dei para elas um sorriso solene.

Ela sabia no que eu estava pensando e não insistiu. Eu a vi se virando e desaparecendo escada abaixo. Levantei e apertei a blusa sobre o peito, baixei a saia, amarrei os cordões dela e me sentei, esperando a polícia aparecer. As batidas tinham se tornado comuns. Sempre que a polícia invadia o nosso bordel, vozes chamavam por nós como se tivessem de repente descoberto que existíamos. Não encontravam nada. Éramos treinadas a nos esconder em nichos nas paredes, nos moldar como argila em espaços secretos. Às vezes, quando éramos pegas, a polícia nos colocava em camburões, nos levava até a delegacia, nos mantinha encarceradas por uma noite, e então voltávamos ao trabalho no dia seguinte, depois que recebiam um bom pagamento do dono do bordel para manter os narizes longe dos negócios deles.

Cada prostituta presa era liberada apenas se os proprietários do bordel pagassem a fiança, uma pequena quantia se comparada com o dinheiro que ganhávamos para eles. Mas qualquer dinheiro gasto conosco era acrescentado à nossa dívida. Assim, havia alguma sabedoria em se manter a salvo, escondida naqueles pequenos buracos. Eu me escondera várias vezes, evitando com astúcia as pessoas que invadiam o bordel.

Daquela vez, eu queria esperar e perguntar aos policiais se eles sabiam algo sobre a minha filha. Uma estranha força emergira em mim. Eu estava cansada e simplesmente não me importava de ser espancada, ficar sem comer nem beber, ou até mesmo ser morta. Permaneci em silêncio tempo suficiente e queria saber onde estava minha Asha. Devia isso a ela, por tê-la trazido a este mundo nojento.

Pus-me de pé e observei a rua lá fora, observei como a movimentação rotineira havia parado, como a rua borbulhante havia se silenciado. Alguns lojistas fecharam as venezianas; outros as tinham deixado semiabertas e fugido antes de serem pegos pela polícia. Os homens que vagavam por ali já tinham dado no pé, deixando a rua vazia, como se as suas reputações pudessem ser ainda mais danificadas. As mulheres que em geral ficavam na calçada acenando para esses homens já haviam sido levadas para o camburão. Eu as vi sentadas no veículo; seus olhos corriam pela construção, por entre as janelas com grades, procurando ajuda.

— Você está bem?

Eu me virei. Era a voz de uma mulher, cálida e calma, mas eu não conseguia enxergar ninguém. Estava esperando que um policial me pegasse à força e me arrastasse para longe da janela, me puxasse pelo pescoço escada abaixo e me jogasse no camburão.

— Você está bem? — repetiu ela.

A luz solitária que piscava no meu quarto havia sido desligada, e a escuridão envolvia a mulher. Ela ligou a lanterna, mas a apontou para o chão. Eu observei sua silhueta se movimentar na minha direção. Havia um homem ao seu lado. Eu não vira que ele estava ali antes.

— Meu nome é Romesh. Estamos aqui para ajudá-la — disse ele.

Eu mal conseguia ver os rostos deles.

— Sim... tudo bem... — falei baixinho.

— Vamos tirá-la daqui — disse a mulher, e eu caminhei com eles em direção a um destino incerto. Ocorreu-me então que, em toda a minha vida, eu nunca havia questionado onde as pessoas me levavam. Mesmo naquele momento, eu não perguntara. Desci a escada, seguindo-os. A lanterna que iluminava o chão me lembrava dos vaga-lumes da minha infância, que me mostravam o caminho para fora da floresta. No brilho daquela luz, vi a escada, como havia se enferrujado ao longo dos anos, a tinta descascando como pele soltando de uma velha ferida. Os corredores estavam escuros como nunca quando os atravessamos. A mão dela me conduziu até a porta, e eu senti de repente um embrulho no estômago, o sentimento de que estava deixando tudo para trás, a única vida que conheci por tantos anos.

Quando a porta se abriu, uma dúzia de lanternas caiu sobre nós, a luz dispersando a escuridão à nossa volta.

— Apaguem isso! — Ouvi alguém gritar ao longe.

Enquanto as luzes eram desligadas uma a uma, percebi a lua cheia no céu claro, as nuvens deslizando para longe, dividindo-se para deixar o luar brilhar sobre mim, e baixei os olhos. Eram tão opressores, a vastidão do espaço aberto ao meu redor, o sentimento repentino de brisa fresca no meu rosto, que não consegui respirar. Eu me virei e tentei fugir, mas a mulher segurou o meu braço.

— Você não entende, eu preciso voltar — falei para ela. — Eu... não posso...

— Não se preocupe, vamos cuidar de você — sussurrou. Suas mãos estavam sobre os meus ombros; minhas lágrimas caíram sobre as mãos dela, descansando como gotas de orvalho sobre folhas.

Ela tinha um sorriso gentil, que me lembrava alguém.

— Vamos — disse.

Percebi as sobrancelhas unidas na testa, o rosto redondo, aqueles olhos atentos quando falava com alguém. Sua aparência... como Memsahib... como Tara. Era mesmo possível ela estar naquele lugar? Eu afastei o pensamento, disse a mim mesma que a minha visão estava me pregando uma peça e que eu não estava pensando direito. Quando ela se virou para me olhar, eu me dei conta de que a estivera encarando e desviei o olhar. Quando voltei, os olhos dela estavam cheios de lágrimas.

— Mukta? — sussurrou ela.

Ninguém me chamava por esse nome havia muito tempo. Observei o seu rosto, esperei ela dizer algo mais. Ela não me falou como se chamava. Não precisava. Eu sabia. Eu sabia, mas as palavras não vinham. Um gemido escapou de mim. Ela sorriu através das lágrimas enquanto me tomava nos braços. Era como nos velhos tempos de novo, quando o toque dela e o hálito de bondade lavavam a minha dor.

— Estou procurando você há muito tempo. — Seu abraço era quente e apertado.

Não falamos por um tempo, aninhadas nos braços uma da outra. A rua estava silenciosa; os olhos à nossa volta nos fitavam. Recuei da segurança daquele abraço.

— Preciso entrar lá de novo. Não posso ir com você — falei, fungando, a voz tremendo. — Minha filha está lá. Preciso encontrá-la.

— Eu sei onde ela está — sussurrou ela, colocando uma mecha do meu cabelo atrás das minhas orelhas. — Asha está comigo.

Pensei não ter ouvido direito.

— Asha... preciso encontrá-la — repeti.

— Mukta, nós a encontramos. — Ela apertou os meus ombros e me olhou nos olhos. — Ela está comigo. — Voltou a me tranquilizar.

Quando olhei para ela, soube que era verdade. O mundo parecia girar diante dos meus olhos. Era como se a felicidade fosse algo que eu não conseguia aguentar. Era como se algo assim não fosse possível para mim. Caí no chão, de joelhos. Ela se ajoelhou ao meu lado.

Havia tantas perguntas que queria fazer, tantas respostas que parecia precisar, e, no entanto, só fiquei olhando para ela. Lágrimas jorravam dos meus olhos e olhei para baixo, para minhas mãos trêmulas. Eu decerto fizera algo de bom para merecer aquilo.

— Mukta, Mukta — disse Tara, me chacoalhando —, precisamos ir. Não quer ver Asha de novo?

— Sim, sim. E ela está bem? Quero dizer, está comendo bem? Antes que a levassem embora, ela tinha parado de comer...

— Sim, sim, não se preocupe. Vamos levar você até ela. — Tara sorriu e me abraçou.

O VOO PARA MUMBAI PARECEU MUITO LONGO. TARA FALAVA SEM parar sobre como Raza — o *goonda* que uma vez tentara machucá-la na rua — a auxiliara muito na sua busca. Ela me contou que ele precisou ficar em Calcutá por causa de trabalho. Perguntei se Asha perguntava sobre mim.

— Sempre. Sempre que tem oportunidade — disse Tara.

Eu tinha esperado tanto tempo para ver a minha filha que nem me encantei com as nuvens flutuando ao nosso lado. Não me ocorreu que sempre quisera voar de avião. Desde que Arun Sahib falara sobre aquele tipo de viagem, eu desejara estar muitos metros acima do chão. Mas nada daquilo me fascinava agora. O trajeto do aeroporto ao apartamento não era longo, mas minha mente estava varada de angústia. Queria muito ver Asha. Estava preocupada com o que ela teria se tornado.

O APARTAMENTO ESTAVA DO MESMO JEITO COMO TANTOS ANOS atrás. A poesia da minha infância que corria livre pelos corredores, as músicas que outrora cantávamos fizeram com que me sentisse como se tivesse 10 anos de novo. Mas aquilo havia sido há muito tempo. Os ecos das nossas risadas infantis haviam pousado como poeira sobre aquela casa. A cozinha ainda tinha os cheiros do passado; a árvore lá fora ainda estava de pé, forte, contando sobre o tempo que havia esperado por mim. Olhei para Tara, que estava junto à porta, atrás de mim, me observando encantada.

— Quanto tempo? — perguntei.
— Hum?
— Quanto tempo procurou por mim?
— Três anos.
— Então você não é casada?

Ela balançou a cabeça e sorriu para mim.

— Cheguei muito perto...

Cansaço havia se instalado no seu rosto como água que penetra na terra, tornando-a mais escura pela umidade. Ela parecia ter aprendido a esconder a tristeza dos olhos, mas eu ainda podia vê-la; tinha visto versões mais tristes dela à minha volta por muito tempo. Aquilo não era o que eu queria para ela, gastar a vida procurando por mim, tentando entender o mundo dos bordéis. Afinal, a vida que vivi sempre fora o meu destino.

— Achei que estaria casada, com filhos, vivendo uma vida mais feliz que a minha — falei, desviando o olhar, enrolando a barra do meu sári.

— Eu estou feliz *agora*. — Ela sorriu para mim, segurou a minha mão, então caminhou até um armário e tirou de lá uma pilha de roupas passadas. — Além disso — disse, entregando-me as roupas —, acho que vamos ter tempo de sobra para isso. Não quer se refrescar? Navin levou Asha e Rohan ao parque. Eles vão voltar logo. Asha gosta muito do filho de Navin, Rohan, me lembra da minha amizade com Navin. Você vai ver. — Ela riu.

Não demorou até eu ouvir os risinhos da minha pequena. Saí pela porta da frente e a vi — usando roupas novas, segurando a mão de um menino, tagarelando, feliz. Ela me viu, parou e ficou me olhando, soltou a mão do menino, então atravessou o longo corredor.

— Amma! — bradou, e ouvi os seus gritinhos estridentes enquanto chamava por mim. Inclinei-me para a frente e abri os braços para recebê-la. Ela estava com cheiro de brisa, fresca e cheia de vida, o hálito úmido no meu pescoço, que havia sido uma mera lembrança durante os últimos meses.

— Não vão me levar mais embora, vão? — Os lábios dela tremiam.

— Não, não… — Eu ri entre as lágrimas e a abracei com mais força ainda.

DEPOIS QUE ASHA DORMIU, TARA E EU CONVERSAMOS COMO SE FÔS-semos crianças de novo, como se nunca tivéssemos nos separado. Nós nos sentamos no chão, com *chai* quente nas mãos, o barulho das ruas entrando pela janela.

— Lembra-se daquele poema que escrevi? — perguntei.

— Aquele do qual eu ri? Sim — respondeu ela, e o cantou para mim enquanto os grilos estrilavam.

Não importa quão ruim o tempo,
Quão difícil a estrada,
Sempre estaremos juntas,
Subindo a colina,
Atravessando águas turbulentas,
Sempre juntas.

— É estranho quando você o canta — disse, rindo.

— Ei, você que escreveu!

Eu ri e ela se juntou a mim.

— Pensei nele tantas vezes quando estava trancada naquele quarto escuro. Sempre soube que seria você que me ajudaria.

Ela se inclinou para a frente e acariciou o meu pulso.

— Procurei tanto. O tempo todo eu só queria tocar na sua mão e agora... parece um sonho... como se você fosse... fosse...

— Um fantasma? — perguntei.

Caímos na risada de novo, o caos das nossas vidas esquecido por um momento. Então, o riso de Tara se transformou em lágrimas e o rosto adquiriu uma tristeza repentina.

— Eu deveria ter gritado naquela noite, acordado Papa, os vizinhos, ter feito algo para evitar que o homem sequestrasse você. Eu deveria... — A voz dela falhou.

— Psiu — falei. — Eu vi como você estava com medo. Vi o seu rosto quando aquele homem me levou embora. Não esperava que fizesse algo. Se tivesse feito, ele poderia ter machucado você ou levado você também. Além disso, você era uma criança...

— Como você! Você não merecia essa... essa...

Ela não disse mais nada, só fungou. Por um minuto, o silêncio dominou a nossa conversa.

— Você fala de um jeito diferente — disse eu, só para quebrar o silêncio —, um pouco como aqueles homens estrangeiros que vinham me visitar. Ouvi falar que viveu no estrangeiro por algum tempo.

— Sim, nos Estados Unidos. — Ela limpou as lágrimas. — Papa me levou, depois que Aai morreu e depois que você foi...

— Ouvi falar. Andrew me contou. Você gostava de lá?

Ela pensou por algum tempo.

— Sim e não.

Ela me disse como o Papa dela ficara triste quando eles se mudaram para lá, sobre como as pessoas amigáveis pareciam estranhas para ela.

— Foi aí que comecei a ler livros e descobri que você estava certa.

— Eu estava certa?

— Sim, os livros são melhores do que o mundo em que vivemos.

Sorri com aquela lembrança. Passara-se muito tempo desde que eu segurara um livro e o partilhara com ela.

— Talvez eu devesse pegar algo na biblioteca, algo que você goste de ler — ofereceu ela.

— Depois, quem sabe? E um marido? Você não conheceu ninguém?

Ela riu.

— Você parece a minha amiga Elisa falando, ela está sempre louca para me casar com alguém!

— Hum, foi um sonho que não consegui realizar. Então, eu o queria para você. Queria muito.

Seus olhos brilharam enquanto ela fazia um gesto casual, desfazendo um pensamento. Continuou a me contar sobre a sua vida, sobre crescer em outro país, sobre Elisa, que havia se tornado uma amiga querida, sobre como conhecera Brian, sobre como Sahib cometera suicídio. Seus olhos marejaram ao falar do seu Papa, e eu lembrei como ele era carinhoso com ela.

— Então, como foi que decidiu vir me procurar? — perguntei.

— Papa estava procurando por você. Encontrei alguns documentos na gaveta dele.

— Por quê?

Ela suspirou e olhou pela janela.

— Eu gostaria que nós, Papa e eu, pudéssemos ter feito as coisas de forma diferente.

— Por quê? Vocês dois fizeram por mim mais que qualquer outra pessoa.

Ela olhou para mim com atenção, com cautela, então deixou escapar um suspiro profundo.

— Há muitas coisas que quero contar a você, mas não agora. Vamos deixar isso para depois. Talvez esteja na hora de descansar um pouco.

Ela não insistiu em saber nada da minha vida. Pode ser que tenha sentido que as minhas lembranças eram amargas demais para serem recontadas, mas contei a ela sobre Sanjiv, sobre Sylvie, que sempre me ajudara, sobre o nascimento de Asha, sobre todas as melhores lembranças que, de algum jeito, conseguiam encobrir as piores.

— Você se lembra — perguntou ela — de que costumávamos dizer que sempre ficaríamos juntas, mesmo se eu me casasse e fosse embora?

— Sim, e por agora você deveria ter pelo menos dois filhos — respondi, rindo.

A risada dela nos cercou, e eu esperava que, dessa vez, ela tivesse vindo para ficar.

Eu queria acreditar que esse mundo para o qual eu retornava jamais chegaria ao fim.

EU SÓ TINHA DUAS SEMANAS DE EXPERIÊNCIA COM ESSA NOVA VIDA quando o telefone tocou. Estava tirando pó dos livros na biblioteca e folheando as páginas de um. Tara entrou na biblioteca.

— Lembra daquele hospital em que fizemos o seu check-up? O médico quer falar conosco sobre uns exames — disse ela.

Ela não falou muito no caminho ao hospital. No táxi, não parava de torcer as mãos, sorrindo para mim, nervosa. Eu queria contar a ela sobre o meu diagnóstico — que eu sabia que tinha a doença que acabara com a minha mãe —, mas simplesmente não conseguia aguentar a ideia de ela se despedaçar com a notícia. Fui com ela ao hospital, mantendo isso trancado no coração. Sentamos num banco do lado de fora do consultório médico, e falei para Tara que não podia acreditar na minha sorte. O que eu fiz para merecer tudo aquilo? Poder viver uma nova vida? Foi aí que o médico saiu, levou Tara para um canto e disse algo para ela. Seu rosto ficou tão sombrio quanto o céu que junta nuvens durante uma tempestade. Triste, ela encostou as costas na parede como se o seu corpo tivesse se tornado pesado demais.

O médico me chamou para o consultório e pediu que eu me sentasse.

— Você teve febre recorrente, perda de apetite? — perguntou ele, sentado numa cadeira ao lado da minha.

— Tenho febre alguns dias e não gosto de comer, sim. Eles... me falaram sobre a doença — falei ao médico, mas olhando para Tara.

— Você sabe que foi infectada pelo HIV? — perguntou o médico.

Fiz que sim.

— Um médico do hospital me contou alguns anos atrás. Uma senhora da ONG me trazia o remédio.

— Tem muitos medicamentos falsos por aí hoje em dia. Você lembra o nome dos remédios que tomava? — perguntou o médico.

Balancei a cabeça.

— Nunca me disseram. Eu só tomava os comprimidos que me davam.

— Tenho que ser honesto. Não há cura para HIV. Mas os medicamentos podem ajudá-la a levar uma vida mais longa e feliz. No momento, o vírus no seu corpo não avançou muito, mas também sou obrigado a lhe dizer que, caso se espalhe, a aids é o estágio final da infecção e... — Ele deixou a frase incompleta, e senti minha vida se desequilibrando com o que não era dito.

— O que significa ter aids? — perguntei enfim, olhando para ele e depois para Tara, que estava ajoelhada ao meu lado.

— Não se preocupe — sussurrou Tara para mim —, nós vamos fazer tudo que pudermos para garantir que essa doença não tenha chance de avançar. Não é mesmo, doutor?

O médico assentiu, hesitante, então me deu uma prescrição para remédios e orientações escritas sobre como eu deveria me cuidar. Tanto Tara quanto eu estávamos caladas quando saímos do hospital, como se a simples teimosia do nosso silêncio fosse nos trazer dias melhores.

Capítulo 32

Mukta
Janeiro de 2008

TRÊS MESES SE PASSARAM DESDE QUE O MÉDICO NOS DEU A NOTÍCIA. Dores de cabeça persistentes e tosse me afligiam, e Tara vinha correndo para o meu lado à noite. Toda vez eu a mandava de volta para a cama, tranquilizando-a de que estava tudo bem. Achei que estava melhorando. Eu não tinha mais febre e a náusea havia desaparecido, mas as nuvens escuras ainda nos rondavam, como se a aids pudesse se abater a qualquer momento e me levar embora. Nesses momentos, a esperança parecia uma ilusão, como uma borboleta delicada que voa no momento em que você tenta tocá-la. Às vezes, eu acordava depois da meia-noite e me pegava olhando para Asha dormindo profundamente ao meu lado. Eu corria os meus dedos pelo seu cabelo e fazia o traçado do seu nariz e dos seus olhos, desejando ter para sempre essa lembrança. Se tudo corresse bem, eu seria capaz de viver para vê-la crescer, ir à escola, ter um emprego respeitável, casar e ter filhos. Eu queria sentar no seu *pandal* de casamento e jogar arroz de boa sorte sobre ela. A única coisa boa foi que fizemos o exame em Asha. Fiquei aliviada por não ter passado a ela a doença. Quando pensava nisso, certo torpor me cercava e meu espírito se elevava, tranquilizando-me de que ela ficaria bem e que eu sempre estaria logo ali, ao seu lado.

— Deveríamos ir a este médico — disse Tara, tentando me mostrar outro folheto que ela trouxera havia algum tempo. — Este médico... ele é muito conhecido e é...

— Sem mais médicos, por favor — disse a ela.

Ela olhou para mim surpresa.

— Nos últimos três meses fomos a médicos demais. Ficamos na sala de espera deles só para ouvir a mesma coisa que o primeiro nos disse. O médico não nos disse ontem mesmo que a minha doença estava se estabilizando, que eu poderia viver uma vida saudável por muitos anos? Talvez eu consiga ver Asha crescer. Isso é o suficiente para mim. Por que quer mais?

Ela jogou o folheto no ar e saiu pisando duro do apartamento como uma criança. Minhas palavras evaporaram no ar. Durante todo o dia esperei ela voltar para casa, mas só apareceu tarde da noite. Eu só a vi quando estava fazendo a cama — parada, na porta do quarto. Continuei tirando os vincos da colcha e esperei até ela dizer alguma coisa.

— Você não precisa mais fazer isso. Quantas vezes eu lhe disse? Não precisa mais fazer todas as tarefas domésticas que fazia. Você cozinha e limpa, vai comprar legumes. Não faz bem para a sua saúde. — Ela cruzou os braços sobre o peito.

— Não, não. Eu preciso sim. — Sorri para ela. — Não importa o que diga, Tara, eu não vim de uma família boa, e com certeza não mereço um lugar como este. Mas o seu Papa me trouxe para esta casa. É o mínimo que posso fazer. — Endireitei-me e a encarei, dobrando os cobertores enquanto falava.

Ela olhou para mim com severidade e parecia debater internamente se dizia algo ou não.

— Tem uma coisa que preciso contar a você.

Fiquei observando enquanto ela falava.

— Papa. Ele vinha da mesma aldeia que você. Fui lá há pouco tempo. Acontece que...

O olhar dela estava me assustando.

— Acontece que ele era o filho do zamindar.

Meus lábios tremeram. Uma lembrança daquela noite veio com tudo: a noite em que Amma e eu tínhamos esperado sob a figueira-de-bengala... a manhã em que eu correra atrás do meu pai enquanto o carro acelerava.

— Bem, é melhor eu dizer de uma vez — falou ela, apertando mais os braços contra o peito. — Ele... ele teve um relacionamento com a sua mãe. Há uma chance de que... que... — Fez uma pausa, engoliu, e continuou: — ... de que você seja minha meia-irmã. — A voz dela falhou um pouco.

Fechei os olhos e senti o calor das palavras na minha garganta; as palmas da minha mão se umedeceram, e eu abracei os cobertores com força. Por um momento, tudo ao meu redor pareceu ficar em silêncio. Eu não ouvia nada, nem mesmo os meus pensamentos, apenas o som da respiração irregular e das batidas do meu coração. Os olhos dela ainda estavam sobre mim, nervosos, como se eu pudesse me desfazer em pedaços caso ela desviasse o olhar.

— Você... tem certeza? — perguntei. As palavras saíram com cuidado, como se temessem a si próprias.

Ela deu de ombros de leve e sustentou o meu olhar. Culpa e dúvida tomaram conta do seu rosto.

— Papa não tinha certeza... mas não sei. Podemos descobrir. Há testes de DNA. Se você quiser saber ao certo, mas...

— Mas?

— Mas isso importa? Você é minha irmã. Sempre foi.

Eu a olhei nos olhos, então baixei o olhar, deixei os cobertores caírem no chão, passei por ela e me sentei no chão da despensa. Os pensamentos corriam como um torvelinho na minha cabeça. A noite estava serena, e o céu parecia querer me confortar, mas mesmo as estrelas falharam comigo naquela noite. O rosto esperançoso da minha Amma flutuava ao meu redor. Quantos anos ela esperara por ele? Lembrei-me daquela caminhada na aldeia, quando eu esperara que o meu pai viesse e calasse todas aquelas pessoas que tinham nos repreendido. Talvez Sahib fosse o meu pai. Por qual outra razão ele teria levado uma menina do interior como eu para aquela cidade? Por qual outra razão teria sido tão gentil comigo? Imaginei o rosto dele em todas aquelas lembranças em que o rosto do meu pai era um borrão espesso e esfumaçado. E vi perfeitamente o homem — o pai de Tara — enquanto ele hesitava junto ao carro naquela manhã e olhava para trás de relance para mim, parecendo triste por me deixar. Eu não tinha certeza se aquilo era só a minha imaginação ou uma lembrança verdadeira. As perguntas que estiveram em repouso por tanto tempo irromperam com violência. Ele poderia ter me dado uma vida diferente, uma vida melhor? Se tivesse me aceitado, eu teria ido para a escola, leria e escreveria como todas as crianças. Eu teria encontrado o amor? Certamente não teria aquela doença mortal. Os pensamentos se multiplicavam. A dor e a raiva rolaram pelo meu rosto. Dobrei as pernas e deixei o meu corpo cair no chão. Tinha ansiado por tantas coisas naquela vida, pensei, enquanto o sono esticava seu véu sobre mim.

MEUS OLHOS SE ABRIRAM PARA O CALOR DO SOL DA MANHÃ. VI TARA esticada ao meu lado, ainda dormindo profundamente. Observei os raios de sol entrando pela janela e pensei em como a noite envolvia o dia, guardando-o no seu útero de escuridão. Talvez a angústia dentro de mim não estivesse me ajudando a ver as coisas com clareza. Eu a observei enquanto abria os olhos, espreguiçava-se ao meu lado e me olhava com atenção, esperando pela minha decisão.

— Toda a minha vida eu esperei... Esperei ouvir que eu era a filha deste ou daquele, para experimentar aquele transbordamento de amor que uma filha recebe. Mas, na verdade, o seu pai, Sahib, fez mais por mim que qualquer pessoa. Ele me salvou daquela aldeia, me deu uma infância com você, uma infância que, de outro jeito, eu jamais teria. Ele perdeu tempo procurando por mim depois que fui sequestrada.

Respirei fundo. Ela se sentou e me olhou com uma expressão franca.

— Quero me lembrar dele como o *meu* pai, seja verdade ou não. Quero me lembrar dos bons momentos, exatamente como aconteceram, não analisá-los como se fosse uma prova.

Ela me tomou nos braços, e eu a abracei com força.

— Você pode me levar a um lugar... Um lugar onde eu sempre quis ir?

Os lábios dela estremeceram.

— Onde? Ganipur, a aldeia de Papa?

Por algum tempo me senti transportada de volta no tempo até a aldeia onde nasci — Ganipur, para aquela casa cujo telhado tinha goteiras, na qual eu imprimia esperança nas histórias sobre o meu pai. Eu sorri.

— O que foi? Por que está sorrindo? — perguntou Tara, examinando o meu rosto.

— Nada. Você só me fez pensar na minha aldeia.

— Então onde quer ir, se não é para lá?

— Amma me dizia que, quando meu pai voltasse, ela queria ir para Varanasi, para mergulhar no rio Ganges e lavar os seus pecados. Talvez possa lavar *todos* os meus pecados.

— Você não cometeu nenhum pecado, Mukta. Nada do que aconteceu foi culpa sua.

— Por favor — sussurrei. — Eu quero ir. Meu pai voltou para mim agora, não voltou?

Ela engoliu em seco e continuou assentindo.

RAZA TOMOU AS PROVIDÊNCIAS PARA A VIAGEM E VEIO ATÉ A ESTAÇÃO de trem para entregar as passagens. Eu só ouvira falar dele por Tara. Ela sempre falava muito bem dele, apesar de ter nos ameaçado quando éramos meninas. Mas eu notei na mesma hora a razão do afeto dela.

— Espere aqui — disse Tara para mim. Ela deixou as malas ao meu lado e atravessou a plataforma na direção dele.

— Onde ela está indo? — perguntou Asha ao meu lado, com um olhar de preocupação no rosto.

— Ela já vai voltar — garanti.

Vi Raza sorrir para Tara ao se aproximar e lhe cochichar algo. Tara respondeu e devolveu o sorriso. Os olhos dos dois falavam entre si como se as pontas dos dedos dele tocassem as pontas dos dedos dela. Essa proximidade que partilhavam era algo que eu sempre quisera para ela. Porém, algo ainda mais surpreendente para mim foi quando o rosto de Asha se iluminou ao ver Raza. Ela correu na direção dele, que a pegou nos braços e perguntou se ela tinha gostado do presente que trouxera da última vez, como um pai perguntaria à filha.

— Eles ficaram bem próximos — comentou Tara ao vir até mim.

Eu ainda olhava para os dois — um reflexo do que eu sempre quisera para mim. Ele sorriu para mim e fez um aceno com a cabeça, mas não disse nada. Seus olhos eram para Tara.

— Bem, comporte-se direitinho — disse Tara para Asha. — Voltamos logo.

Embarcamos no trem, meus olhos ainda em Asha. Ela acenou para mim enquanto o trem tomava velocidade, e me perguntei se era uma boa ideia deixá-la. Ela ficaria com Navin uns dias para brincar com Rohan, e Tara me garantiu que Raza iria passar lá para vê-la algumas vezes. Asha temia que eu a deixasse de novo, mas, por fim, concordou em ficar na casa de Navin.

— Não se preocupe, ela vai ficar bem. Raza vai cuidar dela — falou Tara do seu assento, lendo os meus pensamentos. Sorri para o jeito como os lábios dela formavam um sorriso à mera menção do nome dele.

— Você gosta dele — falei, provocando.

Ela levantou os olhos, incrédula, um leve rubor aparecendo no seu nariz e nas suas bochechas. Deu de ombros e fez um gesto de desdém.

— Por que não falou antes? — insisti.

Ela suspirou, mas a expressão do seu rosto era feliz.

— Ele me pediu em casamento. Mas ainda não respondi.

— Por que não? O que a impede? É melhor você falar para ele o que sente, senão ele pode pensar que você vai voltar para os Estados Unidos — brinquei.

Ela franziu a testa.

— Você também está preocupada com isso? — perguntou ela.

Tara ergueu as sobrancelhas, esperando por uma resposta.

— Você vai voltar para os Estados Unidos, deixando Asha e eu? — questionei depois de um momento.

— Não. Quero trabalhar com Dinesh e Saira. Quero ajudar as meninas do centro. Só que, mais do que isso, quero ficar com você e Asha. Vou cuidar de vocês, prometo. Seja o que for que essa doença faça você passar, estarei ao seu lado em todas as etapas. Você não precisa se preocupar com isso.

Eu estava tocada demais para responder. Ela passou os braços sobre os meus ombros. Ficamos em silêncio por um tempo, observando a neblina baixar lá fora e então se dissipar com a calidez do vento.

— E você vai... — perguntei, quebrando o silêncio.

— Vou o quê?

— Vai se casar com ele?

Ela se empertigou e riu.

— Claro, em algum momento — disse ela, tranquila, enquanto o trem atravessava os *ghats*.

VARANASI. A PLATAFORMA DA ESTAÇÃO ESTAVA CHEIA — PEREGRINOS e devotos que tinham ido até lá visitar aquele local sagrado, encontrar salvação num mergulho no Ganges. O riquixá puxado por uma bicicleta ziguezagueou pelo labirinto de alamedas cheias de pessoas, constantemente buzinando para os pedestres. A rua era barulhenta. Religiosos tentavam comprar flores e itens de *puja* nas lojas que ladeavam a rua. Vacas e cabras pastavam no lixo enquanto os sons de sinos do templo ressoavam ao fundo. Depois de algum tempo, as ruas se estreitaram; nós desembarcamos do riquixá e descemos a rua a pé, tentando evitar as bocas de esgoto transbordantes, o esterco de vaca e os cães dormindo.

— Nossa — disse Tara, cobrindo o nariz com um lenço. — O caminho que leva até Deus é difícil! — Ela riu no lenço ao dizer isso, mas não achei nem um pouco engraçado.

— É a tristeza — falei.

— Hã?

— É a dor que as pessoas trazem, a dor que elas lavam neste lugar sagrado. Ela se levanta como água que vira vapor. É a tristeza. Para mim o cheiro é disso, o peso fica no ar.

Ela olhou para mim e colocou o braço sobre o meu ombro.

— Você não mudou, não é mesmo?

— Isso foi tudo que sempre tive, a habilidade de ver a beleza nas pequenas coisas, nas pessoas, na natureza. Foi a única coisa que me ajudou a sobreviver. É tão ruim assim?

— Não. — Ela balançou a cabeça. — Nem um pouco.

ERA QUASE NOITE QUANDO NOS ARRUMAMOS NO HOTEL E CAMINHAmos em direção aos *ghats*. Havia pessoas tomando banho nas águas, fazendo a barba, lavando roupa nas margens daquele rio sagrado, enquanto pegávamos um barco para ir até o local. Subimos as escadas, nos acomodamos e observamos os domos dos templos em volta. *Diyas* cercadas por margaridas brilhavam na superfície do rio.

— Há algo que preciso confessar... Uma coisa que fiz... Há muito tempo... — falou Tara.

Esperei que ela dissesse mais alguma coisa.

— Achei que teria bastante tempo para lhe contar isso, mas... — Ela fez uma pausa.

— Se é difícil, não precisa contar.

— Não, eu preciso... — Ela engoliu em seco e olhou para longe, para o horizonte. — Isto, tudo isto... Foi culpa minha. Eu quis que você fosse embora. Quando Aai morreu, eu não estava pensando direito, não estava raciocinando. Fui até Salim... Pedi que ele levasse você embora. Será que algum dia você vai poder me perdoar? — Ela desviou o olhar, tentando esconder as lágrimas.

Suspirei. A essa altura, eu já tinha certeza de que o meu destino não tinha sido culpa de ninguém.

— Foi ele que me sequestrou, então? — perguntei.

— Não, não... Foi...

— Não quero saber. Quero esquecer, Tara — interrompi. — O que quero dizer é: se não foi a pessoa que você pensava que tinha sido, então como pode ser culpa sua? Por que *você* precisa de perdão? Foi só o meu passado vindo atrás de mim. Madame viria atrás de mim, de qualquer maneira. Ela tinha gastado dinheiro demais comigo para me deixar em paz. Além disso, nasci num lugar assim. Eu teria que voltar a ele. Só o que me lembro é de você segurando a minha mão quando precisei, me levando para o mundo das histórias que eu não conhecia antes e para a sua infância. Você me ajudou a sair de tudo, me deu uma outra versão da vida, uma infância da qual lembrar. A maioria das moças como eu, nascendo onde nascem, não tem essas coisas, e sou grata a você por isso. Muito.

Ela olhou para mim desconfiada.

— Não sei se algum dia vou conseguir perdoar a mim mesma. Acho que nunca vou conseguir superar isso. Sua vida poderia ter sido tão diferente.

— Há muitos momentos em que a minha vida poderia ter sido diferente — falei, vasculhando as minhas lembranças. — Há várias pessoas que poderiam tê-la feito diferente, mas só você veio ao meu auxílio. Gerações de mulheres antes de mim foram prostitutas e, se você não tivesse interferido, interrompido o ciclo, salvado a vida da minha Asha, ela teria se tornado igual a mim. E todas essas meninas, essas mulheres que você ajuda no centro, não vê? Está fazendo o bem. Então, não quero que você seja dura consigo mesma. É a última coisa que quero de você.

Toquei o seu rosto e senti a umidade das suas lágrimas. Ela sorriu sem jeito e secou as lágrimas na manga da blusa.

— Teve uma pessoa que tentou salvar você... Ajji... Minha... Nossa vó. Ela convenceu Papa a tirar você da aldeia. Fui até lá e ela me contou que queria uma vida diferente para você — disse Tara.

— Ah, foi ela! Foi ela a senhora bondosa que me resgatou depois da morte de Amma.

— Acho que vou convidá-la para vir e ficar conosco um tempo em Bombaim. Ela vai ficar feliz de ver você.

Eu sorri e me perguntei o que eu teria acontecido se aquela bondosa senhora não tivesse pensado em me mandar para Bombaim com Sahib. Eu nunca teria conhecido Tara nem o sabor da infância. Eu tinha muito pelo que ser grata.

FICAMOS SENTADAS EM SILÊNCIO DURANTE UM TEMPO.

— Bem, você gostaria de espalhar as cinzas de Papa? — perguntou Tara.

— Você deve fazê-lo.

Caminhamos juntas sobre a beirada da margem do rio. Poderia parecer estranho que a pessoa pela qual ansiei toda a vida, o pai pelo qual eu procurara toda a vida — que minha última lembrança dele seria das suas cinzas. Dispersadas, elas se espalharam no espaço aberto e voaram ao vento quando Tara abriu a urna. Quanto tempo esperei pela sensação da mão do meu pai na minha cabeça? Quanto tempo esperei pelo seu toque suave no meu rosto? Agora, só o que eu tinha dele eram cinzas pousando ao meu redor, na água.

Eu me senti leve, como se estivesse boiando sobre as águas calmas daquele rio sagrado enquanto via os lampejos da minha vida se refletirem na minha direção. Soube então que todos aqueles momentos que deixei para trás — o dia em que conheci Madame, o dia em que Sakubai me vendeu sem pensar duas vezes, o dia em que Amma morreu diante dos meus olhos, o dia em que eu soube que o meu pai não me queria — logo se apagariam. Aquele seria o momento que eu guardaria com todo o amor: as filhas dele lhe dando adeus. Tive certeza, naquele momento, de que, mesmo se eu não vivesse tanto quanto os médicos previam, Asha seria bem-cuidada por Tara. Foi só então que entendi que os fios da vida nem sempre são tecidos como queremos; às vezes, o padrão ao final é diferente do que imaginamos que seria, e, naquele momento, eu não tinha mais nada a fazer senão estar em paz com o que ficaria no passado.

O sol estava prestes a se pôr, e o céu estava em fogo, em tons de vermelho. Amma tinha razão. Para mulheres como eu, nosso céu voltaria a brilhar. Eu sabia. Eu podia sentir o cheiro da esperança.

— Você tem que esperar até o cair da noite — comentou Tara, apontando para o céu. — Assim que estiver escuro, vai poder ver Papa de novo. Ele vai ser uma das estrelas no céu.

Ela me explicou algo que eu contara a ela certa vez, algo em que eu, outrora, precisara muito acreditar.

— Você não acredita em mim. É verdade — sussurrou ela, repetindo as minhas palavras. — Você tem que olhar com muita atenção. As pessoas que amamos nunca nos deixam.

Eu ri, recostei a cabeça no seu ombro e observei o céu se incendiar de esperança.

NOTA DA AUTORA

A ALDEIA DE GANIPUR É FICTÍCIA E, QUE EU SAIBA, NÃO EXISTE NA fronteira de Maharashtra e Karnataka, mas há na região aldeias parecidas que praticam a tradição devadasi e forçam meninas a se prostituir. A tradição da prostituição do templo é muito comum nos extratos mais pobres da sociedade.

Embora as personagens dessa história sejam inteiramente fictícias, a ideia para este romance nasceu da minha própria experiência de crescer com a filha de uma empregada que trabalhava para minha família em Mumbai, na Índia, onde nasci e cresci. Seu nome era Shakuntala. Quando a conheci, ela era uma menina de dez anos com olhos castanhos impressionantes e cabelos na altura dos ombros. Na maior parte dos dias, eu a encontrava sentada no canto da nossa sala de estar, evitando fazer contato visual com qualquer um. Ela foi uma das inspirações para criar Mukta.

Se você estiver interessado em ler mais sobre a história por trás do livro e/ou saber como ajudar meninas como Mukta, por favor, visite o meu site www.amitatrasi.com.

Obrigada por ler este livro e dividir o seu tempo com Tara e Mukta. Se você gostou deste romance, não se esqueça de comentar para que outras pessoas possam incluí-lo na sua jornada de leitura.

Amita Trasi
27 de fevereiro de 2015

AGRADECIMENTOS

SOU PROFUNDAMENTE GRATA A TODAS AS PESSOAS QUE ME APOIARAM enquanto escrevia este livro.

Um agradecimento bastante especial ao meu marido, Sameer — você sempre me incentivou e me apoiou. Obrigada por ler várias versões do romance e por acreditar nele.

Muito obrigada à minha maravilhosa editora, Rachel Kahan, cuja aguda visão editorial foi um recurso valioso para este livro. Para a minha agente batalhadora, Priya Doraswamy, que trabalhou de forma incansável para tornar este sonho realidade — minha mais profunda gratidão pelo seu entusiasmo e apoio incondicional! Obrigada a toda a equipe da HarperCollins, que trabalhou de forma diligente em prol deste livro!

Obrigada, igualmente, a dois incríveis editores: Vrinda Condillac e Janet Hitchcock, por serem tão pacientes e pelos preciosos conselhos. O retorno de vocês foi muito, muito encorajador.

Um muito obrigada:

À minha primeira leitora, Kala Ganapathy, que leu este livro muitas e muitas vezes, todas as versões, sempre que eu fazia a menor mudança. Sou de fato muito grata. Você sempre foi uma verdadeira amiga.

Ao meu sogro e à minha sogra, pela sua inacreditável bondade, sobretudo à minha sogra, Sindhu Shankar, por ler este manuscrito e também pelo seu amor e apoio.

A Bala Ramya Rohini — sua ajuda e seu apoio não têm iguais, como sempre.

Aos meus pais, Deepak e Krishna, que me criaram para acreditar em possibilidades, e minha irmã, Nandita, por ser exatamente quem é — minha irmã e uma boa amiga.

Ao meu avô, o finado Trasi Dattatreya Devrao, que me contou histórias quando eu era criança e me ensinou o poder da imaginação, e para o meu tio, o falecido Sadanand Trasi, que sempre me inspirou coragem.

Para o restante da minha família, que tem tido uma influência promissora na minha vida e que continua a me amar e a me apoiar: Gita e Arun Kumtha, Vivek e Sheela Trasi, Atma e Cynthia Trasi, Shanta e Ramesh Khambatkone, Subhir e Sanjana.

E, por fim e mais importante, sou profundamente grata a todas às mulheres e meninas cujas vidas e experiências me ajudaram a criar este livro. Minha gratidão a organizações como Apne Aap Women Worldwide, Bachpan Bachao Andolan, Maiti Nepal, Prerana e muitas outras organizações de todas as partes do mundo que estão constantemente chamando atenção para e ajudando as vítimas de tráfico sexual. Obrigada por fazerem do mundo um lugar melhor para meninas como Mukta.

GLOSSÁRIO

Açoca — uma floresta tropical no subcontinente indiano.
Arre — expressão indiana de surpresa ou desespero que pode ser traduzida como "Nossa!".
Badam — amêndoa.
Sáris banarasi — sáris feitos em Varanasi, cidade que também é chamada de Banaras.
Bidi — um tipo de cigarro indiano.
Bindi — um ponto vermelho-vivo pintado no meio da testa.
Burka — vestimenta que cobre todo o corpo e que tem uma discreta abertura para os olhos, usada por mulheres muçulmanas.
Chacha — "tio" em hindi; isto é, o irmão mais novo do pai. Também usado informalmente para designar o melhor amigo do pai.
Chai — chá com leite temperado, muito popular na Índia.
Chaiwalla — vendedor de *chai*.
Chamcha — companheiro.
Chapati — pão indiano.
Chowkidar — vigia.
Dal — cozido feito com lentilhas e temperos.
Desi daru — bebida comum no campo.
Devadasis — prostitutas do templo.
Dhoti — vestimenta tradicional masculina usada na Índia.
Diyas — lamparina geralmente feita com uma mecha de algodão mergulhada em querosene.

Firangi — estrangeiro.
Gajra — guirlanda de flores feita de flores de jasmim para decorar um penteado.
Ghats — série de degraus que leva até uma corrente d'água.
Goonda — bandido.
Gulmohar — flamboyant, árvore conhecida por suas flores alaranjadas brilhantes.
Haan — sim em hindi.
Harami — gíria indiana para canalha.
Hijras — eunucos.
Gola — raspadinha de gelo adoçadas com xaropes e vendidas pelos ambulantes de rua em Bombaim.
Jadoo — mágica.
Jaggery — produto concentrado de cana-de-açúcar, como a rapadura.
Jalebis — doce frito e embebido em xarope de açúcar, típico na Índia.
Josh — espírito.
Kabaddi — esporte de contato praticado na Índia.
Kachoris — salgadinho apimentado.
Kurta — túnica usada por homens e mulheres na Índia.
Lathi — termo hindi para bengala.
Malkin/Memsahib — termo usado pelos empregados para se referir à dona da casa.
Moophat — rústico, expressivo de forma espontânea.
Nada — cordão de roupas.
Namaskar — saudação.
Paan — enrolado de folha de bétula e tabaco, mastigado como estimulante.
Pakoras — petisco frito.
Pallu — a ponta solta do sári.
Parameshwara — o Senhor.

Parathas — pão achatado.
Pind-daan — ritual hindu realizado depois da morte de um ente querido.
Pranaam — forma de saudação.
Puja — ritual hindu realizado como uma reza às divindades.
Pulao — prato de arroz.
Raga — melodia usada na música clássica indiana.
Rajah — rei.
Rangoli — desenho feito no chão com pó colorido.
Rasgullas — bolinhos doces redondos feitos de queijo cottage indiano.
Roti — pão indiano.
Sabji — cozido de vegetais.
Samosas — pastéis fritos com recheio saboroso.
Tilak — marca aplicada na testa.
Tanga — carroça puxada a cavalo.
Udheyo — forma de saudação
Vaidya — médico que pratica a ayurveda.
Yellamma — deusa hindu.
Zamindar — senhorio, tipicamente um aristocrata que possui terras.

Este livro foi impresso em 2023,
pela Vozes, para a HarperCollins Brasil. O
papel do miolo é pólen natural 80g/m², e o
da capa é cartão 250g/m².